FIGURE ROSSE
RED FIGURES

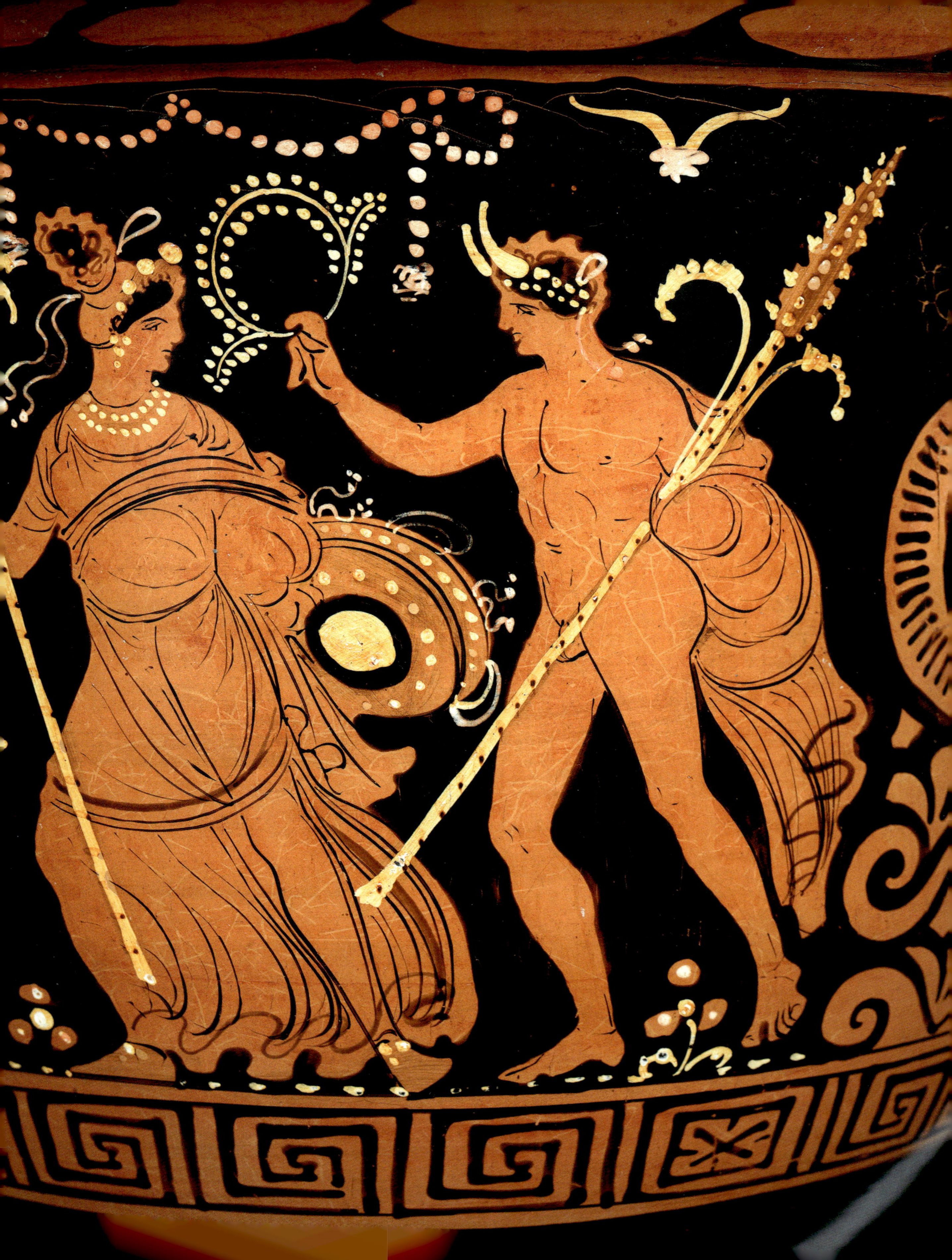

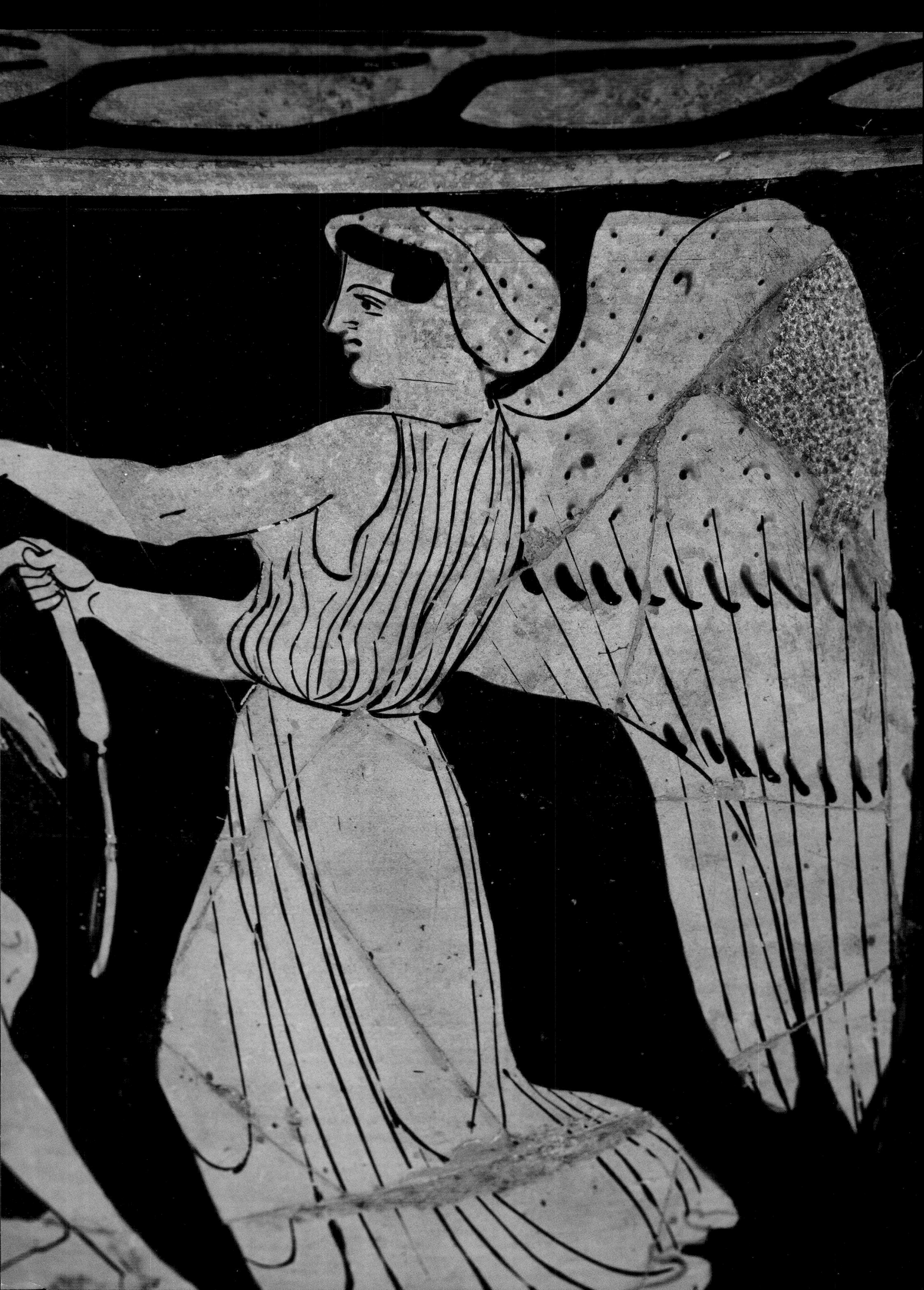

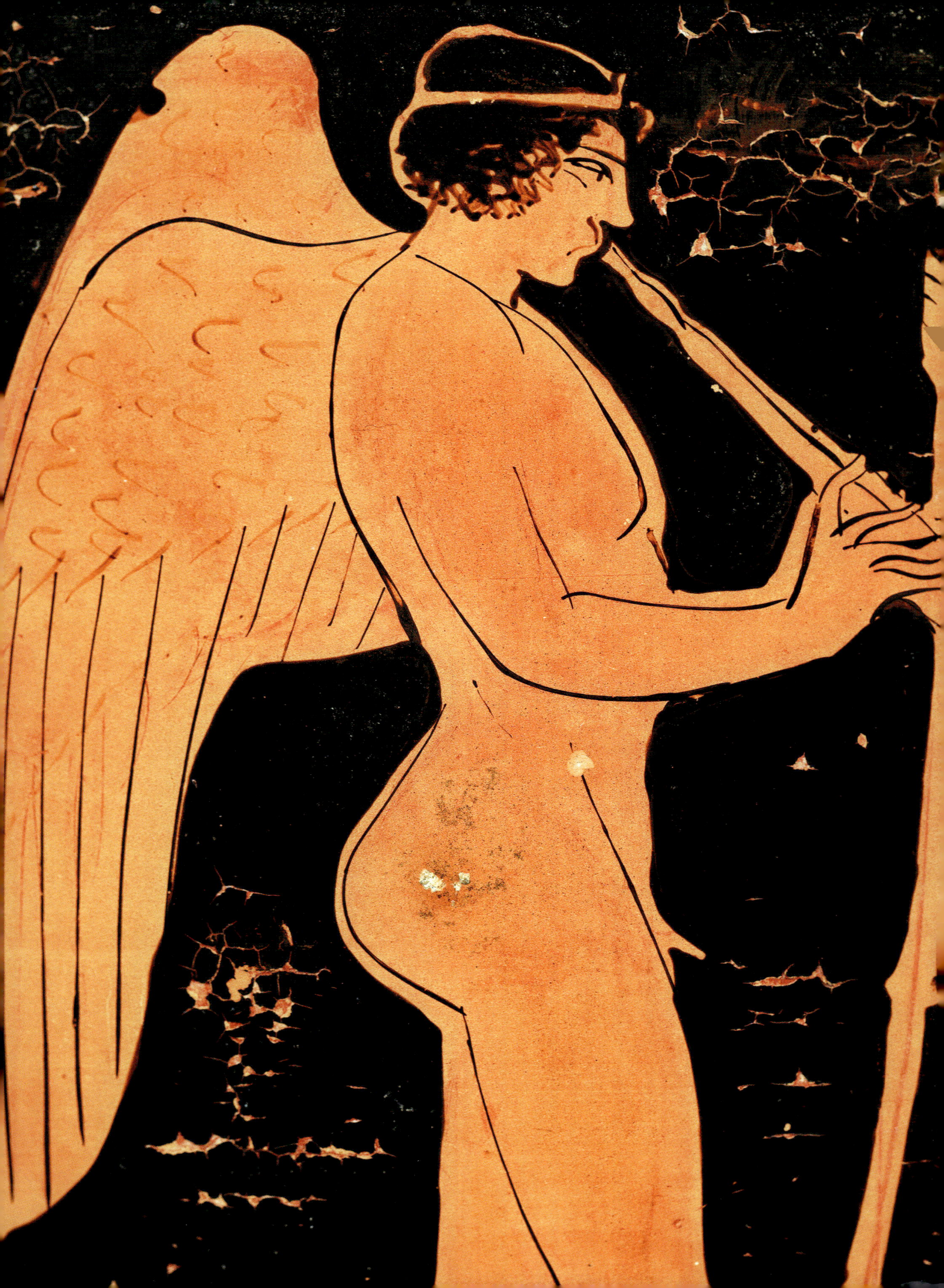

LUIGI SPINA

FIGURE ROSSE
RED FIGURES

LA PITTURA VASCOLARE

VASE PAINTING

MUSEO RIDOLA
MATERA

Testi di | Texts by
Annamaria Mauro, Claude Pouzadoux,
Adriana Sciacovelli, Luigi Spina

5 CONTINENTS

SOMMARIO | CONTENTS

ANNAMARIA MAURO
Direttrice dei Musei nazionali di Matera
Director of the National Museums of Matera

INTRODUZIONE

Un tempo passato, lontano dal nostro presente, rivive in chiave contemporanea grazie alla fotografia di Luigi Spina e a nuovi punti di vista e prospettive.
I vasi italioti a figure rosse della Magna Grecia e della Collezione Rizzon, conservati nei Musei nazionali di Matera, nella sede del Museo Ridola, offrono l'occasione per percepire il mondo antico con occhi nuovi e per scoprire i suoi significati più reconditi.
Importante testimonianza della pittura vascolare e del lavoro dei più noti ceramisti tra il V e il IV secolo a.C., i vasi a figure rosse rappresentano certamente una risorsa imprescindibile per lo studio della ceramica, ma sono anche fonte inesauribile di conoscenza sulla vita, sugli usi e sui costumi di una società che, se osservata dalla giusta angolazione, incarna valori non così lontani da quelli che dovrebbero governare una società moderna.
I vasi a figure rosse della collezione magnogreca, molti dei quali risalenti alle scoperte di Domenico Ridola, sono parte integrante di complessi corredi funerari, unendo così al valore puramente stilistico ed estetico anche un forte valore simbolico e di rappresentanza della vita del defunto. Molto spesso, infatti, le scene figurate si ricollegavano a determinati aspetti che avevano caratterizzato quella persona, oppure questo avveniva mediante episodi e personaggi del mito.
La Collezione Rizzon, invece, costituita da settantaquattro vasi apuli e lucani acquisiti dallo Stato nel 1990, se da un lato risulta priva del suo contesto originario, proprio perché proveniente da una collezione privata, dall'altro è un vero e proprio atlante di scene figurate e di

INTRODUCTION

Offering fresh vantage points and new perspectives, Luigi Spina's photography brings to life a past that is far removed from the present day, presenting it in a contemporary key.
The Italiote red-figure pottery from Magna Graecia and the Rizzon Collection, housed in the National Museums of Matera's Ridola Museum, offers an opportunity to perceive the ancient world with new eyes and to tease out its innermost meanings.
As an important example of pottery painting and the work of the most famous potters between the fifth and fourth centuries BC, this red-figure pottery is undoubtedly an indispensable resource in the study of ceramics. At the same time, it is also an inexhaustible source of clues about the life, customs, and traditions of a society which, if viewed correctly, embodied values not so far removed from those that ought to govern a modern society.
Much of the red-figure pottery in the Magna Graecia collection formed part of the funerary goods discovered by Domenico Ridola. These pieces combine purely stylistic and aesthetic merit with strong symbolic values and important representations of the lives of the deceased. Indeed, the scenes often directly depict specific themes that typified a person's life, or else portray episodes and characters taken from myth associated with the deceased by analogy.
However, although the Rizzon Collection, consisting of seventy-four pieces of Apulian and Lucanian pottery acquired by the State in 1990, is divorced from its original context, precisely because it comes from a private

decorazioni opera dei più noti pittori del tempo, come il Pittore di Dario, il Pittore di Dolone, il Pittore di Pisticci.

Da una prospettiva estetica e visiva, il contrasto di colori che questi oggetti offrono, tra il nero della "vernice" che fa da sfondo alle scene e che delinea volti e dettagli e il rosso della terracotta delle figure che si esalta con la cottura dell'argilla, viene accentuato attraverso le luci e le ombre che la fotografia può creare mediante una serie di espedienti.

La luce, dalle diverse angolazioni con le quali può sfiorare la superficie della ceramica, ci consente di leggere in maniera diversificata l'apparato iconografico di un vaso: possiamo osservare come gli sguardi dei personaggi si incrocino tra di loro o come cadano su un determinato dettaglio, ma possiamo anche solo soffermarci a osservare la maestria del pittore nel creare una fitta rete decorativa costituita da figure, oggetti di varia tipologia, elementi architettonici e vegetali.

E se la stimolazione sensoriale, attraverso la vista, è il mezzo migliore per raggiungere le memorie più antiche e ancestrali che albergano in ognuno di noi, l'uso della fotografia rappresenta allora il percorso più adatto a questo scopo.

È un volume in cui il nero è protagonista. La centralità è data alle figure, ai dettagli. L'emergere delle raffigurazioni color terracotta dal fondo nero del vaso è messo in risalto dallo sguardo ravvicinato della macchina fotografica di Luigi Spina. I particolari anatomici, i panneggi dei tessuti sono proposti all'occhio senza il filtro del vetro museale, annullando la distanza sia spaziale sia temporale. I dettagli bianchi e color porpora arricchiscono la bicromia dei vasi, restituendoci una vivacità cromatica e di texture apprezzabile da vicino.

Fotografare un oggetto d'arte vuol dire coglierne il significato intrinseco e comunicarlo al mondo esterno. Questo è alla base del progetto fotografico che Luigi Spina ha ideato per una selezione di vasi a figure rosse dei Musei nazionali di Matera. Lontano dal concetto di catalogo classico, si tratta di un atlante visivo di forme e linee, dove il nero esalta il rosso della terracotta e delle figure. Attraverso il linguaggio della fotografia, in un costante rapporto di distanza e vicinanza, si crea così un racconto per immagini unico e continuo, in cui la figura e la scena restano centrali.

collection, it is nonetheless a real treasure trove of narrative scenes and decorations by the most famous painters of the time, such as the Darius Painter, the Dolone Painter, and the Pisticci Painter.

From an aesthetic and visual point of view, the colour contrast in these objects – between the black backgrounds of the scenes, against which faces and details are picked out, and the red clay of the figures, further enhanced by the firing process – is accentuated through the light and shade that photography can create through various techniques.

The angle at which the light strikes the surface of a vase can help us to read the subtle communication of its iconography: we can observe how the gazes of the figures meet or how they focus on a particular detail, or we can also just pause to admire the painter's skill in creating an elaborate decorative scheme made up of figures, various types of objects, architectural details, and plant motifs.

And since sensory stimulation, through sight, is the best means of reaching the most ancient and deepest memories that dwell within each of us, then photography is the most suitable route to this end.

This is a book in which black plays the leading role. Human figures and details predominate. The way terracotta-coloured subjects emerge from the black background of a ceramic object is emphasised by Luigi Spina's close-ups shots. The anatomical details and the folds of the fabrics are presented without the distraction of the glass of the display case – eliminating both spatial and temporal distance. The white and purple details leap out of the two-tone colouring of the pottery, giving us a chromatic and textural richness that can be fully appreciated up close.

Photographing an art object means capturing its intrinsic meaning and communicating it to the outside world. This is at the heart of Luigi Spina's photographic approach to the selection of red-figure pottery of the National Museums of Matera. Far from being a standard catalogue, this is a visual atlas of shapes and lines, where black enhances the red of the terracotta and figures. Photography thus uses images in a constant interplay between distance and proximity to create a unique and continuous narrative, in which the figure and the scene remain central.

CLAUDE POUZADOUX
Professore ordinario di Storia dell'arte e Archeologia pre-romana e romana, Università Paris Nanterre
Professor of Art History and Pre-Roman and Roman Archaeology, University Paris Nanterre

UN INVITO A GUARDARE: IL VASAIO, IL PITTORE E IL FOTOGRAFO

Con il suo obiettivo puntato sui vasi a figure rosse del Museo Ridola di Matera, Luigi Spina non ha trovato soltanto un nuovo modo di fotografarli: ha inventato un modo di *guardarli*. Mentre rivelano la lucentezza del nero, le sue foto ci invitano a riscoprire l'ingegnosità dei pittori che, nell'Atene della fine del VI secolo a.C., idearono una nuova tecnica per decorare i vasi passando dal nero su fondo rosso al rosso su fondo nero. Questo cambiamento diede libero sfogo alla flessuosità dei corpi, a una decorazione più ricca, così come al movimento delle figure e all'animazione delle immagini. Per oltre un secolo i pittori italioti della Magna Grecia hanno magistralmente messo questa tecnica al servizio dell'illusione pittorica sfruttando la gamma della tetracromia: quattro colori naturali sono stati sufficienti ai ceramografi per arricchire i loro vasi di motivi vegetali e dipingere scene della vita quotidiana o di racconti mitologici. Dalla stessa argilla ferruginosa, accuratamente selezionata e utilizzata dal vasaio per modellare il suo vaso, il pittore conservava la parte più depurata per ottenere, grazie all'altissima temperatura di 950 °C, il nero per ricoprire le superfici e disegnare i contorni; le figure non rivestite mantenevano il colore rosso che l'argilla assumeva a causa dell'ossidazione delle particelle fini di ferro, trasformate in ematite durante il processo di cottura a una temperatura inferiore; il bianco era fornito da argilla caolinica, sul quale il pittore poteva stendere un sottile strato di ingobbio (*N.d.R.*: la ricopertura a base di argilla finissima che riveste il corpo ceramico, sulla quale veniva dipinta la decorazione) diluito per ottenere del giallo.

AN INVITATION TO LOOK: THE POTTER, THE PAINTER, AND THE PHOTOGRAPHER

By training his lens on the red-figure pottery in the Ridola Museum, Luigi Spina has not only found a new way of photographing the vases: he has invented a way of *really* looking at them. While certainly revealing the brilliance of the black, his photos also invite us to rediscover the ingenuity of the painters who, in late sixth-century BC Athens, devised a new technique for decorating vases, going from black on a red background to red on a black background. The changed perspective made it possible to concentrate on the suppleness of the bodies, to develop elaborate decorations, and to enhance the movement of the figures as well as the liveliness of the scenes. For more than a century, the south Italian painters of Magna Graecia masterfully applied this technique to create painterly illusions, exploiting the full potential of tetrachromy: four natural colours were all they needed to decorate their vessels with plant motifs and scenes of everyday life or mythological tales. The painter set aside the very finest of the carefully selected ferruginous clay the potter used to shape his vase to obtain the black needed to coat the surface and draw the outlines of his figures, thanks to the extremely high firing temperature of 950°C. Uncoated figures took on the red hue that the clay acquired through the oxidation of fine particles of iron, which were turned into haematite by lower-temperature firing phases; white was obtained by using kaolin, over which the painter could add a thin layer of diluted slip (a creamy mixture of clay and water, used especially when decorating earthenware) to achieve yellow. But it was the artist's job to create harmonious compositions.

Ma spettava soprattutto alla bravura del ceramografo il compito di disporre le forme in modo armonioso. Seguendo linee e contorni, l'occhio di Luigi Spina ci invita a sua volta a seguire questa sottile linea nera per ammirare i personaggi e i dettagli che emergono dalle sue inaspettate inquadrature.

LA LUCENTEZZA DEL NERO

Il primo risultato ottenuto dal fotografo è quello di aver saputo sfruttare le qualità riflettenti dell'ingobbio argilloso, vetrificato per effetto della cottura in atmosfera riducente, per disegnare con la luce il profilo concavo o convesso delle diverse parti dei vasi. Come in una dissolvenza incrociata il nero opaco dello sfondo svanisce sotto le luci per lasciare posto a una superficie di un nero brillante. Il nero esce dal nero. Chi osserva la collezione scopre così numerose forme destinate a svariati usi: i diversi tipi di cratere – a calice, a volute, a colonnette, a campana – utilizzati per mescolare il vino con l'acqua; la *situla*, legata anch'essa al consumo del vino; l'*hydria*, la *pelike* e la *loutrophoros*, che servivano per il trasporto dell'acqua, l'anfora per quello del vino; e il *lebes gamikos*, legato ai riti del matrimonio. Nelle immagini, la messa a fuoco sul primo piano ci permette di apprezzare in pieno la capacità di disegnare sulle superfici curve di questi vasi.

Pagina dopo pagina l'occhio, come in una sequenza cinematografica, fa ruotare i vasi su loro stessi e scopre gli schemi e la ricca gamma di elementi decorativi con i quali i pittori hanno strutturato, con maggiore o minore abilità, le scene rappresentate in funzione delle forme: fregi con animali (pantere, leoni, cinghiali) ornano l'orlo dei crateri a colonnette, con il collo decorato da foglie d'edera e corimbi, mentre una fila di linguette adorna le spalle e doppie file verticali di puntini, affiancate da linee sottili, incorniciano la scena dipinta sulla pancia del vaso (si veda il cratere a colonnette del Pittore di Wolfenbüttel). Con lo sviluppo del cosiddetto stile "ornato" da parte del Pittore dell'Ilioupersis (370-360 a.C. circa), dei raggi neri disposti a raggiera compaiono tutt'intorno all'attacco delle anse dei crateri a campana, delle *hydrie* e delle anfore di tipo panatenaico, il cui collo slanciato è marcato da una fascia di lunghe linguette nere, sotto una linea a zigzag e una palmetta alla sommità (come nell'anfora del Pittore di Graz).

Luigi Spina's eye in turn invites us to follow this thin black line to see how the figures and details emerge in his startlingly framed shots.

THE BRILLIANCE OF BLACK

The photographer's first feat was to exploit the reflective qualities of the clay slip, vitrified under the effect of firing in a reduced atmosphere, so as to use light to emphasize the concave or convex profiles of the different parts of the vessels. As in a cross-fade, the matt black of the background fades under the beam of the spotlight, giving way to a glossy black volume. Black emerges from black. In this way, the viewer becomes acquainted with a number of different types of vessels in the collection – each designed for a specific purpose: the various calyx, volute, column, or bell kraters for mixing wine and water; the *situla*, also used for serving wine; the *hydria*, *pelike*, and *loutrophoros* for holding water, and the amphora for transporting wine; as well as the *lebes gamikos*, which was used during wedding ceremonies. Focusing on the foreground enables the viewer to admire the unerring skill displayed in depicting figures on the curved surfaces of these vessels.

As the pages turn, so the eye, like a movie camera, traverses over the surface of the vessels and discovers the sketches and the rich decorative grammar the painters employed to depict the scenes that unfold to match the forms, sometimes a little clumsily: friezes depicting animals (panthers, lions, wild boars) adorn the rim of column kraters, their necks girdled with ivy leaves and corymbs, while little tongues adorn their shoulders and a vertical row of dots flanked by fine lines frames the body's central scene on either side (see the specimen by the Wolfenbüttel Painter). With the development of the ornate style by the Ilioupersis Painter around 370–360 BC, black rays appear at the base of the handles of bell-shaped craters, *hydrias*, and panathenaic amphorae, whose slender necks are emphasised by long black tongues under a zigzag line and crowned by a palmette (as in the amphora by the Graz Painter).

Leafing through the book, there is also plenty to admire in the work of the painters. For example, we come across a narrow meander cunningly concealed behind lateral palmettes, thus confining a frieze (for example in the *pelike* by

Sfogliare questo volume permette anche di scoprire il minuzioso lavoro dei pittori: per esempio, si capisce come uno di loro abbia accuratamente dissimulato sotto le palmette laterali il meandro più stretto che gli permette di chiudere un fregio (per esempio, nella *pelike* del Pittore di Varrese). In assenza degli strumenti, ormai scomparsi, è possibile osservare le varie tecniche utilizzate per rendere comprensibili forme e segni.
La linea nera costituisce la base del disegno ma il suo spessore e consistenza variano a seconda degli effetti desiderati. Una linea larga serve a delimitare grossolanamente i contorni prima di essere ricoperta dall'ingobbio. Le pieghe dei panneggi, i dettagli dell'anatomia e le venature delle decorazioni vegetali sono resi con linee più sottili. Una volta diluito, il nero può essere utilizzato per disegnare i riccioli dei capelli, le piume delle ali degli eroti, le anfrattuosità delle rocce e i bordi dei panneggi. Dal nero intenso il ceramografo ricava una serie di decori utilizzando punti, strisce, motivi *à chevrons*, rombi, croci, svastiche, onde e meandri, come fa il Pittore di Tarporley (390-380 a.C.) per le acconciature e le cinture delle donne, il Pittore di York (380-370 a.C.) e il Pittore di Wolfenbüttel (380-360 a.C.) per le tuniche dei guerrieri indigeni, o per le ciste e i *kalathoi* il Pittore dell'Ilioupersis (370-360 a.C.). Infine, anche se in seguito viene coperta da lumeggiature sovradipinte, una linea nera sottile viene ancora utilizzata per impostare le basi, le facciate e i tetti delle strutture architettoniche raffigurate sui vasi dei pittori dello stile ornato, come nel cratere a mascheroni del Pittore Strötgen (350 a.C. circa) e in quello del Pittore di Copenaghen (350-340 a.C.), e nell'*hydria* del Pittore di Baltimora (320-310 a.C.). Sui soffitti e sui pilastri, le linee di fuga e le vedute di tre quarti contribuiscono a creare l'illusione di profondità di uno spazio che funge da contenitore per gli eroi della mitologia e per i personaggi idealizzati.

FIGURE ROSSE

Le figure rosse prendono dunque forma proprio grazie alla linea nera dei loro contorni e dei dettagli anatomici. Questo concetto di immagine in negativo trova la sua espressione più emblematica nei tappeti di palmette che emergono dallo sfondo nero. È un contrasto che ne ha

the Varrese Painter). Although the tools used have long since disappeared, it is still possible to appreciate the different techniques employed to render the decorations and figures intelligible.
The details of the drawing are picked out in black, but the colour's thickness and density vary depending on the effect desired. A broad line is used to mark a rough outline before being covered by the slip, while the folds of the drapery, anatomical details, and veins in plant motifs are rendered by finer lines. Diluted black is used to depict curled hair, the feathers on the wings of Erotes, rocky features, and the edges of drapery. Thick black is used to portray a range of motifs, using dots, stripes, chevrons, lozenges, crosses, swastikas, waves, and meanders to characterise the hairstyles and belts of the women in the Tarporley Painter's work (390–380 BC), the native warrior tunics of the York Painter (380-370 BC) and the Wolfenbüttel Painter (380–360 BC), or again the cists and *kalathoi* of the Ilioupersis Painter (370–360 BC). Lastly, even when later covered by overpainted highlights, a thin black line was still used to trace the bases, façades, and roofs of the architectural structures depicted on ornate-style vases, such as the volute krater by the Strötgen Painter (ca. 350 BC) and Copenhagen Painter (320–310 BC), as well as the *hydria* by the Baltimore Painter (330–310 BC). On ceilings and pillars, vanishing lines and three-quarter views help to create the illusion of depth that serves as a setting for mythological heroes and idealised figures.

RED FIGURES

The red figures are given form and substance through the black of their outlines and anatomical details. This idea of creating a negative image finds its emblematic expression in the expanse of palmette decoration that emerges from the black background. This contrast found immediate and enduring favour among the Greek, Etruscan, and Italic elites before arousing the interest of collectors, from the earliest exploration of tombs in Italy in the seventeenth century to the present day. A thin layer of red ochre was more or less evenly applied under or over the clay slip in order to heighten the pale colour of the local limestone clays, so as to imitate the orange of Attic ware. Traces of

garantito il successo duraturo presso le *élites* etrusche, greche e italiche, per poi suscitare l'interesse dei collezionisti in seguito alle prime scoperte di tombe avvenute in Italia a partire dal XVII secolo e fino ai giorni nostri. Per ravvivare il colore chiaro delle argille locali a composizione calcarea e imitare quello arancio dei vasi attici, si applicava, più o meno uniformemente, un sottile strato di ocra rossa sotto o sopra l'ingobbio argilloso. In alcuni punti le superfici "a risparmio" talvolta hanno conservato tracce di questo pigmento ancora imprigionato nella ceramica, come si può notare sotto l'ansa del cratere a campana del Pittore di Tarporley, sotto l'ansa e sulla cornice bianca della fontana nell'*hydria* nella maniera del Pittore di Dario, e sul tappeto di palmette dell'*hydria* del Pittore di Baltimora. Le inquadrature di Luigi Spina mettono mirabilmente in risalto questo contrasto.

Puntando l'obiettivo su spazi che di solito sono celati alla vista, perché disposti sotto le anse o sul bordo della cornice, il fotografo alza il velo su figure secondarie che costituiscono delle citazioni visive, come la civetta vicino all'alloro sull'*hydria* del Pittore dell'Ilioupersis.

L'inquadratura ritaglia l'azione e rivela il gioco di sguardi nelle manovre di approccio, inseguimento e seduzione che ispirano l'iconografia di numerosi vasi, dal cratere a colonnette del Pittore di Wolfenbüttel (380-360 a.C), dove una donna si volta verso il suo inseguitore, fino all'abbandono lascivo della coppia raffigurata sul *lebes gamikos* del Pittore di Ruvo 1364 (370-360 a.C.). Luigi Spina ci mette sotto gli occhi personaggi spesso in secondo piano e invita a confronti tematici tra una bottega di ceramografi e l'altra, come con le fanciulle che giocano a palla su due vasi separati da una generazione. Non solo: suggerisce il movimento e l'azione focalizzandosi su un gesto in sospeso, per esempio un polso avvolto da una benda, la mano che sta per battere sul tamburello o un passo di danza.

Con l'affermarsi dello stile ornato, il potenziale decorativo dell'ocra rossa e la sua capacità di creare, per contrasto con il bianco, l'effetto del chiaroscuro, ne hanno stimolato l'uso in impasti per colorare di rosso porpora alcuni vestiti: per esempio, il gonnellino del danzatore sul cratere a mascheroni del Pittore Strötgen, le maniche del corpetto del pedagogo di Ganimede sul collo del cratere a mascheroni del Pittore di Copenaghen

this pigment still imprisoned in the pottery sometimes survive in the spaces in reserve, as can be seen under the handle of the bell-shaped crater by the Tarporley Painter, under the handle and on the white framework of the fountain in the *hydria* in the manner of the Darius Painter, and on the expanse of palmettes on the *hydria* by the Baltimore Painter. This contrast is admirably conveyed by Luigi Spina's photos.

By focusing his lens on areas that are usually hidden from the photographer's view, because they lie under the handles or on the edge of the frame, he draws into the limelight secondary figures that constitute visual quotations, such as the owl near a laurel on the *hydria* by the Ilioupersis Painter. The shots are framed so as to pick out the action and reveal the interplay of glances in the tactics of approach, pursuit, and seduction that inspire the decorations of numerous vessels, from the column krater by the Painter of Wolfenbüttel (380–360 BC), where a woman looks back at her pursuer, to the lustful abandon of the couple on the *lebes gamikos* by the Painter of Ruvo 1364 (370–360 BC). Luigi Spina places before our eyes figures that often appear peripheral, and invites us to compare the ways different workshops approach a theme, such as the young girls playing with a ball pictured on two vessels separated by a generation. Moreover, he concentrates on movement and action by focusing on a suspended gesture, such as a strip of cloth being wrapped around a wrist, a hand about to strike a tambourine, or a dance step.

With the rise of the ornate style, the ornamental potential of red ochre and its ability to create a chiaroscuro effect by contrasting it with white prompted an interest in blending colour, thus paving the way for the creation of purple-red to colour certain items of clothing: for example, the dancer's skirt on the volute krater by the Strötgen Painter, the sleeves of the robe worn by Ganymede's tutor on the neck of the volute krater by the Painter of Copenhagen 4223, and the cloak of a man and a scabbard pictured in a *naiskos* on the same krater, as well as the talons of a swan in the scene above. The spread of this technique is most impressively exemplified by the *hydria* by the Baltimore Painter, which clearly illustrates the contribution of red, alongside white and yellow, in the development of polychromy in the last third of the fourth century BC.

4223 e il mantello di un uomo al centro di un *naiskos* in questo stesso cratere, nonché il fodero di una spada e gli artigli di un cigno. La diffusione di questo utilizzo è perfettamente rappresentata nell'*hydria* del Pittore di Baltimora che dimostra il contributo del rosso allo sviluppo della policromia, accanto al bianco e al giallo, nell'ultimo terzo del IV secolo a.C.

LE LUCI DELLA POLICROMIA

I vasi fotografati riassumono il passaggio, nell'arco di un secolo, dai pittori di tradizione grafica di Metaponto, qui rappresentati dai crateri a campana del Pittore di Amykos, ai pittori illusionisti di Taranto, qui testimoniati in particolare dal Pittore dell'Ilioupersis, dal Pittore di Wolfenbüttel, dal Pittore di Copenaghen 4223, dal Pittore di Dario e dal Pittore di Baltimora. Il cambiamento fu caratterizzato non solo dalla graduale introduzione della luminosità del giallo e del bianco sul nero e sul rosso, ma anche dall'aumento di dettagli architettonici ed elementi vegetali rigogliosi. È stato così inaugurato uno stile nuovo, che studiosi come Arthur Dale Trendall – l'archeologo neozelandese al quale dobbiamo i primi cataloghi di vasi a figure rosse italiote e siceliote classificati per grandi officine regionali – e Paolo Moreno hanno definito "ornato" o "maniera tarantina" perché appare prevalentemente nella ceramica apula prodotta inizialmente a Taranto. Non abbiamo fonti scritte sui pittori di questi vasi, ma è possibile osservare le loro ricerche pittoriche e le loro sperimentazioni, che si manifestarono nel secondo quarto del IV secolo a.C. e raggiunsero l'apice nel terzo quarto di quel secolo, alla luce di quanto sappiamo dai testi dei dibattiti di natura estetica sui colori nella pittura greca della seconda metà del IV secolo a.C.

La risposta dei ceramografi tarantini alla ricerca di luminosità della scena è stata quella di accostare, sovrapporre o mescolare i quattro colori a loro disposizione.

Il bianco esalta la lucentezza dei gioielli e contraddistingue le costruzioni di pietra, le piante e i materiali organici. Abbinato al giallo, contribuisce a creare un effetto di chiaroscuro. Per far emergere dall'ombra le volute vegetali, il pittore orla di bianco il bordo esposto alla luce e dipinge l'altro di giallo, come per esempio sul collo del cratere del

POLYCHROME EXUBERANCE

The vases photographed neatly encapsulate the development that occurred over the course of a century, from the graphic painters of Metapontum, represented here by the bell kraters of the Amykos Painter, to the illusionist painters of Tarentum, illustrated in particular by the work of the Ilioupersis Painter, the Wolfenbüttel Painter, the Painter of Copenhagen 4223, the Darius Painter, and the Baltimore Painter. This change involved not only the gradual introduction of bright yellow and white over black and red, but also the development of architectural settings and exuberant plant decorations. This launched a new style that experts such as Arthur Dale Trendall – the archaeologist from New Zealand who first catalogued the red-figure vases of southern Italy and Sicily into regional workshops – and Paolo Moreno have called the 'ornate style' or 'Tarentum manner', as it was used predominantly in Apulian ceramics first produced in Tarentum. No written sources describing the vase painters survive, but the extent of these experiments in painting, which began in the second quarter of the fourth century BC and reached their acme in the third quarter, can be inferred from the texts of the aesthetic debates regarding the use of colours in Greek painting in the second half of the fourth century. The Tarentine painters' contribution to the exploration of luminosity in painting was to juxtapose, superimpose, or blend the four colours at their disposal.

White is used to make jewels gleam and to pick out stone structures, plants, and organic matter. Combined with yellow, it helps to create a chiaroscuro effect. For instance, in order to make the plant motifs on the neck of his volute krater stand out against the dark background, the Strötgen Painter outlines in white the edge exposed to the light and paints the other yellow. Varying the shade from white to golden yellow creates the effect of rounded surfaces reflecting the light, as in the shield hanging from the ceiling of the *naiskos* on the krater by the Copenhagen Painter 4223. The homogeneity of colour suggests that the painter used a mixture applied before firing, unlike Side B, where marks on the pillar suggest that a thin layer of slip was applied to the white in a subsequent phase to obtain the yellow. Thanks to these techniques, painters could create several shades and different tones of yellow, an

Pittore Strötgen. Una gradazione dal bianco al giallo oro consente di ottenere superfici arrotondate che riflettono la luce, come lo scudo appeso al soffitto del *naiskos* dipinto sul cratere del Pittore di Copenaghen 4223. L'omogeneità del colore suggerisce che l'artista abbia utilizzato un impasto realizzato prima dell'applicazione, a differenza del lato B del vaso dove le pennellate sul pilastro fanno pensare che un sottile strato di ingobbio sia stato applicato al bianco per realizzare il giallo dopo la cottura. Grazie a queste differenti tecniche il pittore ottiene varie tonalità di giallo, più o meno chiare, alle quali ricorre, per esempio, per modellare una roccia sull'*hydria* alla maniera del Pittore di Dario. Sul fondo bianco delle cornici architettoniche i ceramografi disegnano in giallo i dettagli delle colonne. I diversi usi di questo colore trovano una significativa testimonianza nella produzione di uno degli ultimi pittori apuli dello stile ornato, il Pittore di Baltimora: le pieghe del mantello della donna seduta all'interno di un *naiskos* spiccano in giallo-arancio sul giallo chiaro del tessuto, al quale dei tratti bianchi aggiungono punti di luce.

Questa decorazione illustra anche lo sviluppo sui vasi a figure rosse, con la rappresentazione in bianco delle figure all'interno di un *naiskos* e con le teste femminili che emergono dal fogliame, della tecnica della sovradipintura che caratterizza nello stesso periodo un'altra produzione di vasi di piccole dimensioni.

approach employed, for example, to model a rock on the *hydria* in the manner of the Darius Painter. The painters would add the details of columns in yellow to make them stand out against the white architectural structures. These different uses of yellow find an emblematic expression in one of the last Apulian painters working in the ornate style, the Baltimore Painter: the orangey yellow folds of the himation of the young woman seated in a *naiskos* stand out against the light yellow of the fabric itself, to which white strokes suggest the effect of the light.

This decoration also illustrates the development on red-figure vases, with the representation in white of the figures within a *naiskos* and the female heads emerging from the foliage, of the overpainting technique that characterised another production of small vessels in the same period.

LUIGI SPINA

L'UMANITÀ IN UN VASO

Giungere a Matera è sempre un'esperienza di viaggio estremamente forte. Il paesaggio, dapprima collinare e poi montuoso, diventa pianeggiante.
Larghi campi visivi a perdita d'occhio. La strada, la Bradanica, è una linea retta che piega su qualche curva.
Il cielo immenso sovrasta ogni cosa.
Per arrivare a Matera bisogna prepararsi a cambiare la visione delle cose, adattarsi a una geografia aspra, a tratti dura.
La gente ha dovuto sostenere anche il peso di un territorio che non ha lasciato spazio all'antropizzazione.
Questa natura lucana sembra aver plasmato il sistema immunitario di uomini e donne.
Li ha resi più forti.
C'è una rudezza della materia che trova contrappunto nella forza di queste persone che hanno dovuto, letteralmente, piegare la terra per vivere.
Ci vogliono tre ore, da casa mia, per raggiungere Matera.
Servono tutte.
Per cambiare la propria percezione del mondo.
Qui l'ambiente continua a contrastare l'uomo. A limitarne le esistenze.

Entro nel Museo Ridola, vedo quei vasi lucenti, neri e rossi.
Sento la terracotta vibrare. Ci sono storie accadute, raccontate e mitizzate. Le relazioni umane, la convivialità e l'Aldilà.
Un vaso a figure rosse è un mondo primigenio di conoscenze. Su di esso si sono stratificati gesti, espressioni.

HUMANITY ON A VASE

When on the road, arriving in Matera is always an extremely intense experience. The landscape, at first hilly and then mountainous, becomes flat.
Open horizons stretch as far as the eye can see. The road, the Bradanica, runs straight as a ruler, except for a few slight bends. The immense sky towers over everything.
Entering Matera you have to be prepared to change the way you look at things, to adapt to an austere, sometimes harsh landscape.
The locals have had to put up with a land that has made no concessions to human habitation.
Nature in this southern region of Lucania seems to have moulded the immune systems of the men and women living here.
It has made them stronger.
The ruggedness of the surroundings is echoed by the toughness of the people, who have literally had to subdue the terrain to survive.
It takes me three hours to reach Matera from home.
Not a minute less.
The time to change one's view of the world.
Here, the environment is always ready to pick a fight with human beings. To trammel their existence.

I enter the Ridola Museum and see all that pottery – gleaming red-and-black vessels.
I can feel the terracotta vibrate. Here are stories that actually took place, retold and mythologised. Thronged with human relationships, conviviality, and the afterlife.

Voci lontane che si sono incise, col fuoco, sulla materia argillosa.
Mani creative hanno trasferito, sulle superfici, la visione di altri mondi.
Figure umane e divine convivono sulle stesse superfici in una danza continua e costante.
A uno sguardo fugace ne cogliamo i colori, le vesti panneggiate, le acconciature complesse, le armi e gli onori, gli animali.
Sembrerebbe quasi una visione caotica e puramente decorativa. Ma tutto sulle superfici tonde ha una sua precisa collocazione.
Si racconta di miti e di fede. Come sempre. Del vivere e del morire.
Della speranza che tutto possa continuare.
C'è una comunità che ha precisi valori e credenze che devono essere trasmessi. Ci sono culti misterici che avrebbero dovuto garantire la salvezza dopo la morte.
Ogni volta che mi accingo a una posa fotografica mi addentro in una storia diversa, dai limiti indefiniti.
Leggo le speranze, le paure, i sogni reali e irreali. L'amore che domina su tutto.

Si lotta, si vive e si muore su questi vasi. Si è disposti a sacrificare tutto per un sentimento puro.
Ognuno è il racconto di vite vissute e trapassate.
Non dobbiamo necessariamente condividere una mentalità che non ci appartiene. Né una fede che faremmo fatica ad accettare.
Quello che conta è raccoglierne il testimone per diffonderne la conoscenza. Ogni vaso ha una sua forma. Ogni vaso un uso.
Cratere, *lekythos*, *pelyke*, *hydria*, *stamnos*, *oinochoe*, *kantharos*... In ciascuno c'è un linguaggio da imparare.
E una volta iniziato niente sarà come prima.
Perché tutte quelle esperienze trasfigurate sui vasi diventeranno anche, per noi stessi, forme di pensiero.
Azioni culturali che ci insegnano del fare e del vivere.
Come in un film le storie si snodano sui vasi. Tutto è accurato. C'è una chiara visione dei modelli cui riferirsi.
La lettura figurata è immediata.
C'è una sorta di codice al quale si è preparati fin dalla nascita.
Per noi contemporanei un vaso figurato è un aggregato di complesse esperienze di altra gente. Un mondo

Red-figure pottery takes us into a primordial world of cryptic knowledge. Gestures and expressions are smothered all over the vessels in layers.
Distant voices branded by fire onto the clay.
Creative hands have impressed others' worldviews onto the surfaces.
Human and divine figures coexist on the same surfaces in a constant, continuous dance.
At a casual glance, we notice the colours, the folds of the robes, the elaborate hairstyles, the weapons and garlands, the animals.
It might look like a purely decorative chaos. But everything on these curved surfaces has its proper place.
Details telling of myths and faith. As always. Of living and dying.
Of hope that all can continue.
Here is a community adamant that precise values and beliefs are to be passed on. Here are mystery cults that were supposed to ensure salvation after death.
Every time I prepare to take a photograph, I enter a different story, with indistinct outlines.
I detect hopes, fears, and dreams – real and unreal. And love, that holds sway over everything.

On these vessels one struggles, lives, and dies. One is ready to sacrifice all for an untarnished sentiment.
Each is a chronicle of lives lived and concluded.
We need not share a sensibility that is not ours. Nor a faith we would find hard to accept.
What is important is to pick up the baton so as to pass on the knowledge. Every vessel has its own form. Every pot a use.
Whether krater, *lekythos*, *pelyke*, *hydria*, *stamnos*, *oinochoe*, *kantharos* . . . Each bears a language to learn.
And once begun, nothing will be as before.
Because all those experiences transfigured on the pottery will also, for ourselves, become forms of thought.
Cultural actions that teach us about doing and living. The stories unfold on the vessels as they do in a film.
Everything is pondered with care. There is a clear awareness of the models providing the frame of reference.
The figures can be identified at a glance.
There is a kind of code everyone learns from birth.
For us contemporaries, a figured vessel gathers together a complex set of other peoples' experiences. A world

raccontato sul materiale argilloso, giunto fino a noi.
Un viaggio temporale che ci ha trasferito conoscenze e, soprattutto, una rappresentazione della vita.
Ho ripercorso le superfici curve con l'intento di destare una percezione nuova di questi capolavori.
L'umiltà di meditare, per un momento, nel *rileggere* le figure rosse.
Di come intesero ascoltare la natura e le stelle e di come l'utilizzarono per poter degnamente vivere e darsi uno scopo.
Osservare un vaso a figure rosse significa riflettere il proprio pensiero sulle superfici animate e ritrovare la propria identità sempre combattuta fra la volontà dell'esistere e l'ineluttabilità del morire.

described on clay that has come down to us.
A journey in time that has brought us knowledge and, above all, a depiction of life.
I have explored these curved surfaces with the intention of prompting a fresh perception of these masterpieces.
The humility to meditate for a moment and *reassess* the red figures.
To appreciate their intention to listen to nature and the stars and how they used this to live honourable lives and find purpose.
Contemplating red-figure pottery means reflecting one's thought onto the bustling scenes and rediscovering one's identity, torn as it always is between the will to exist and the inevitability of death.

UN RACCONTO
PER IMMAGINI

A STORY
IN IMAGES

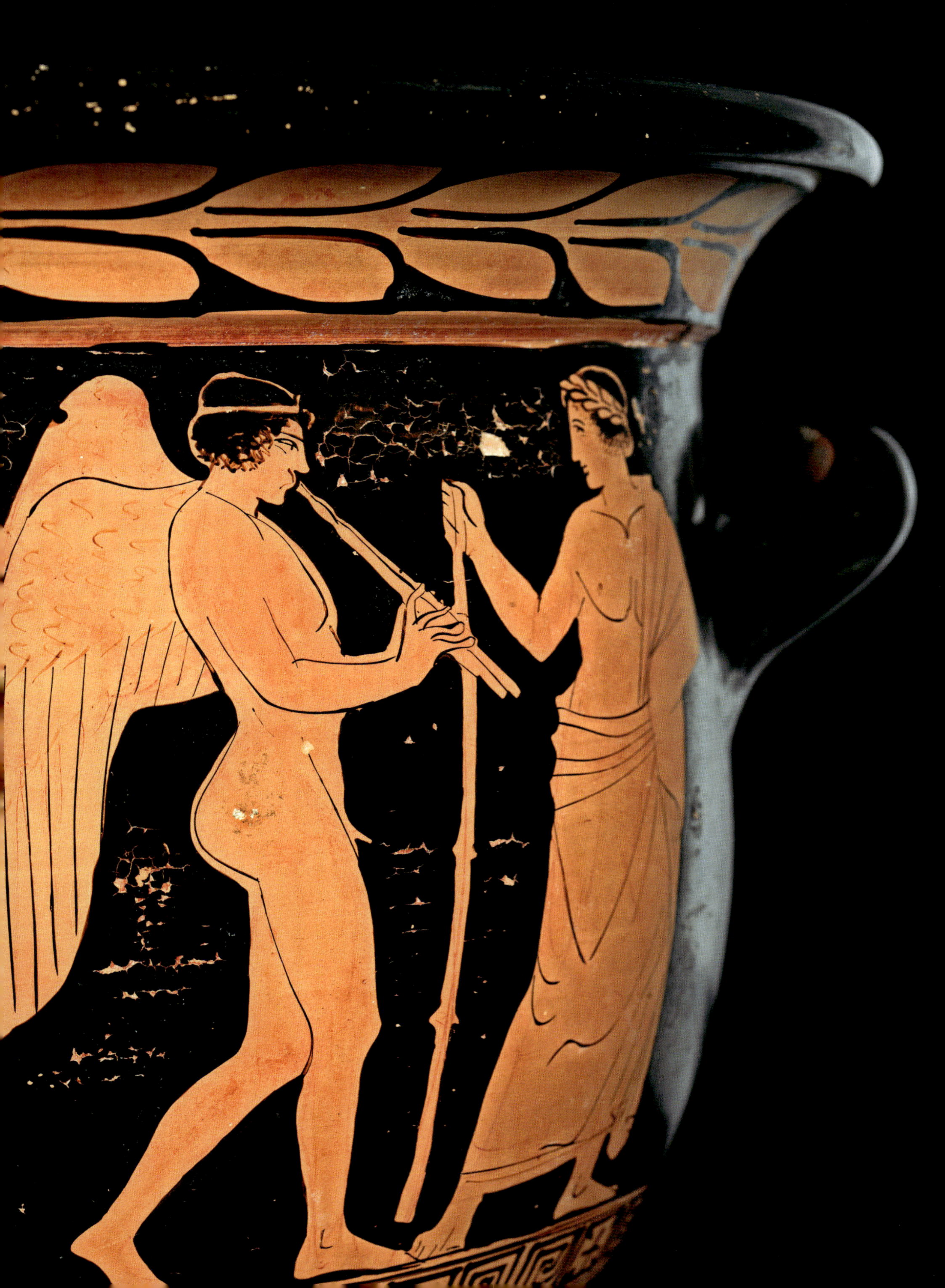

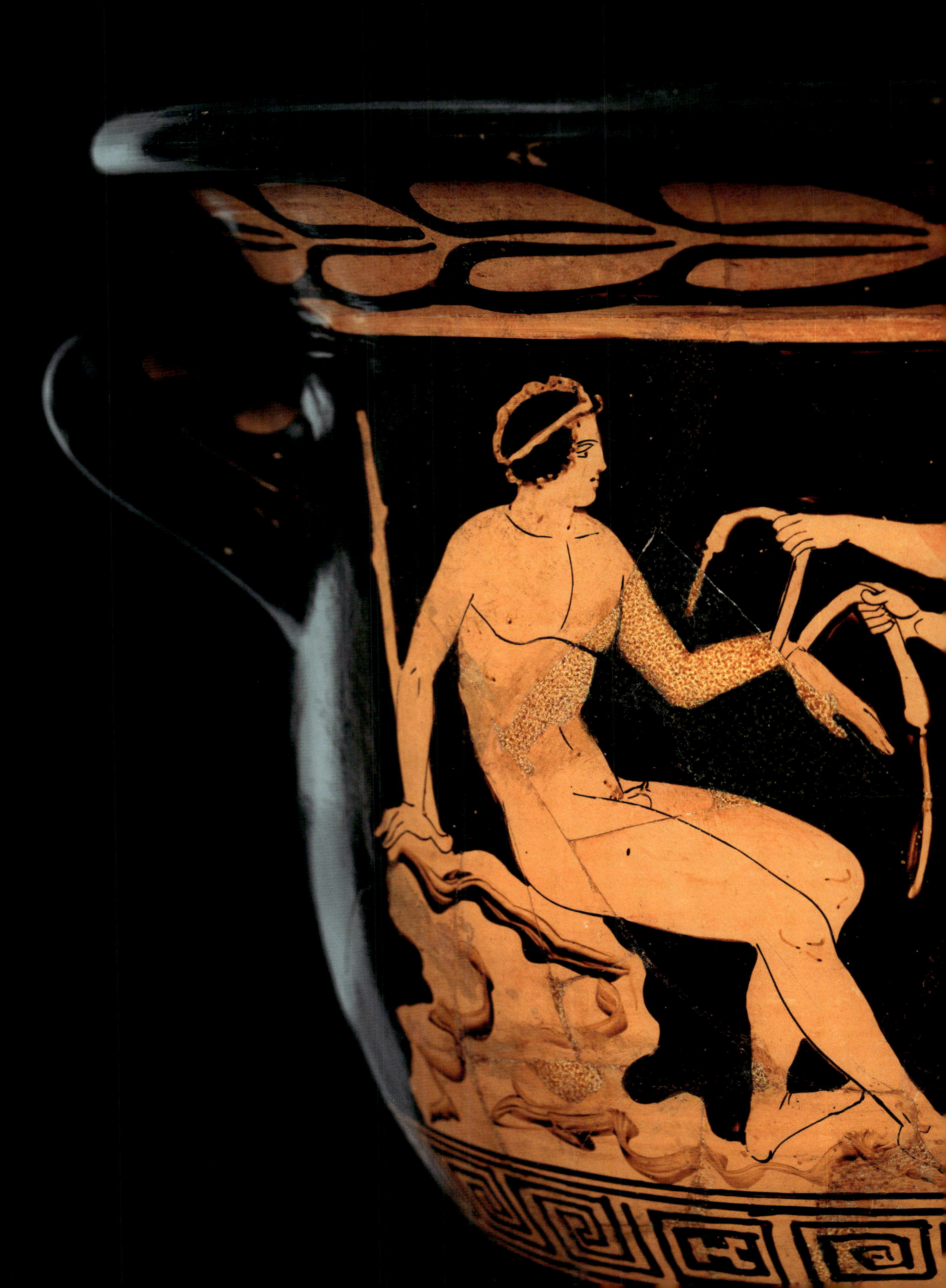

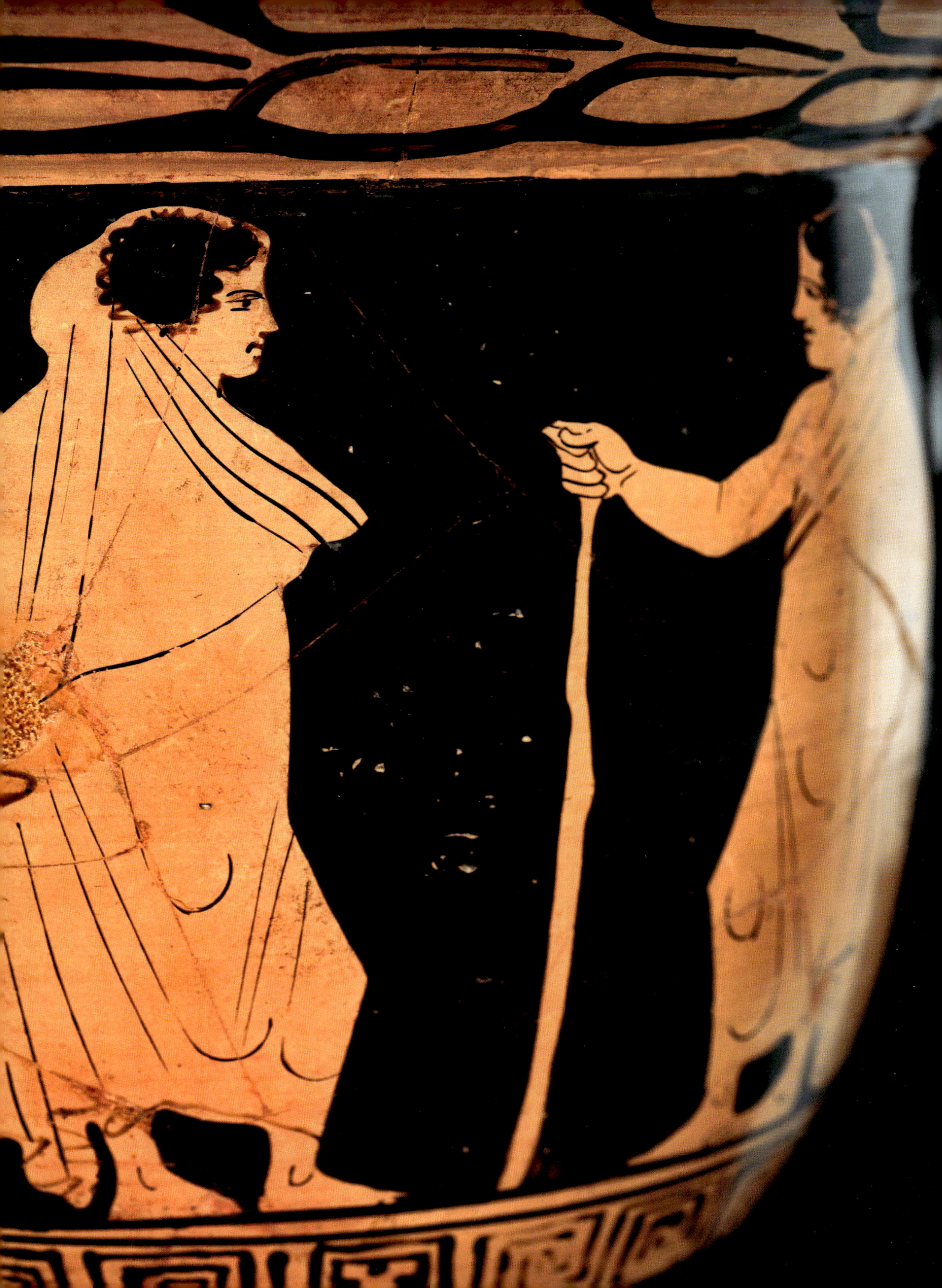

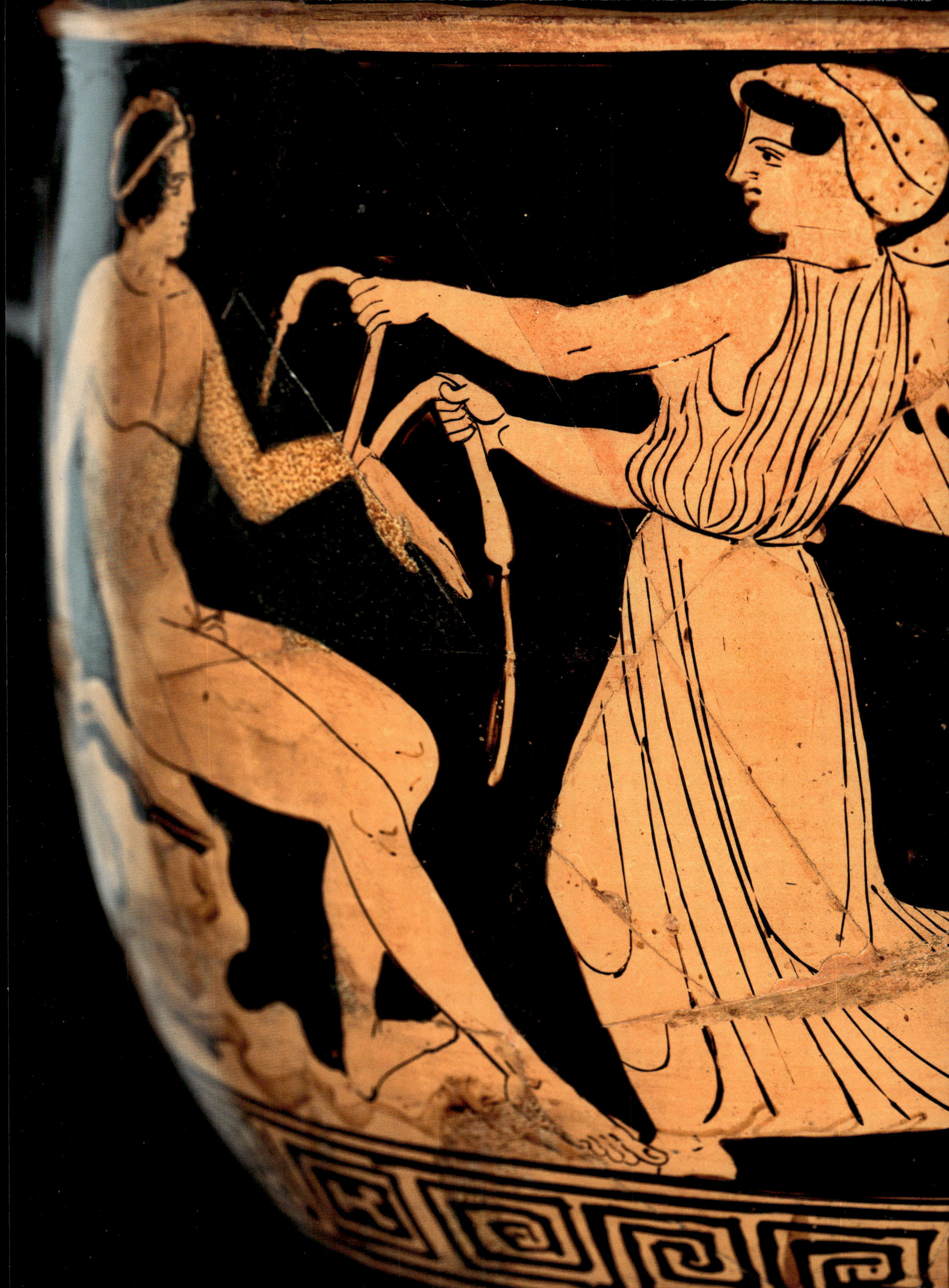

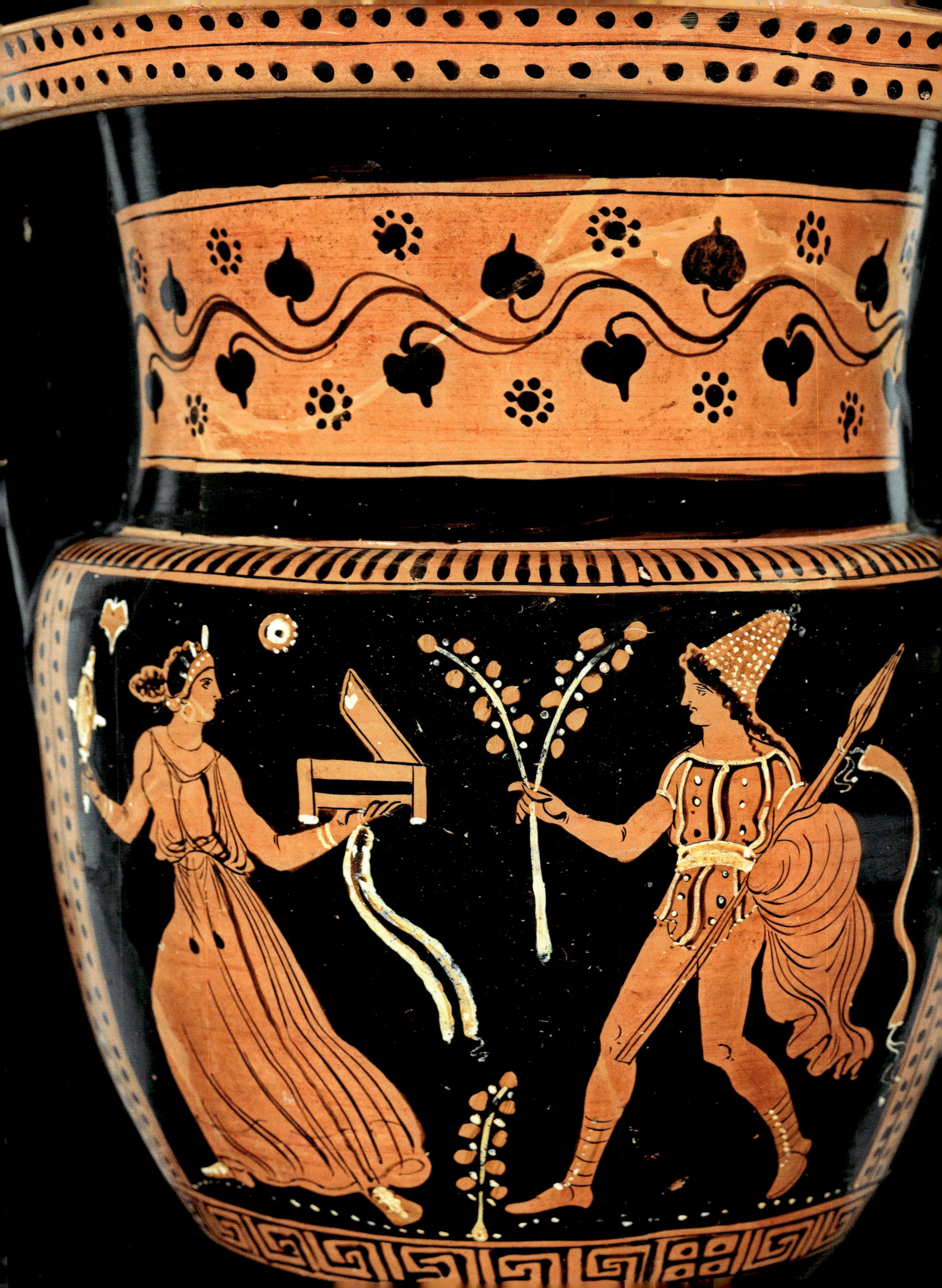

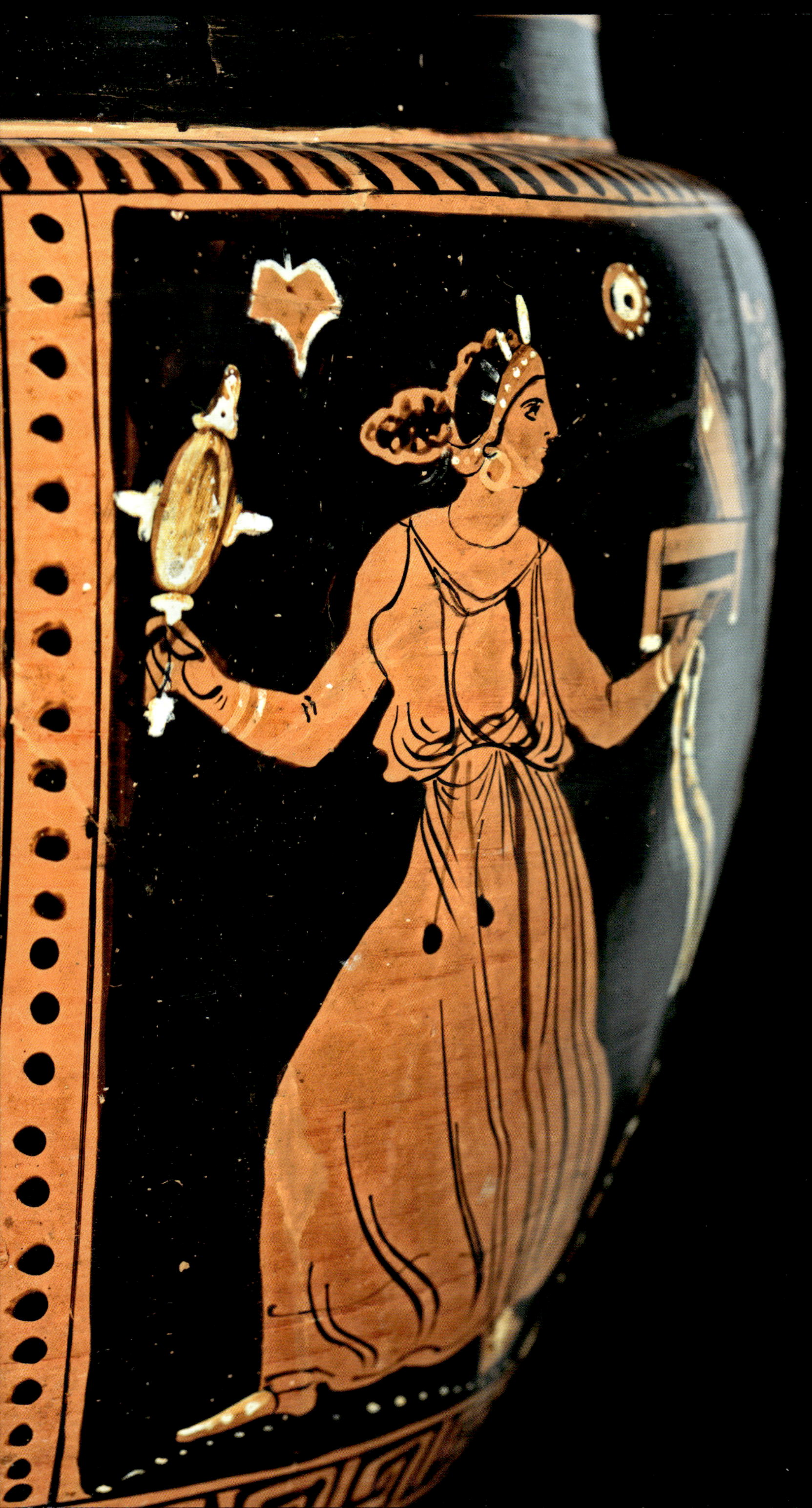

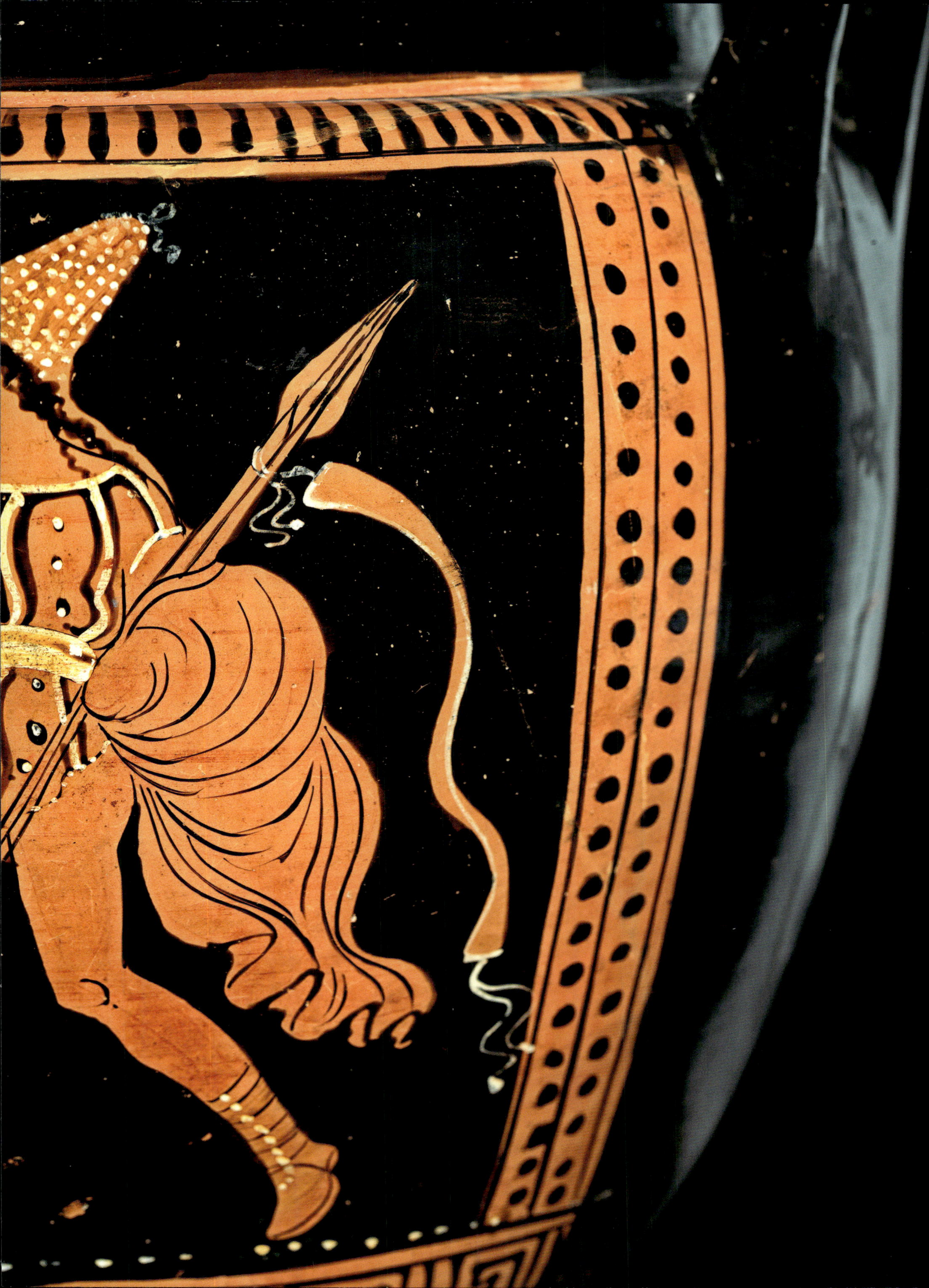

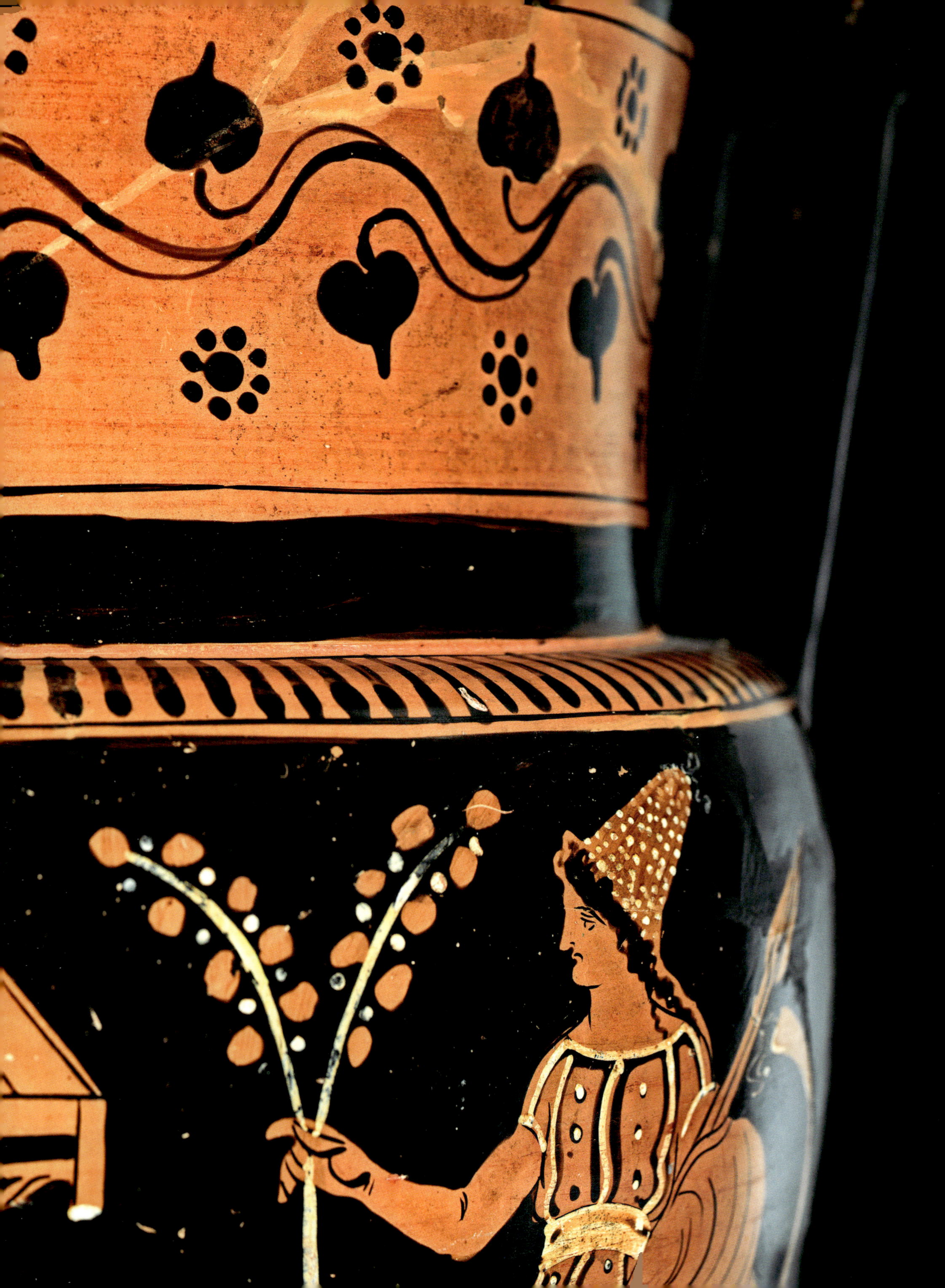

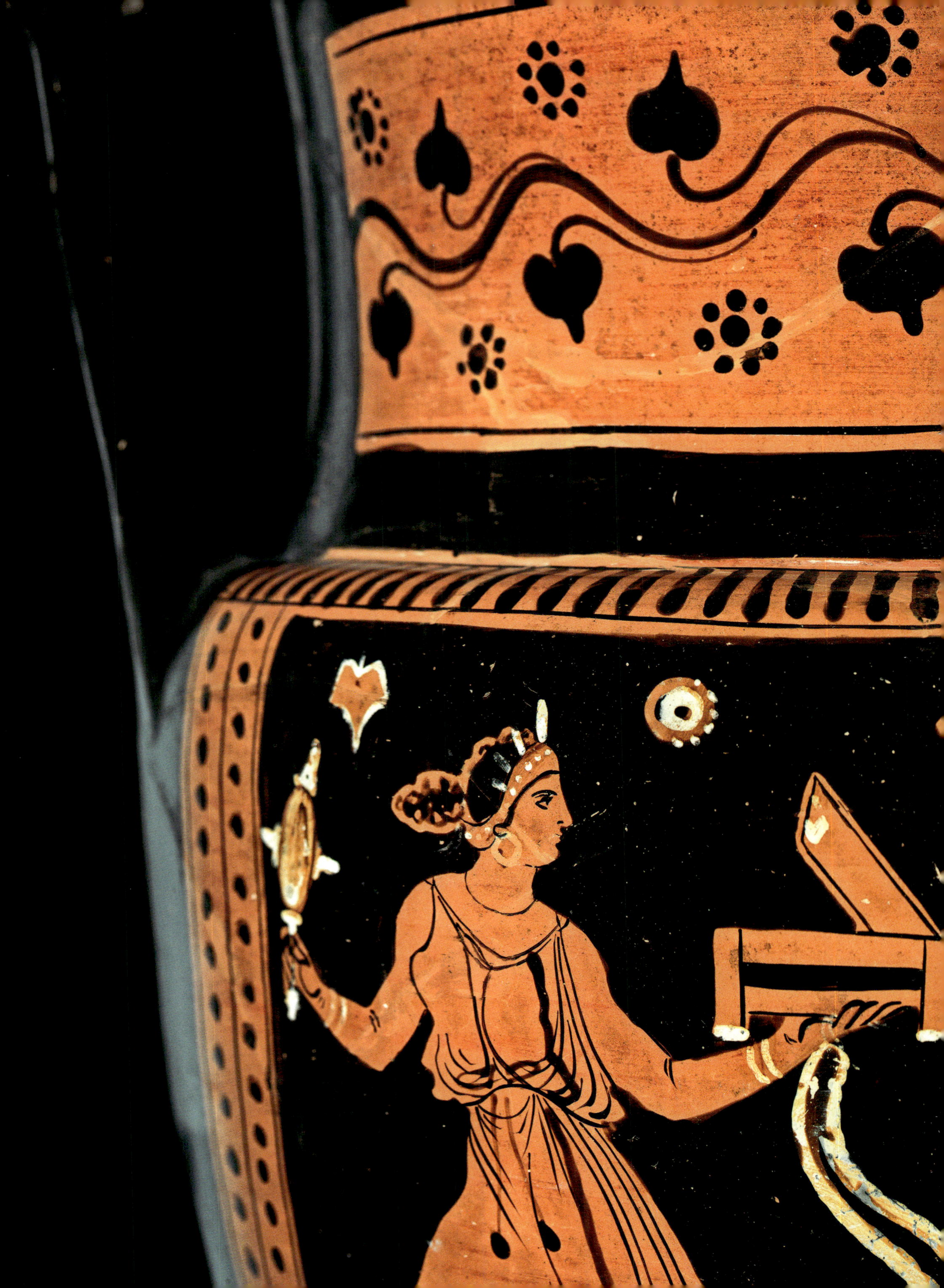

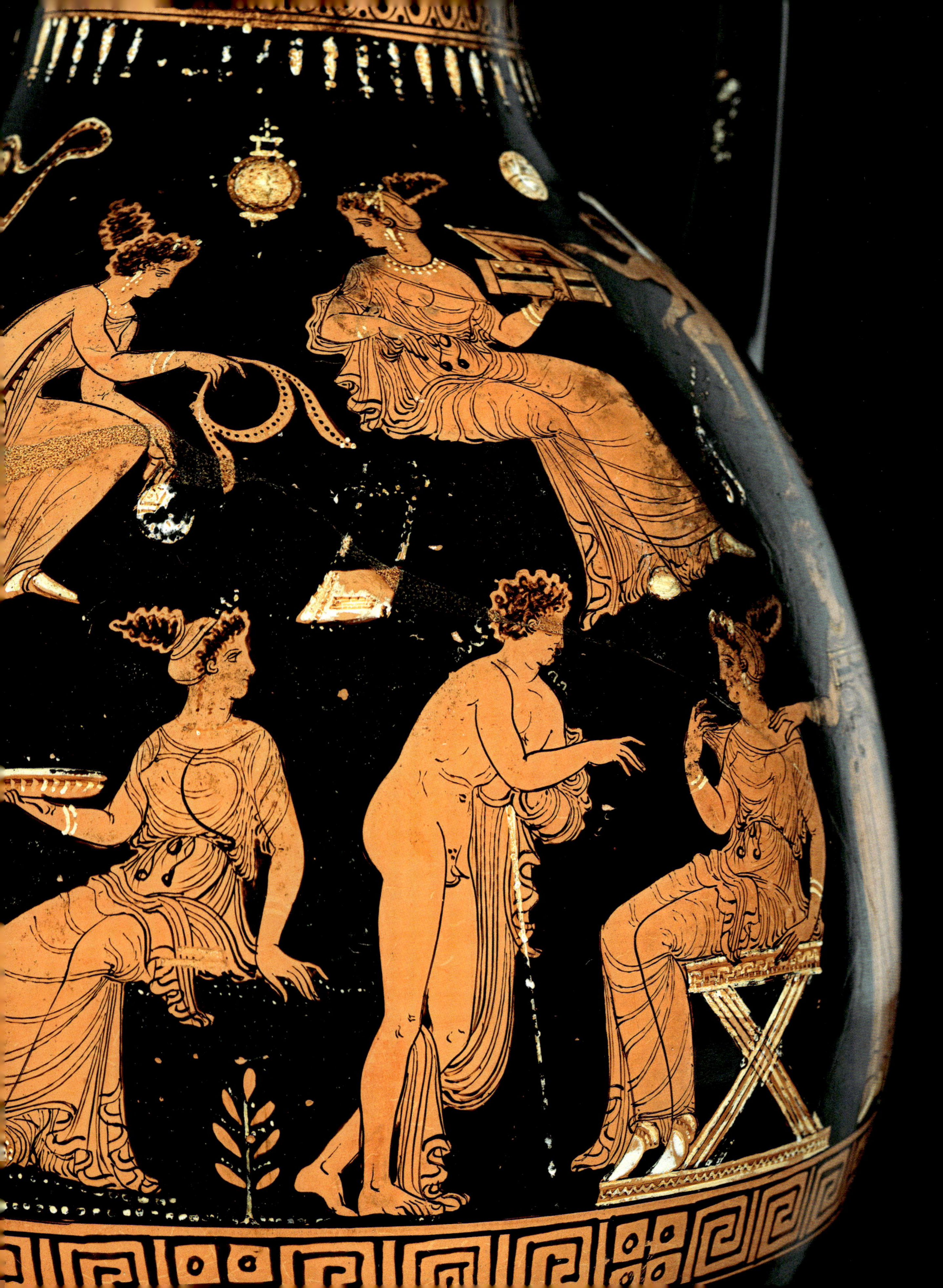

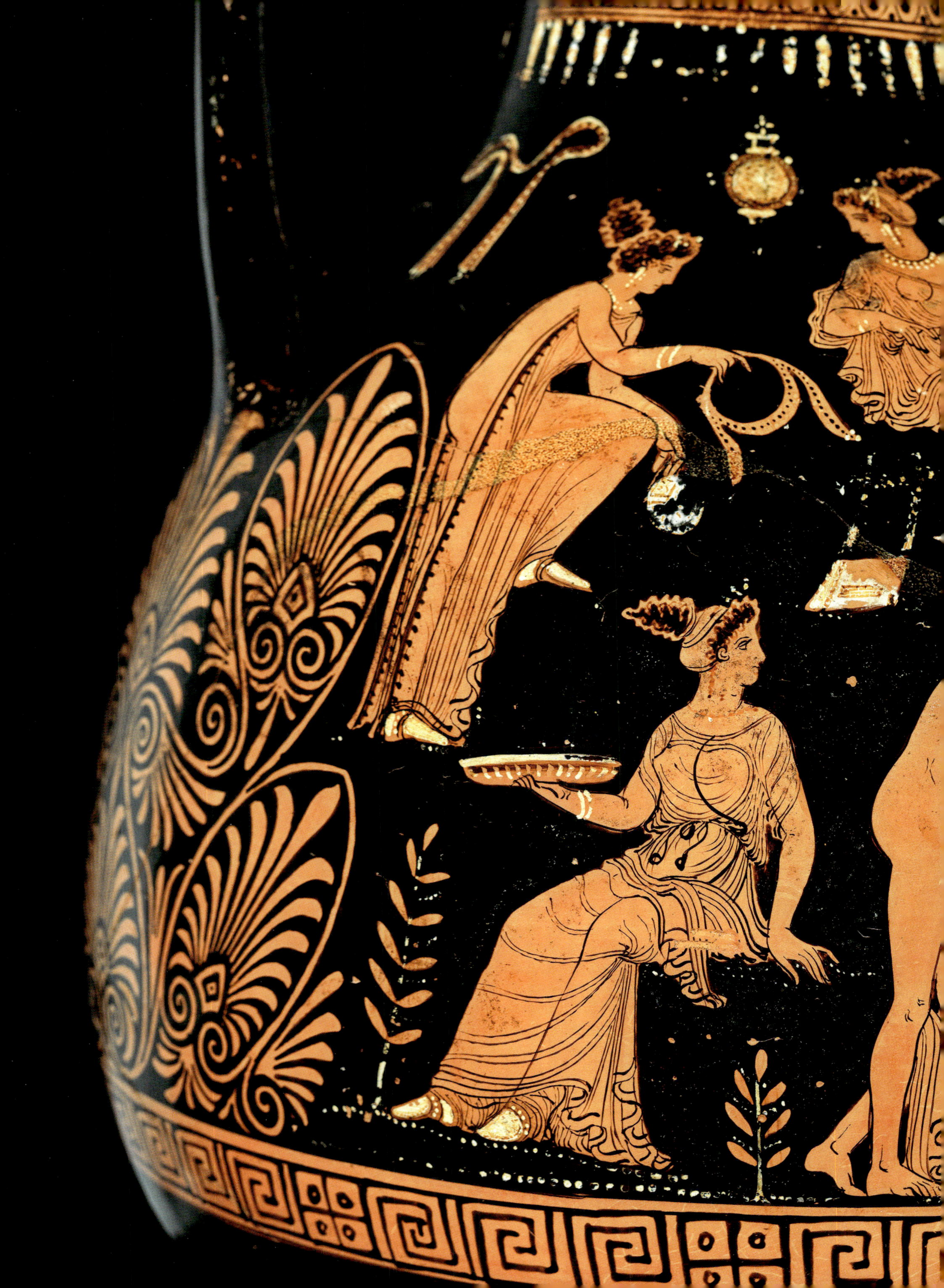

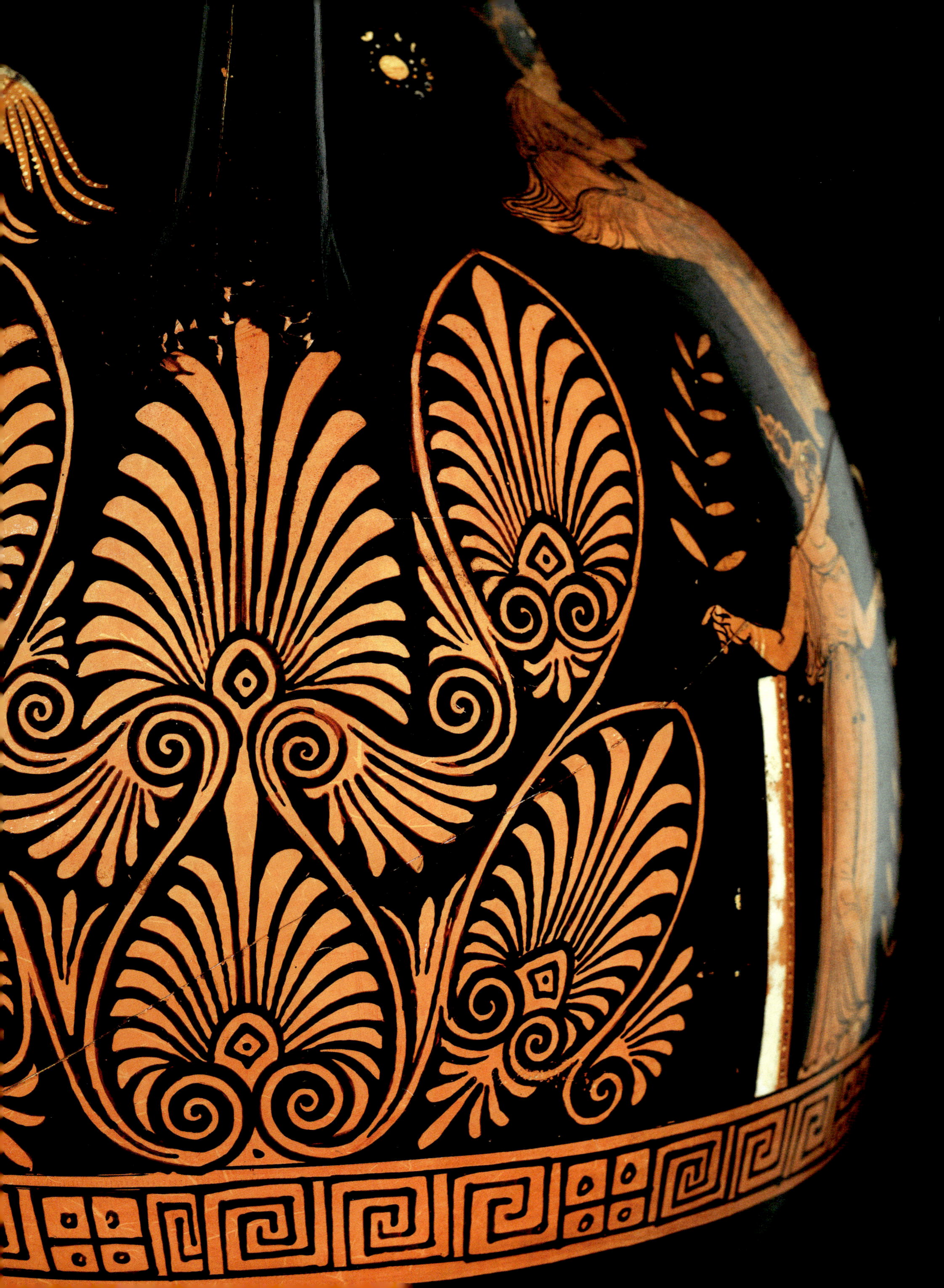

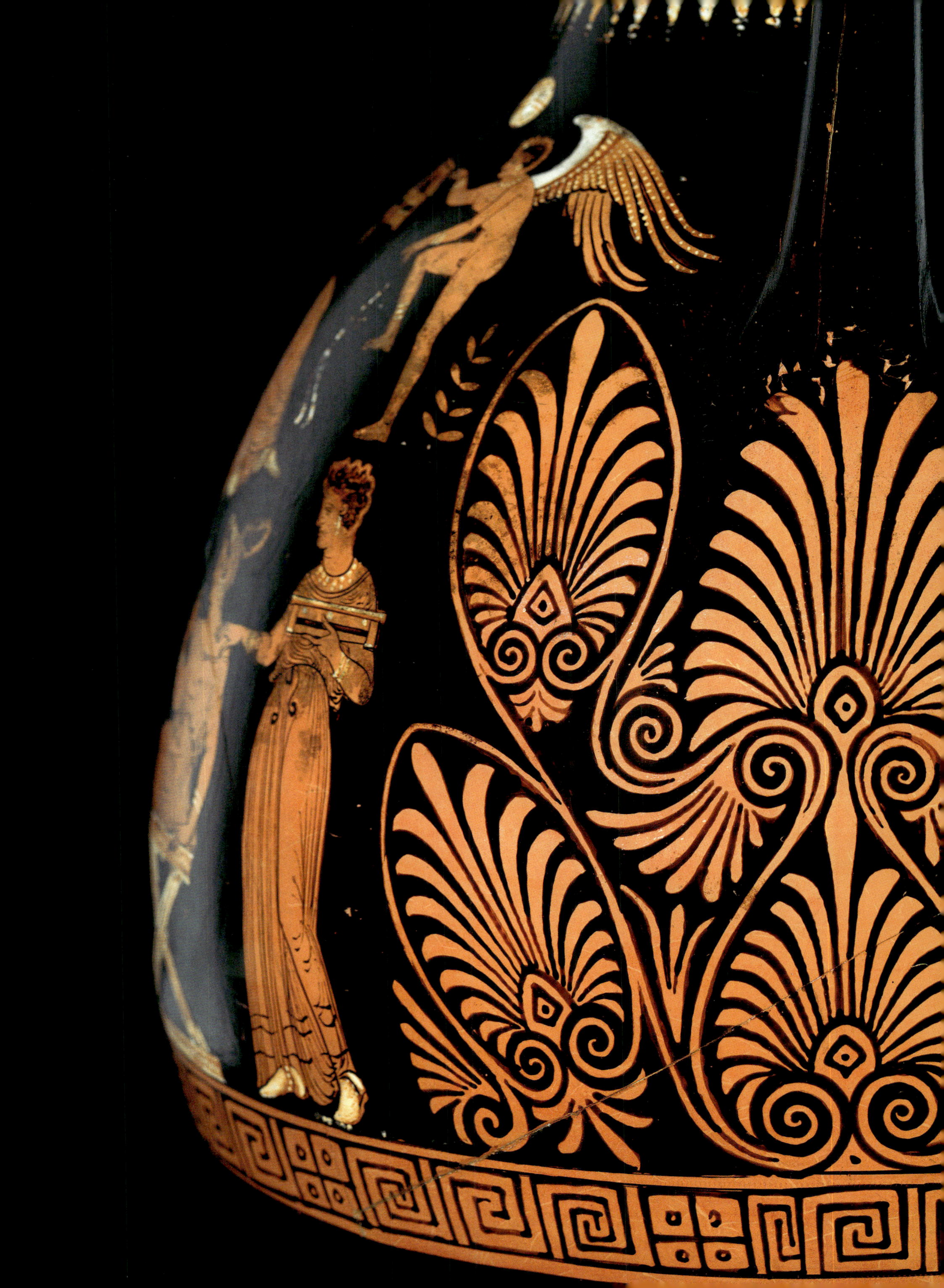

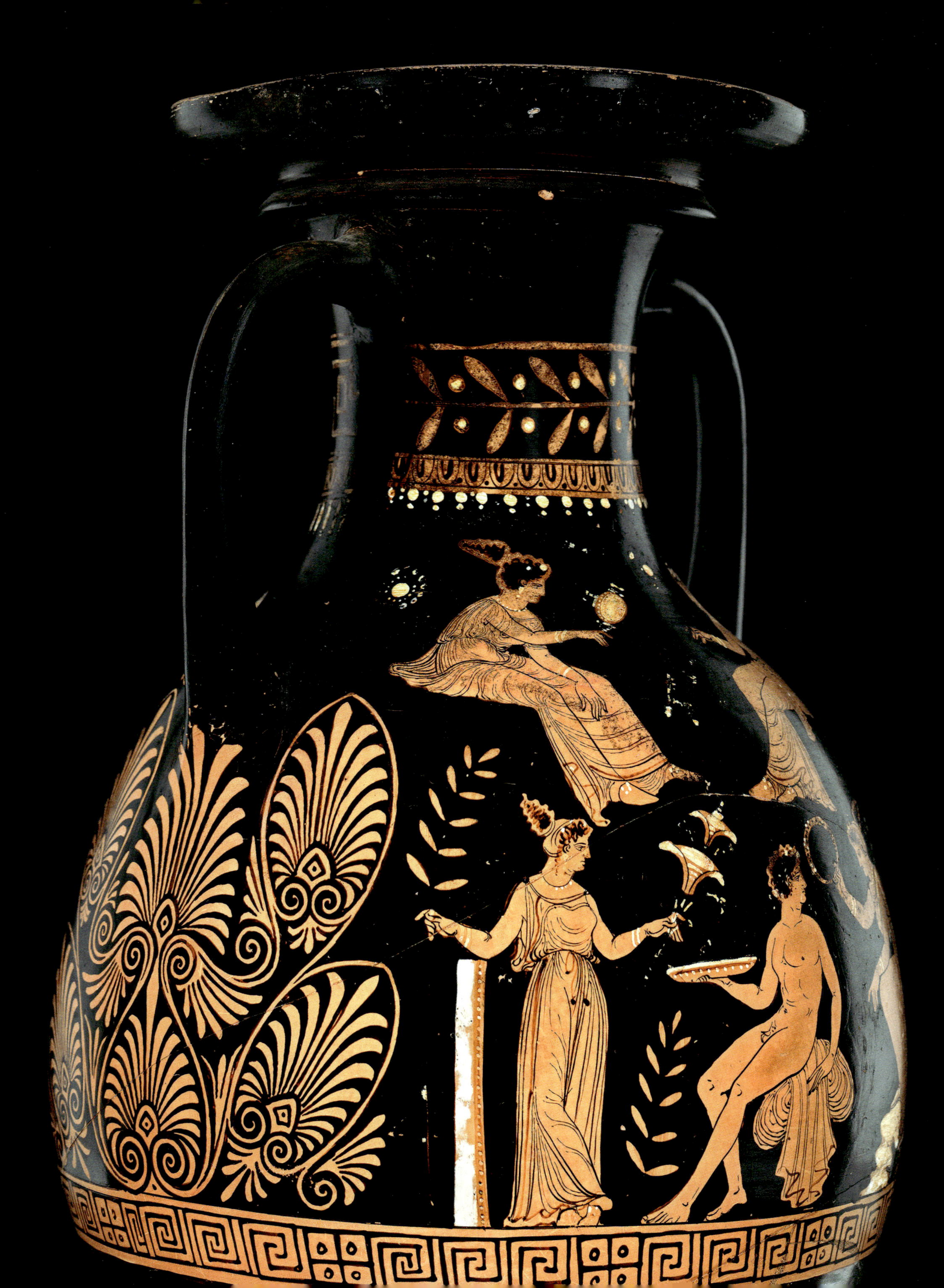

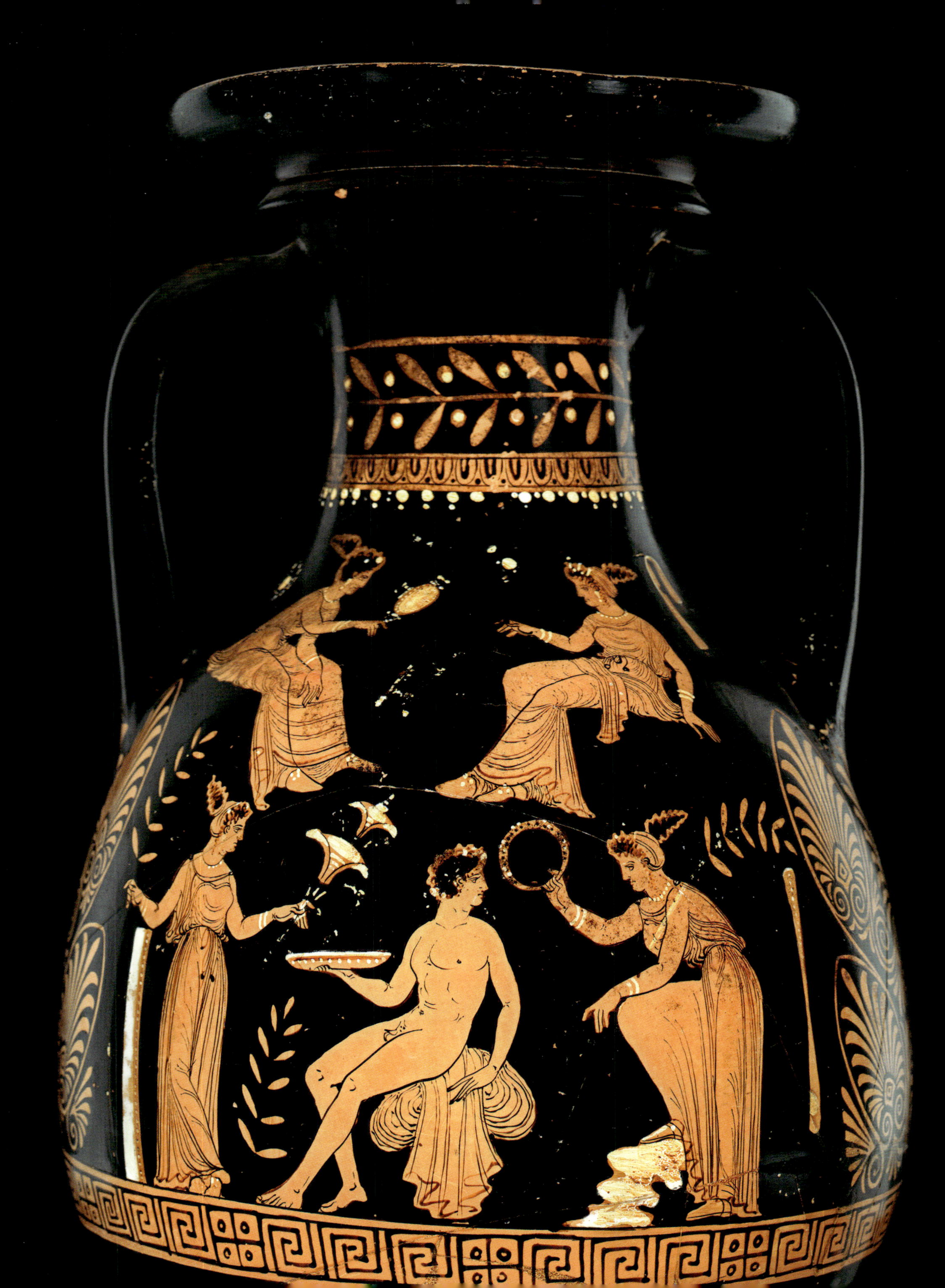

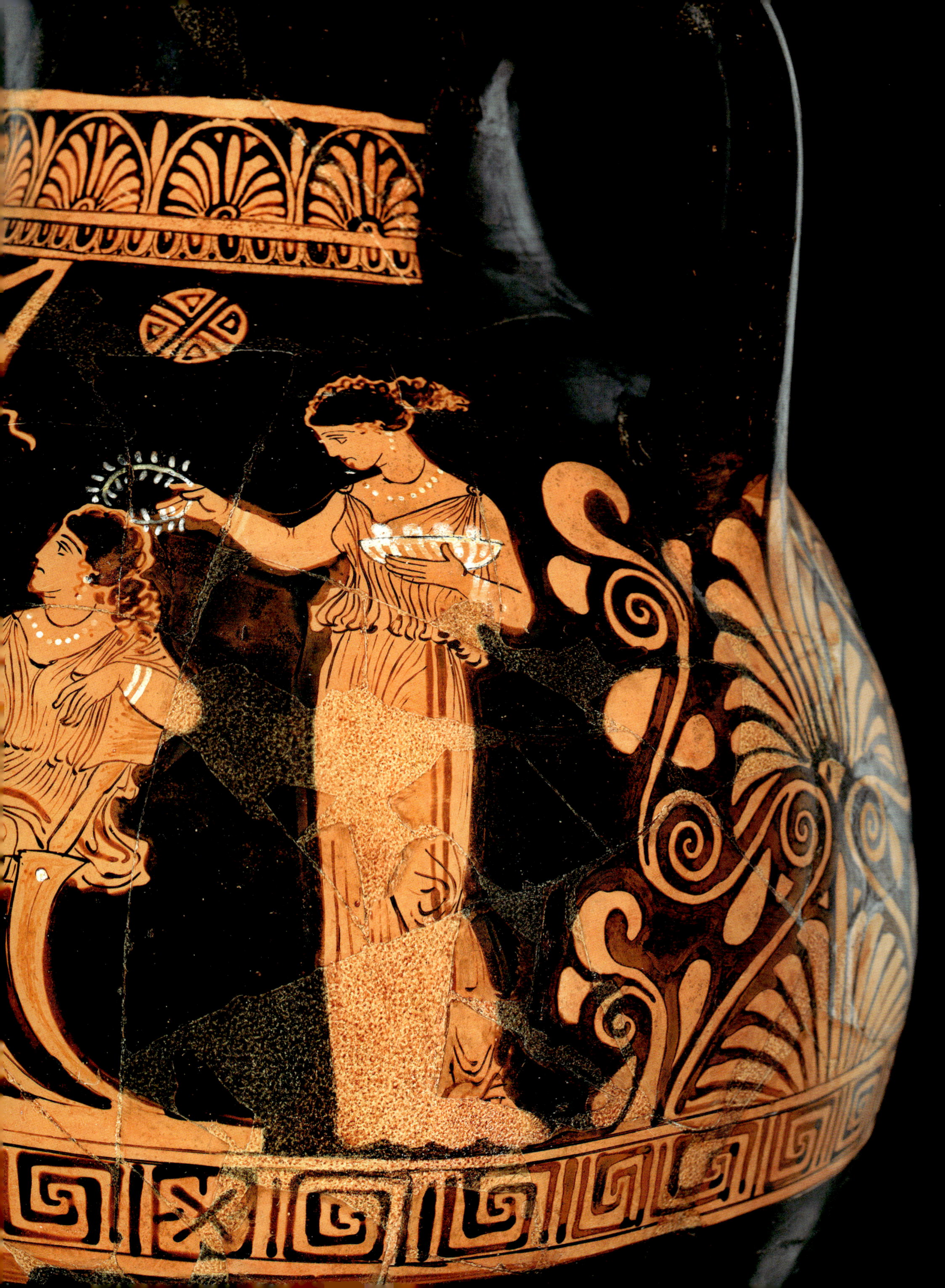

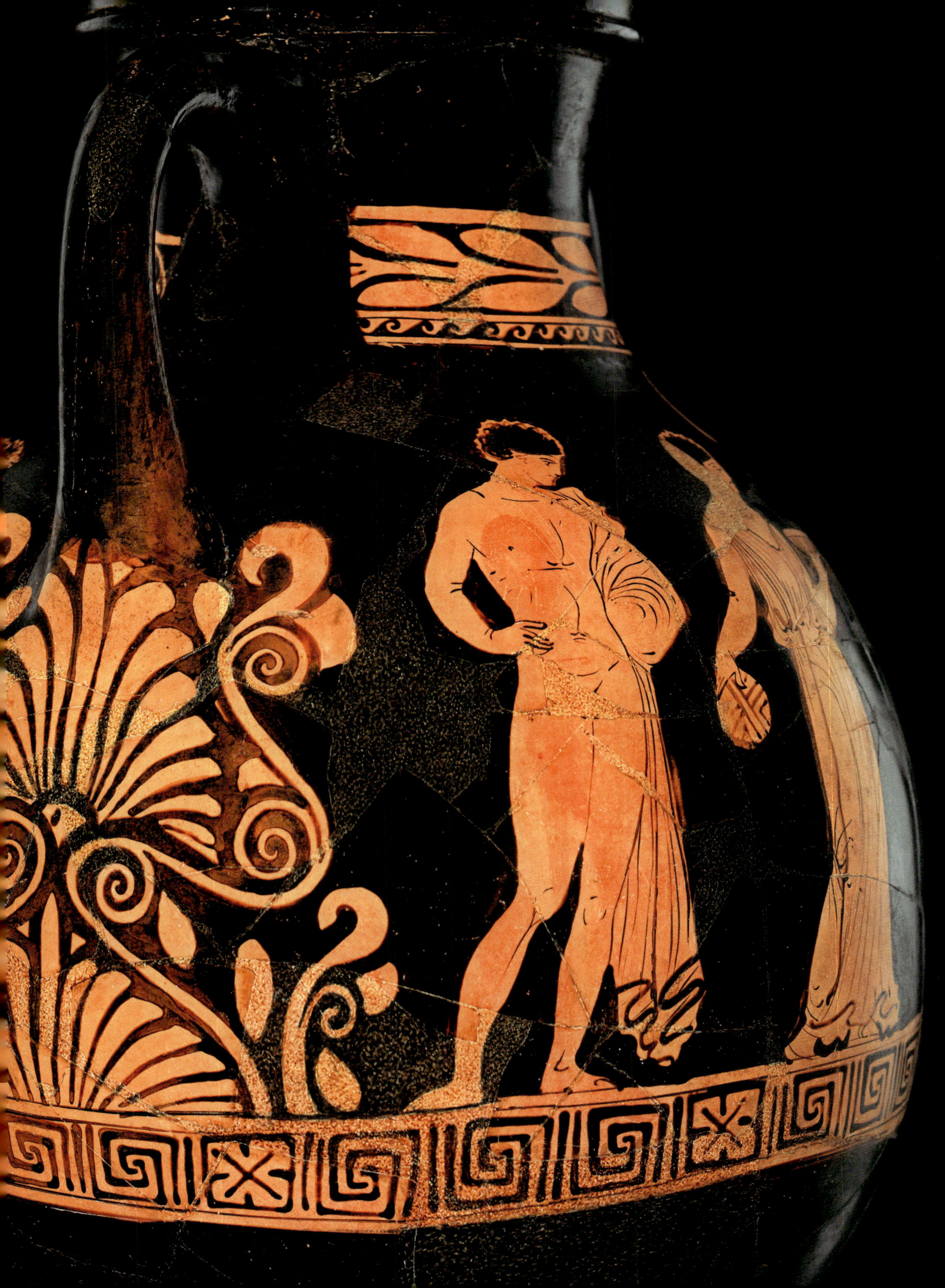

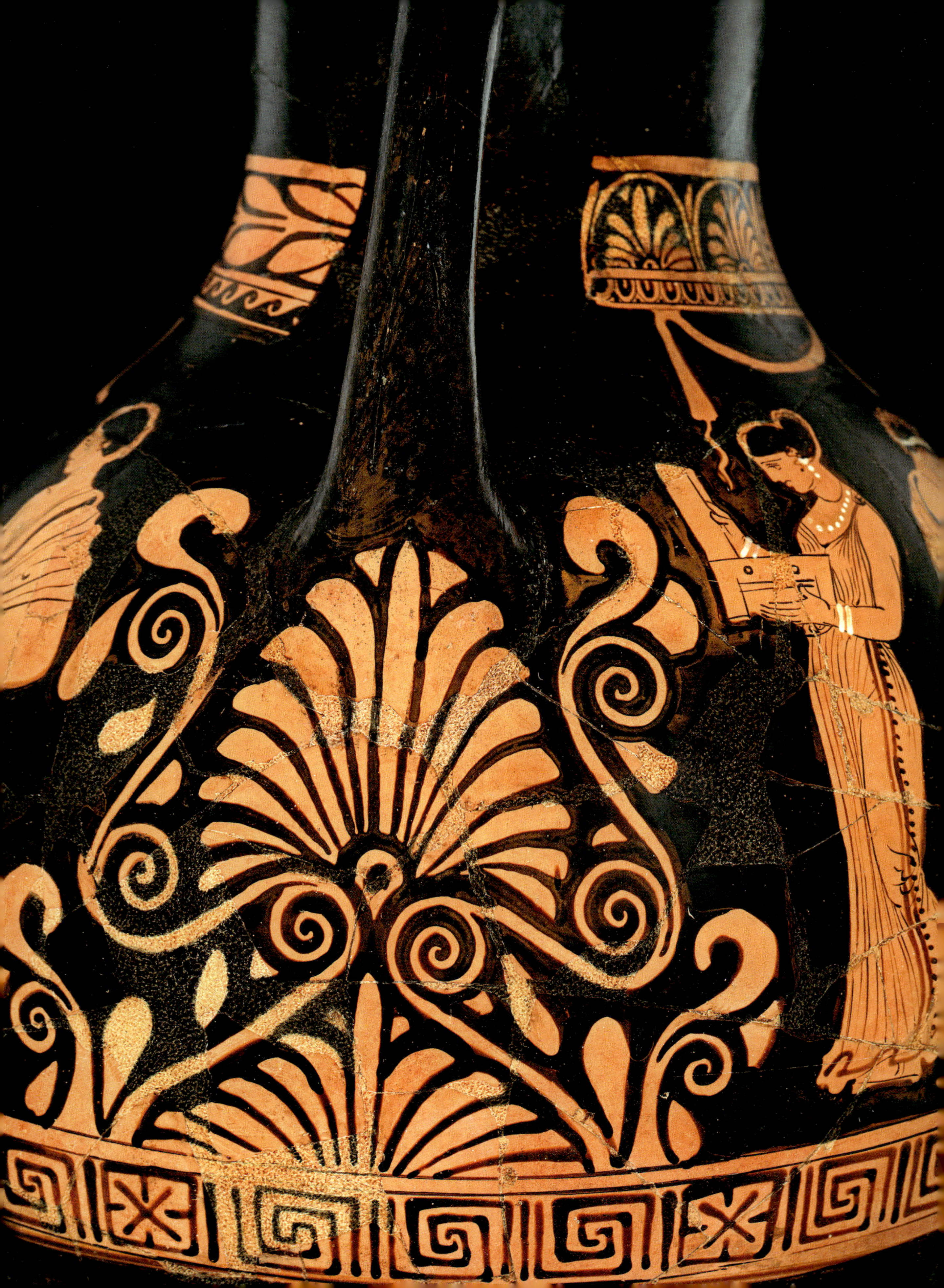

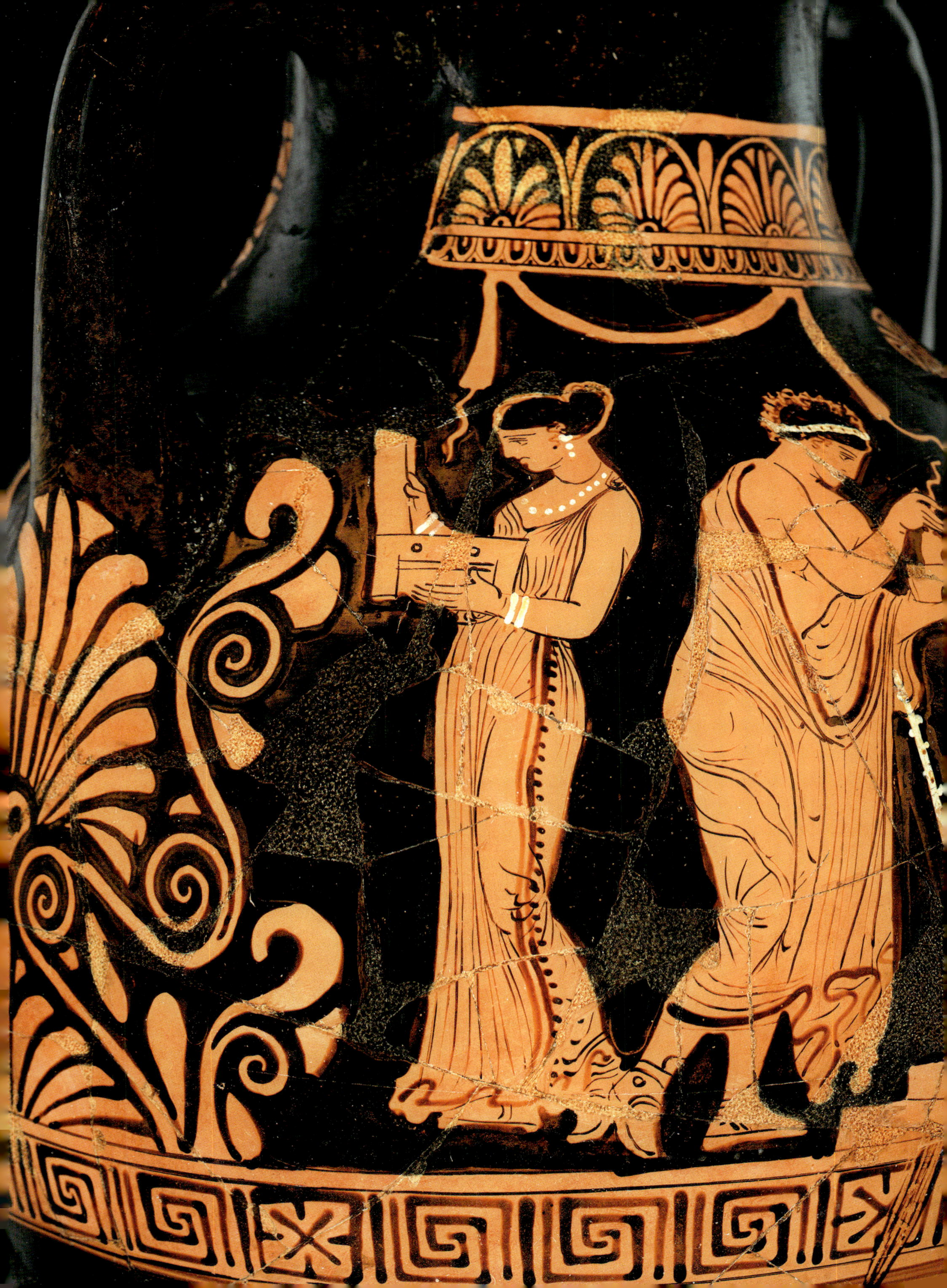

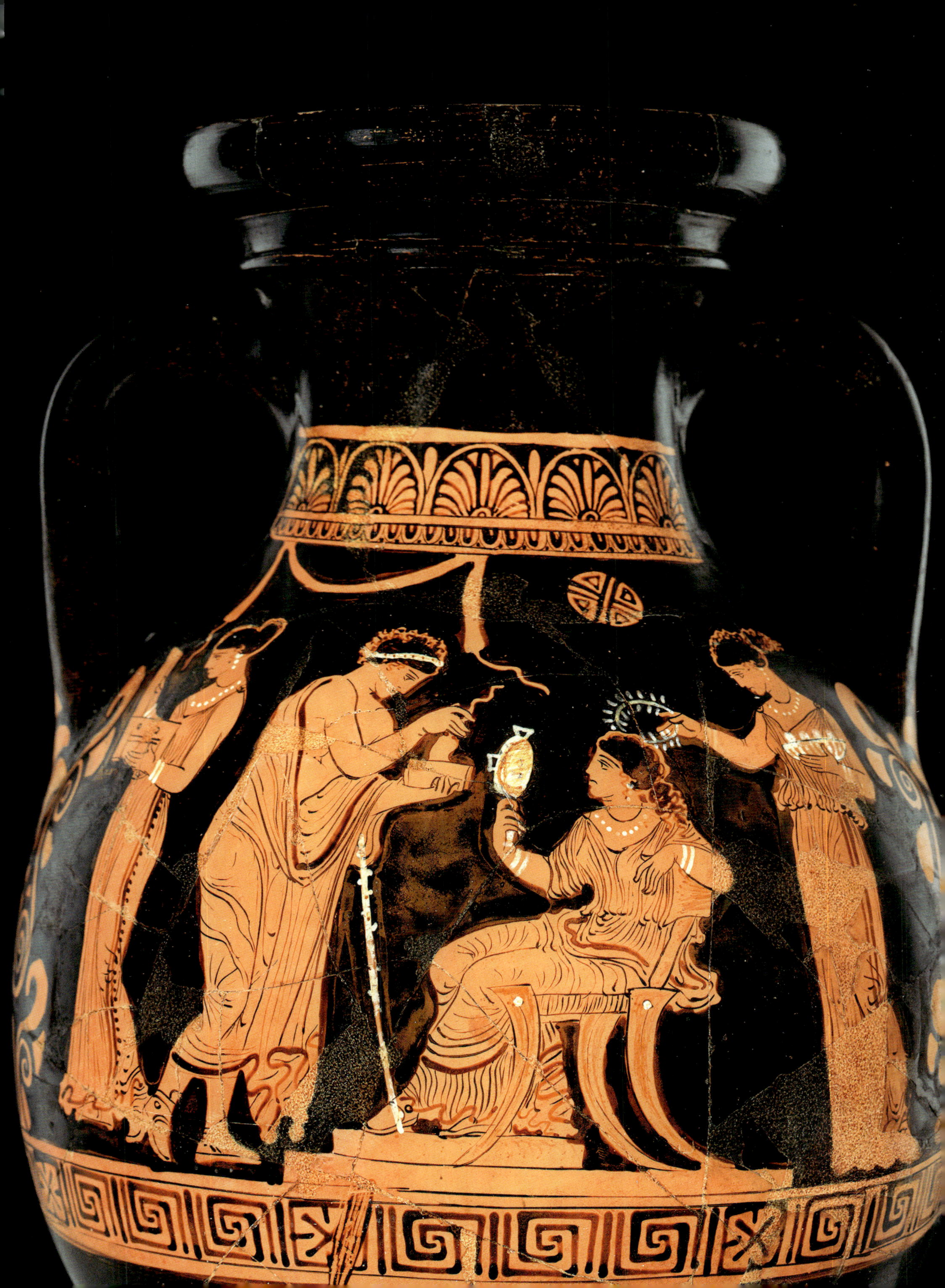

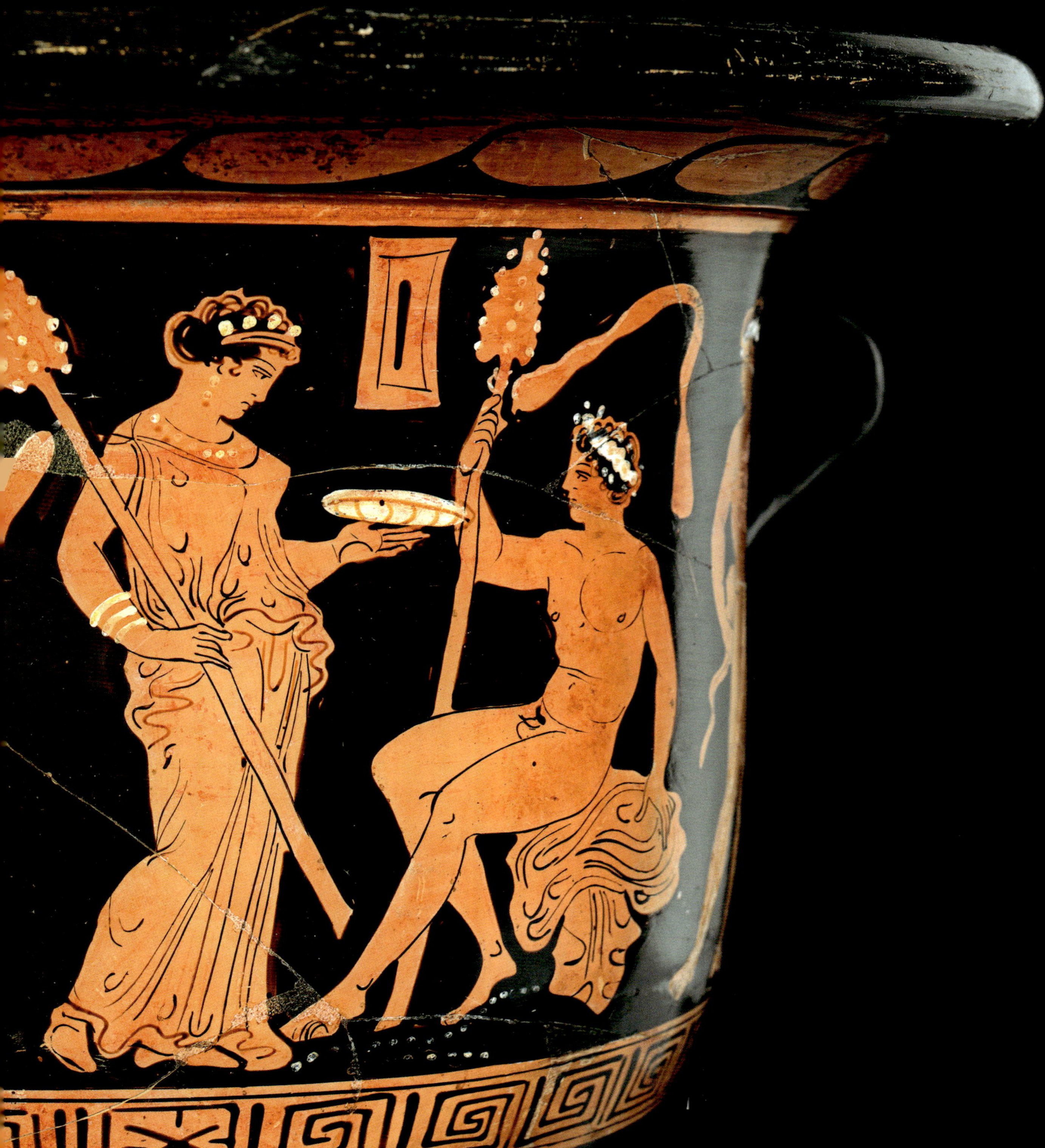

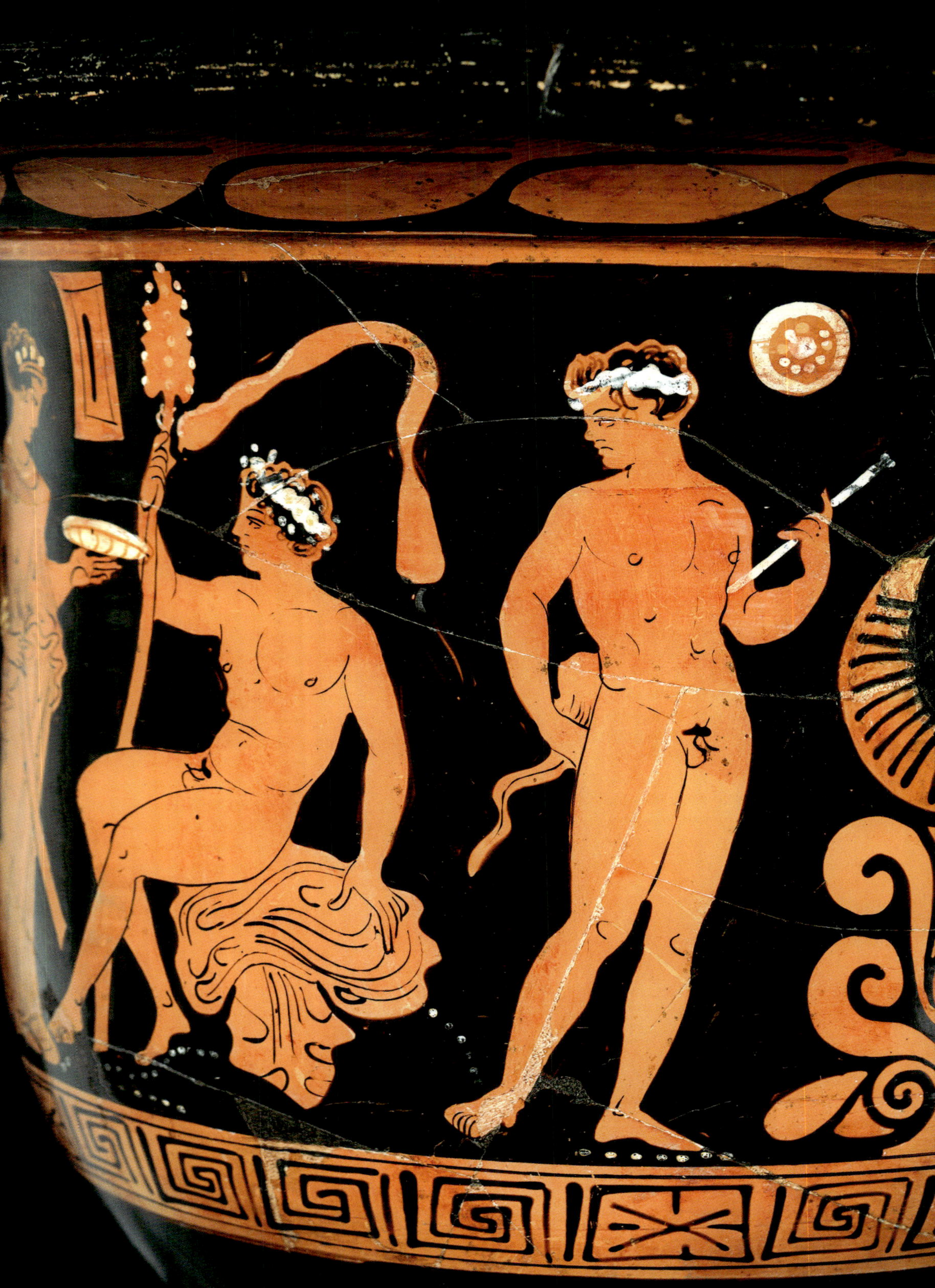

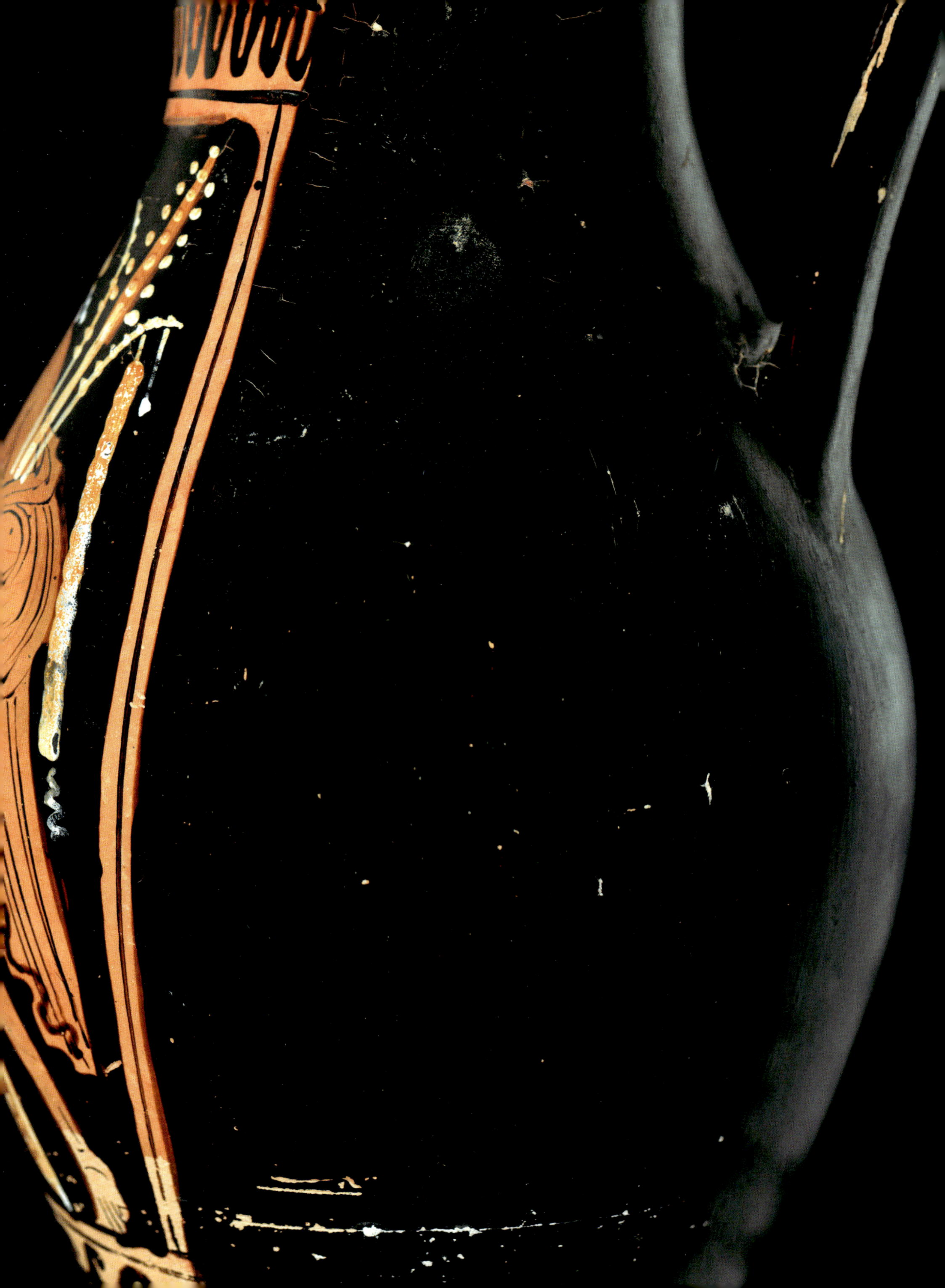

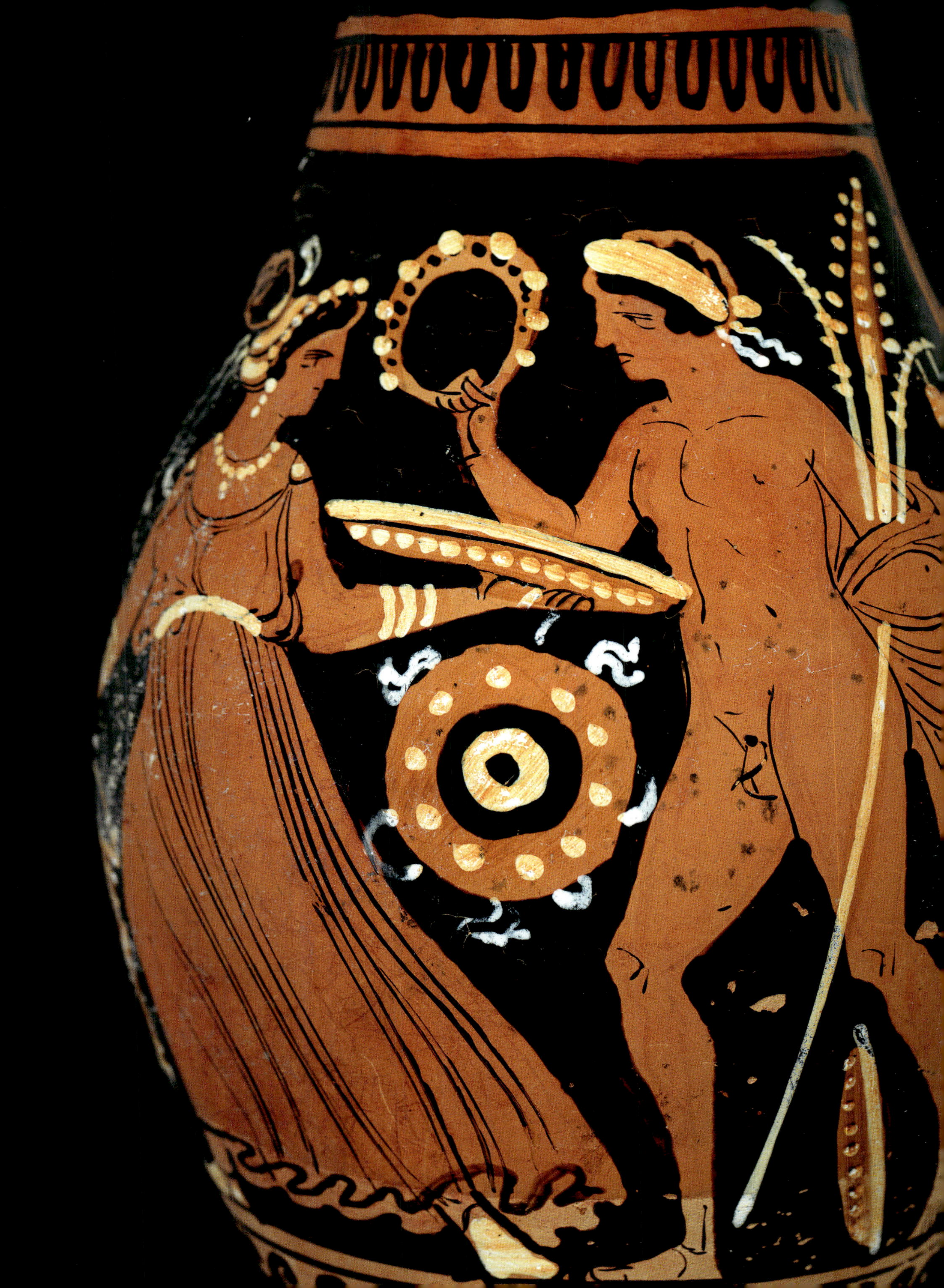

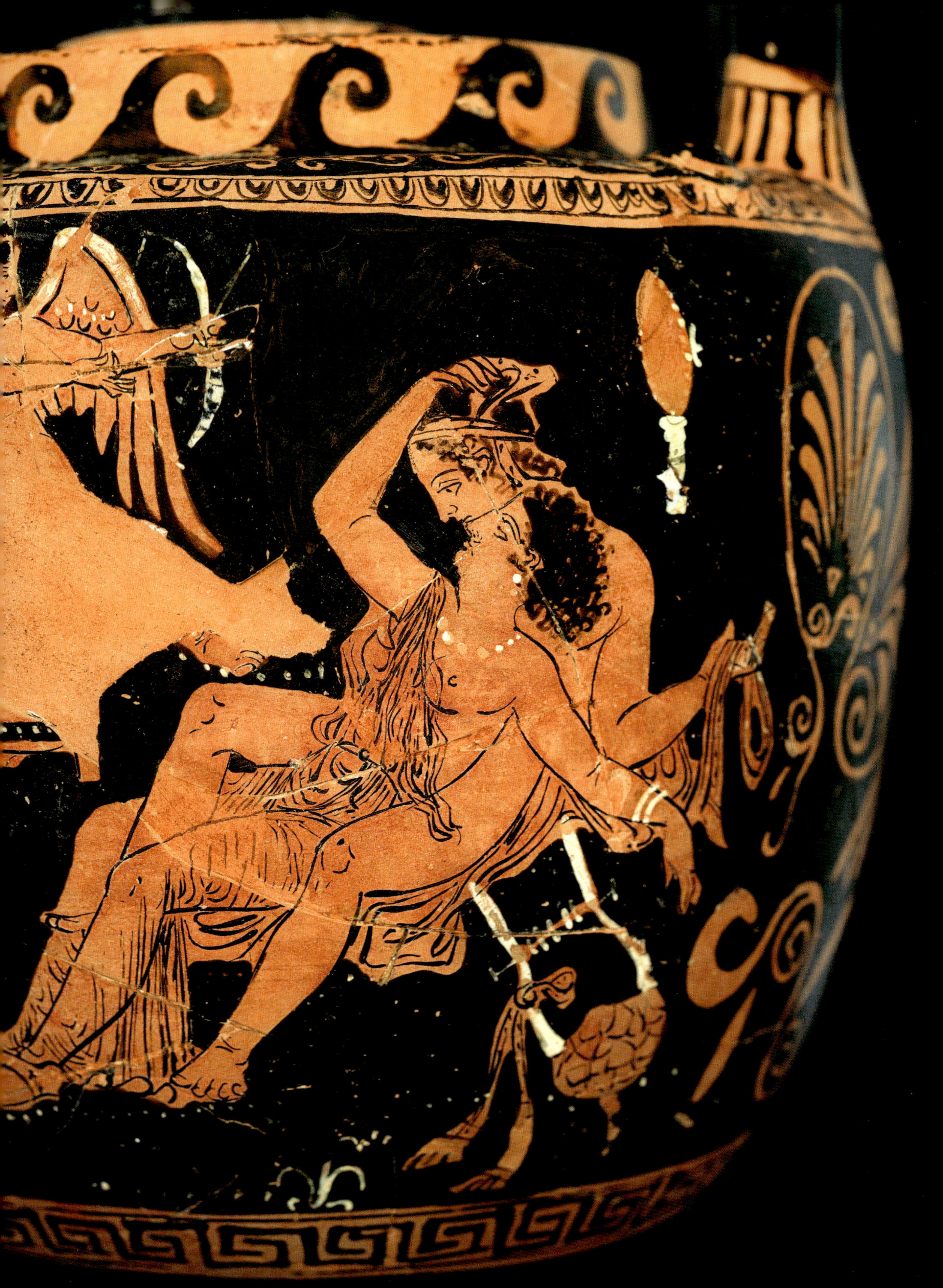

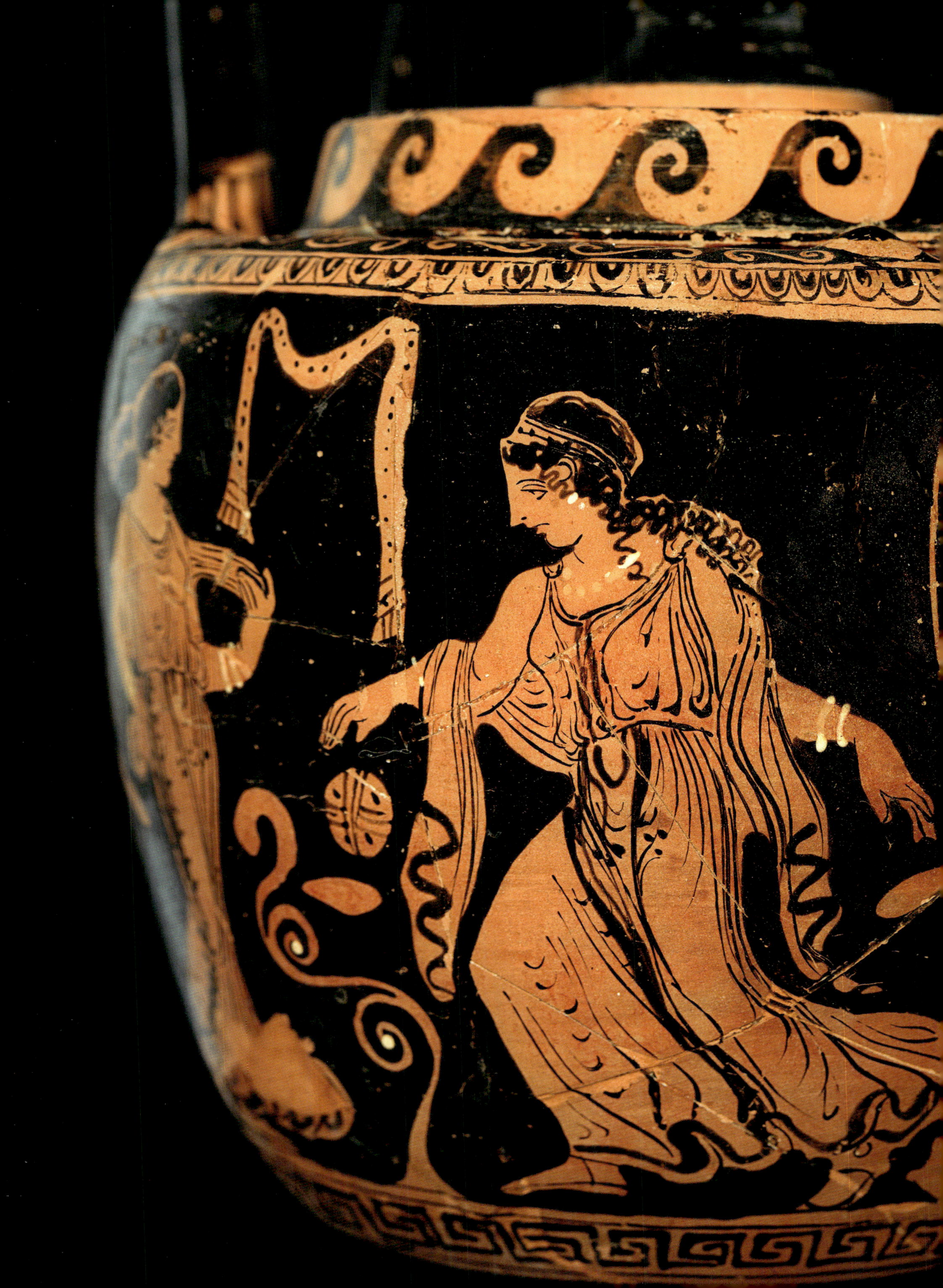

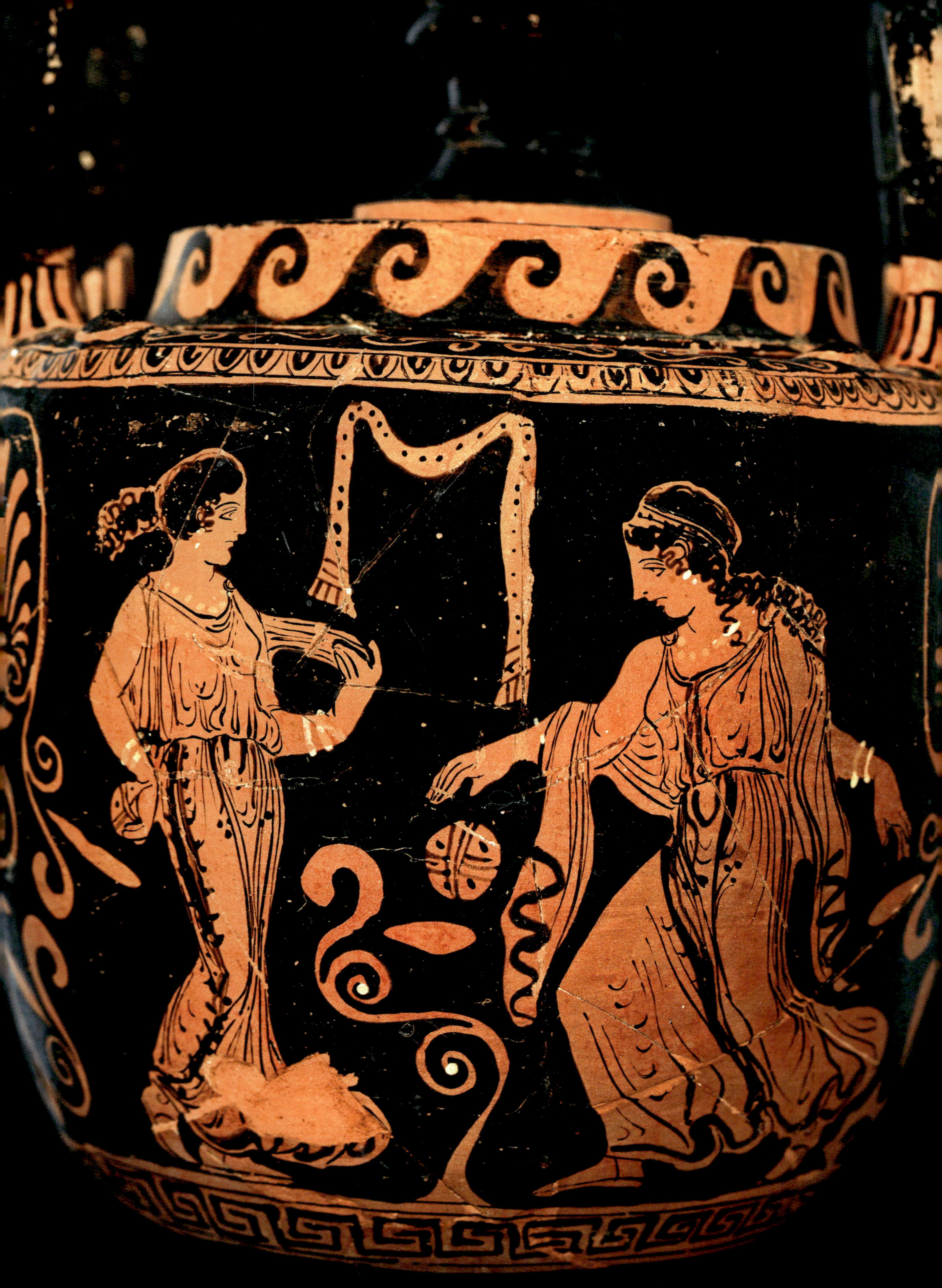

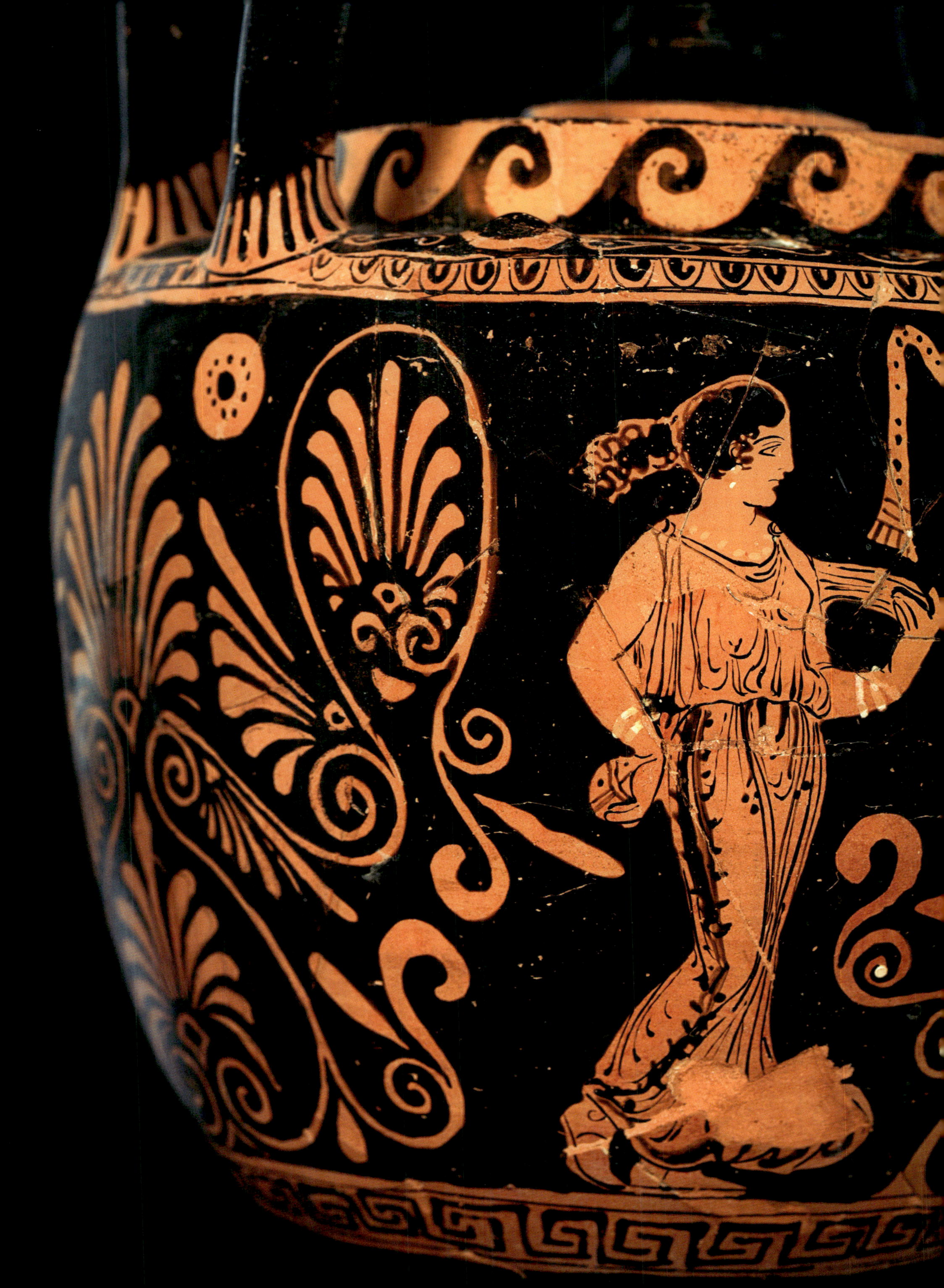

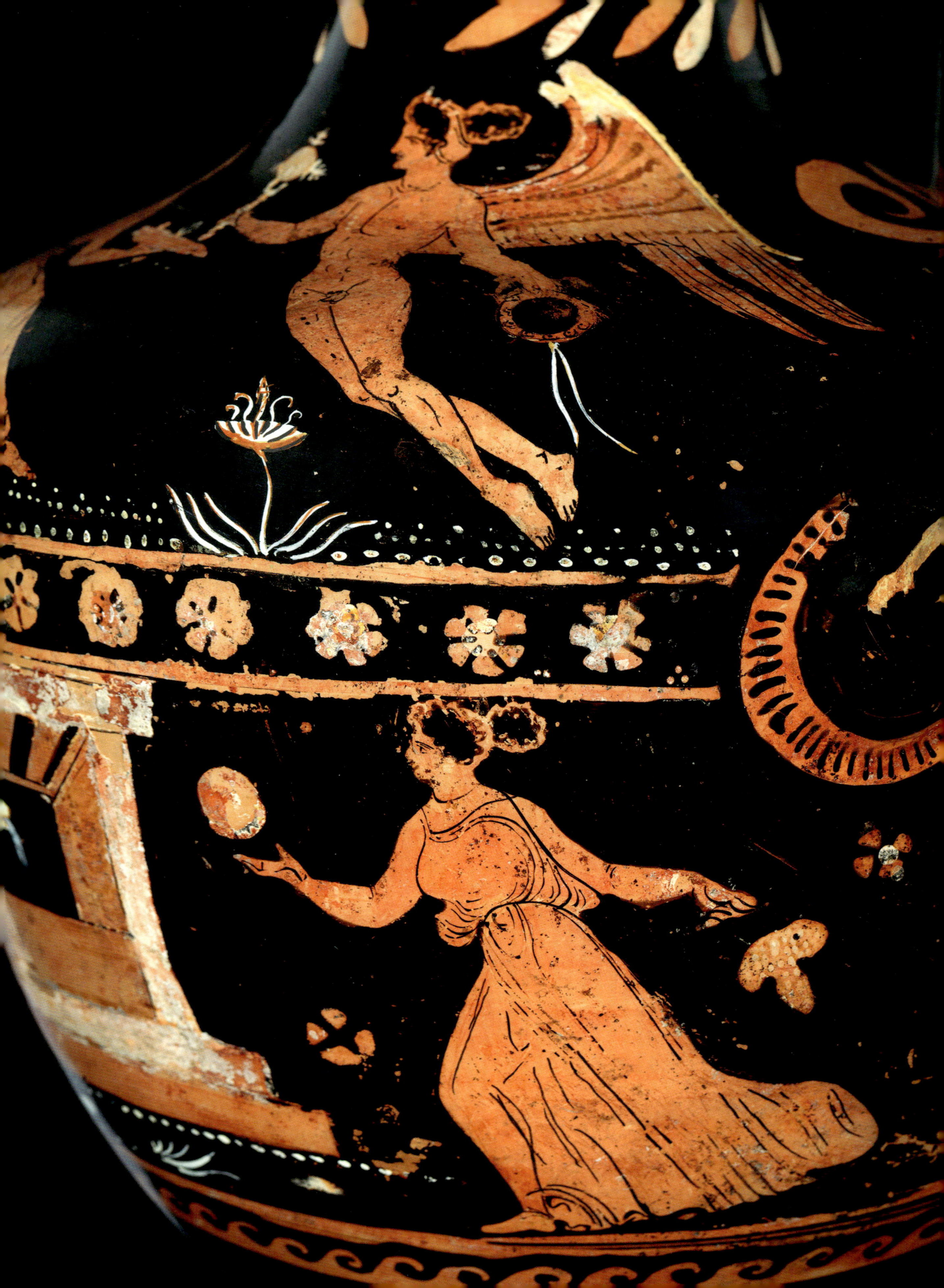

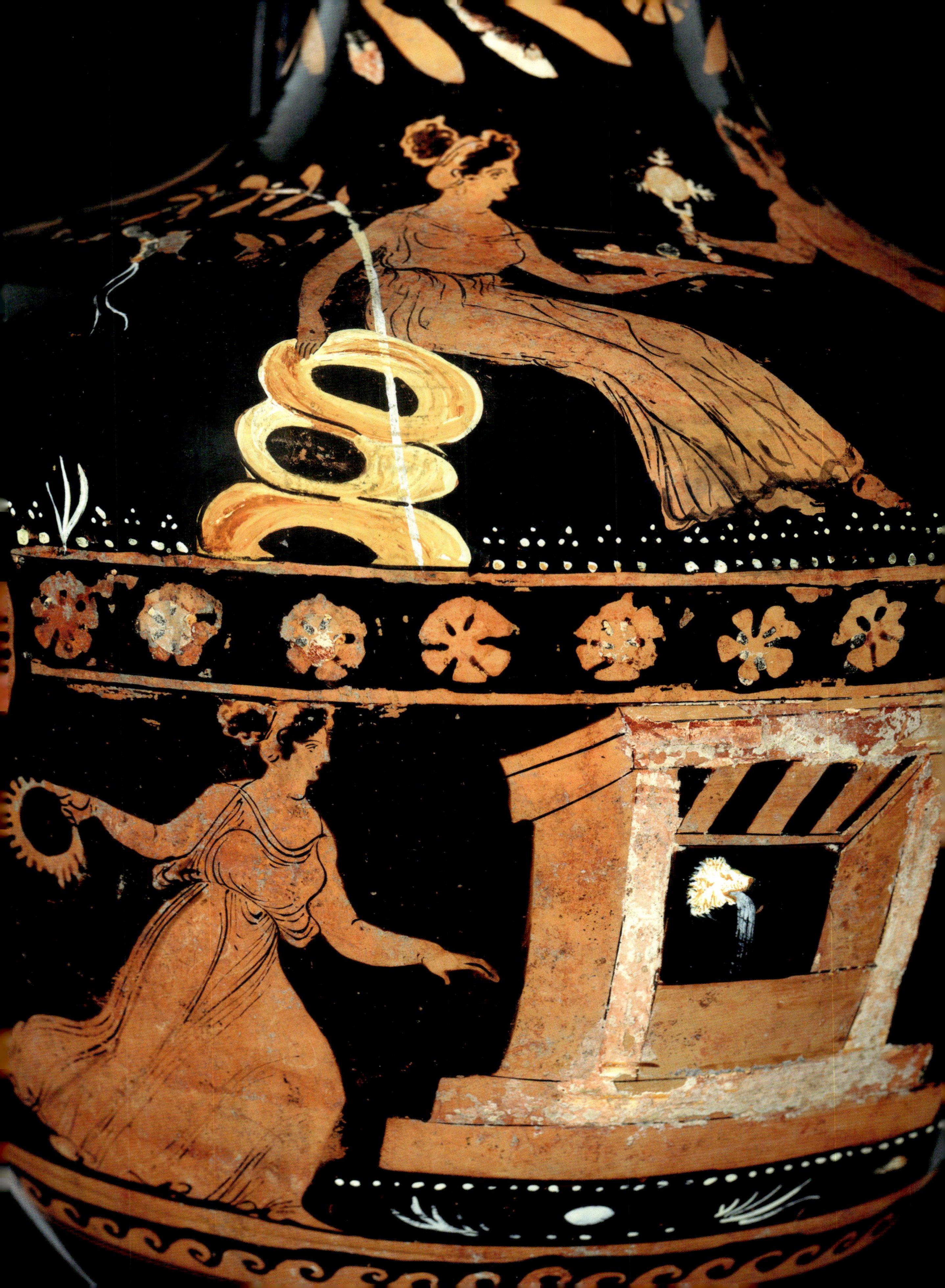

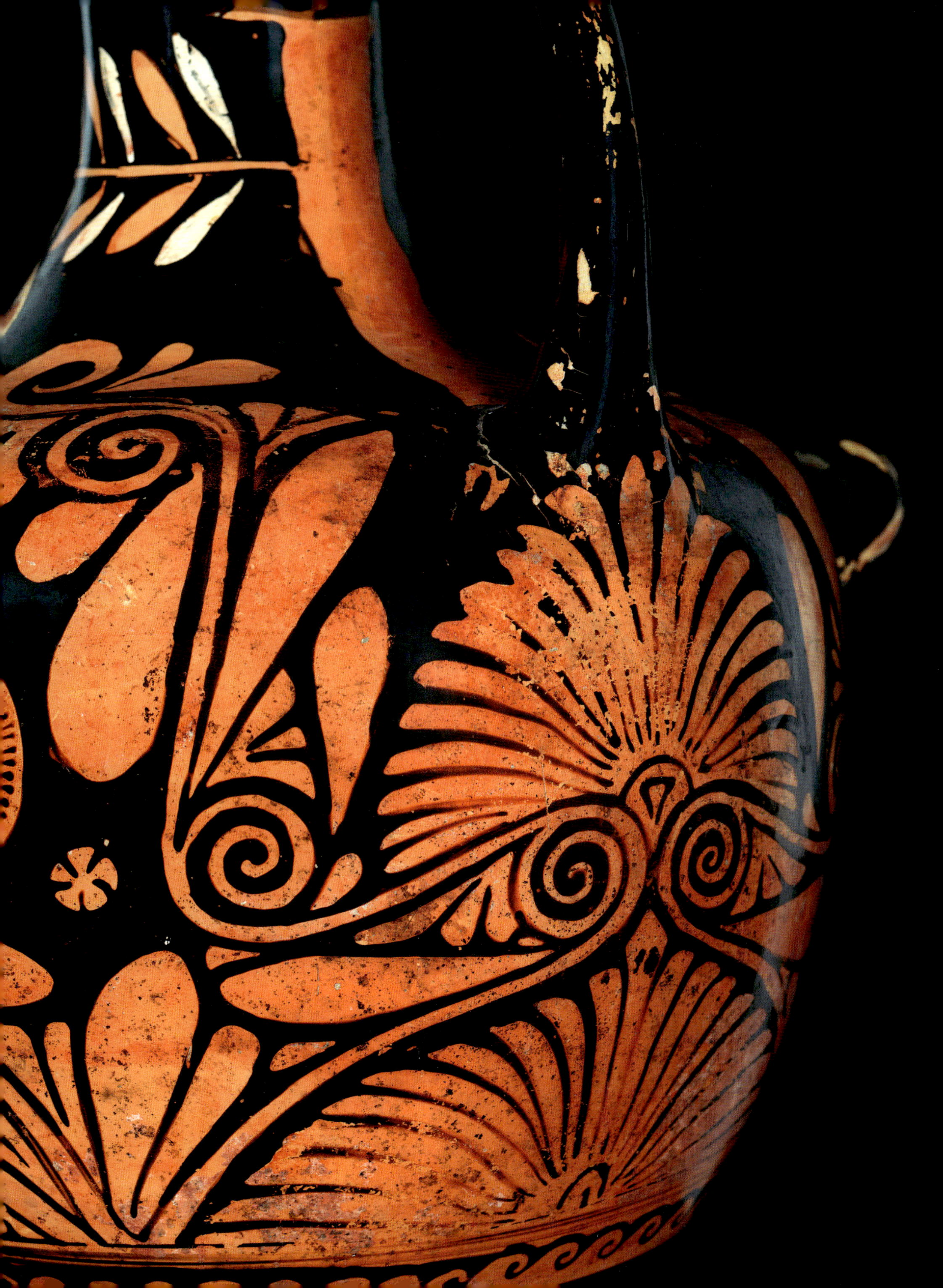

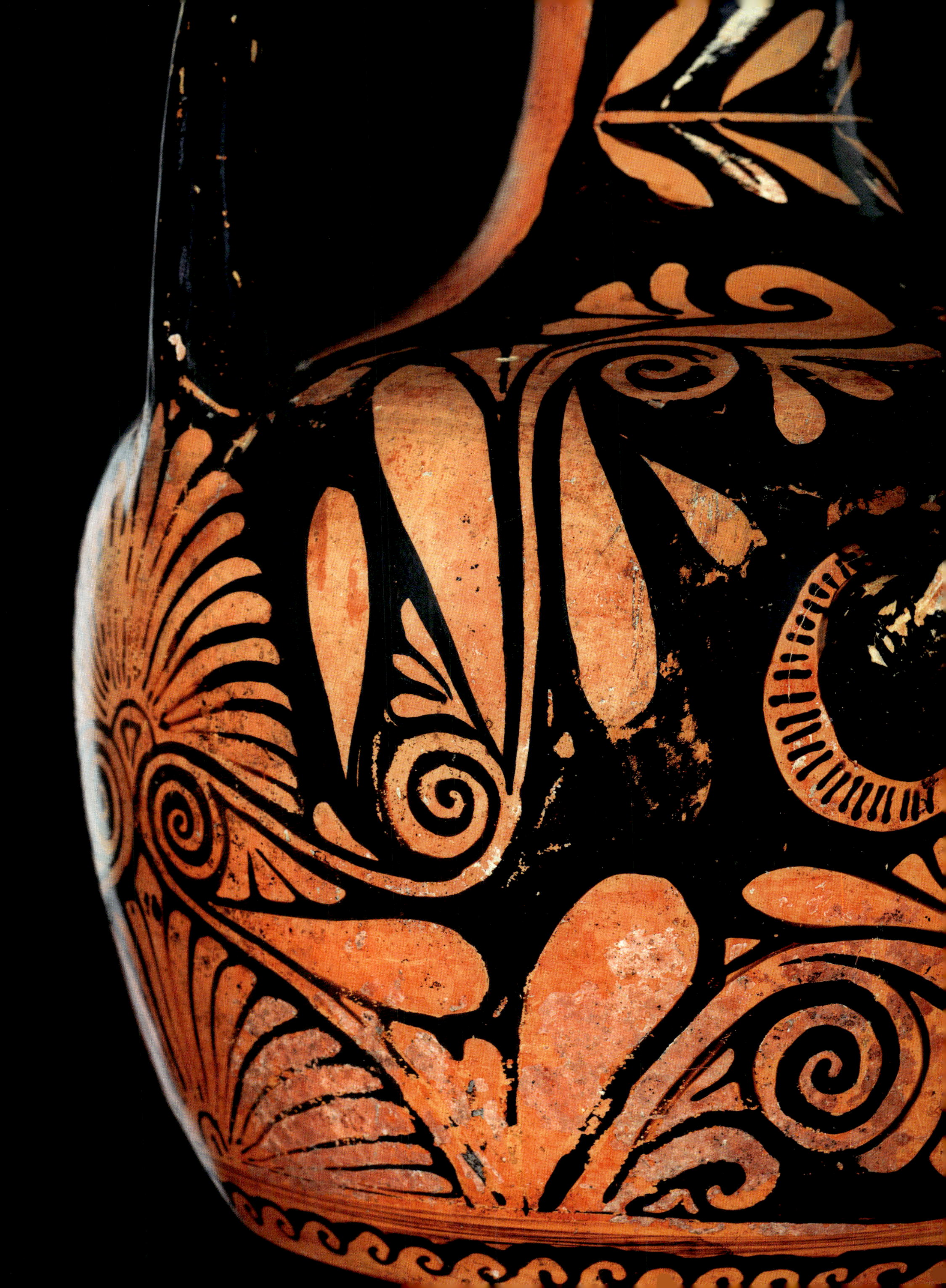

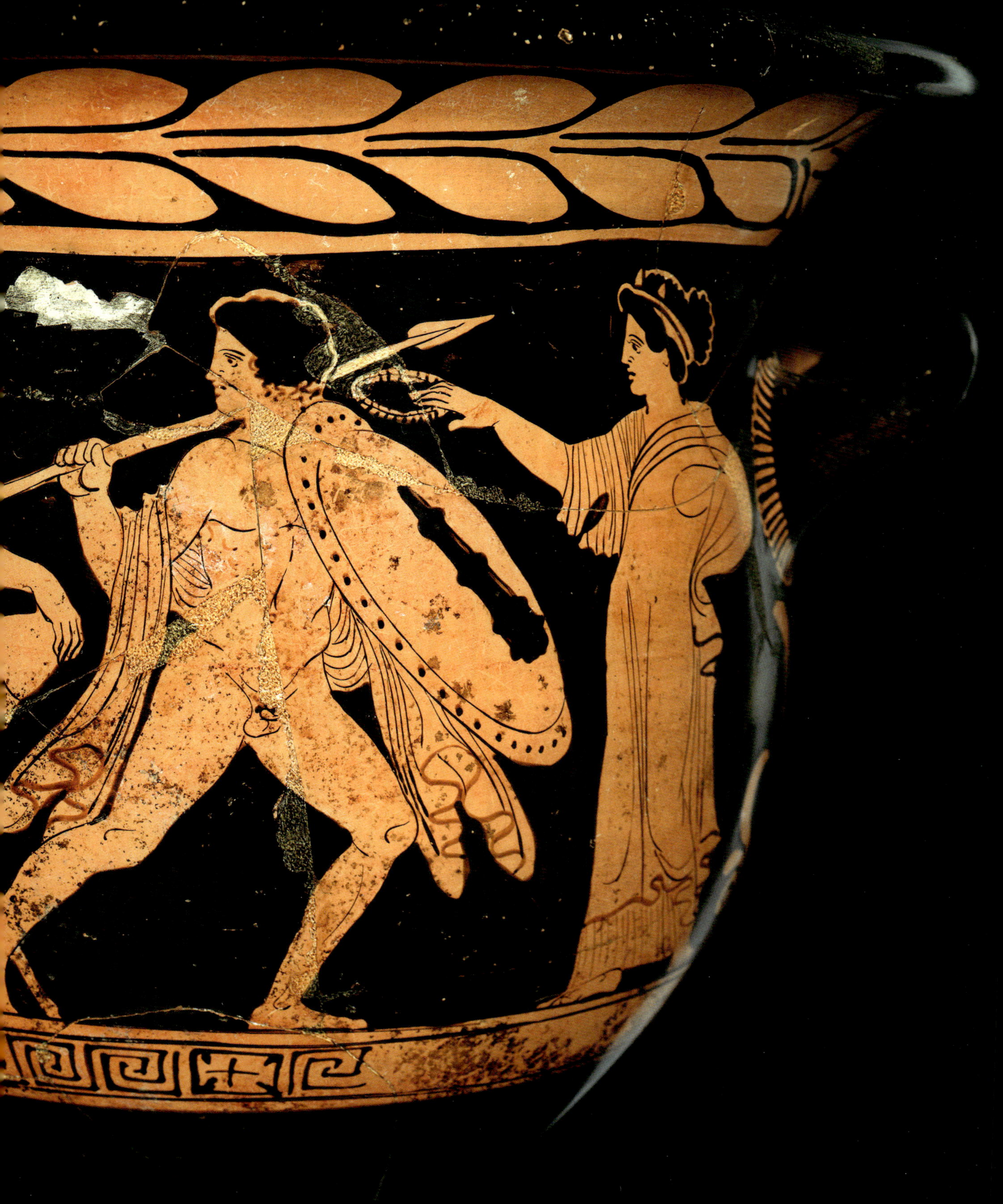

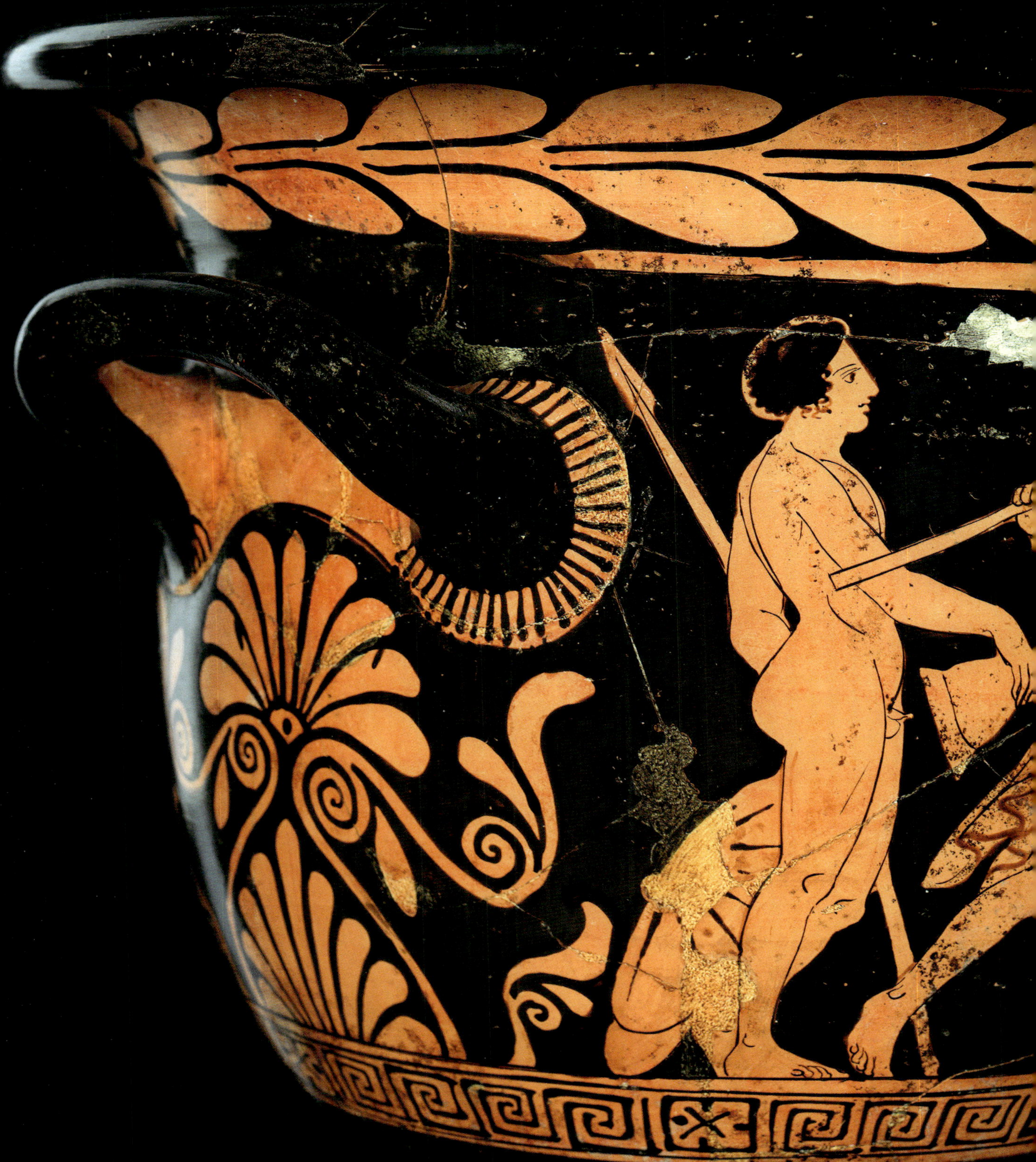

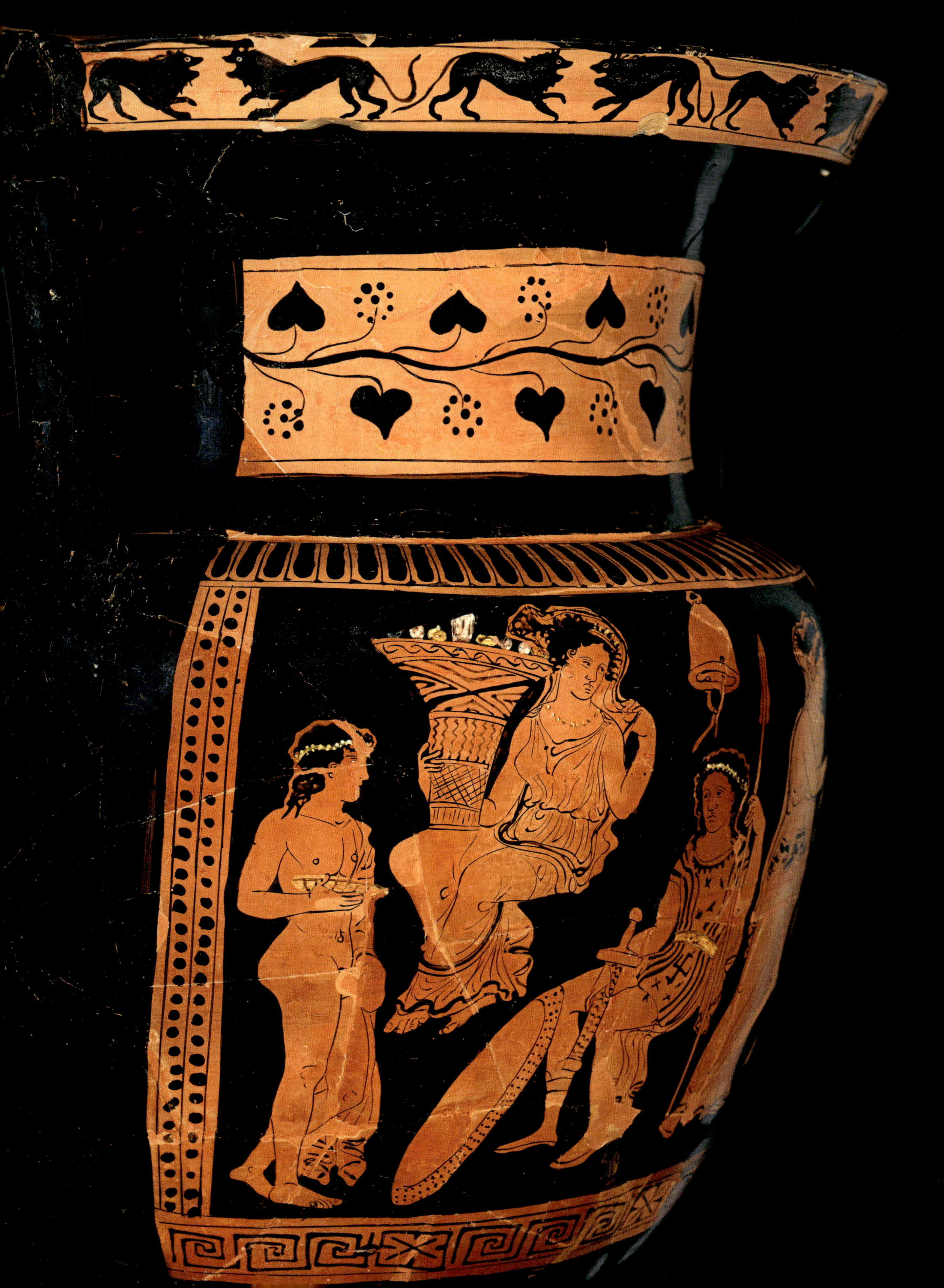

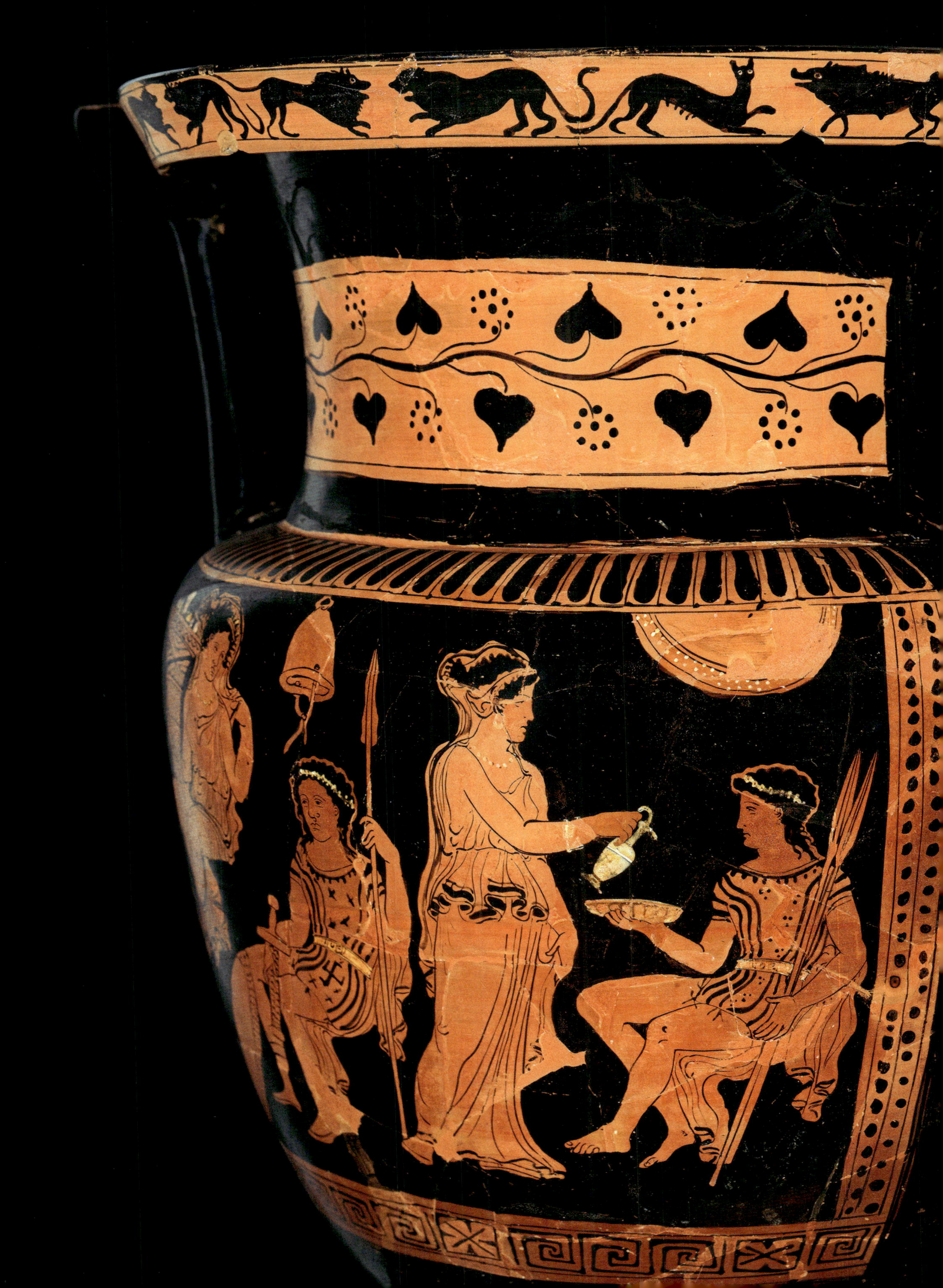

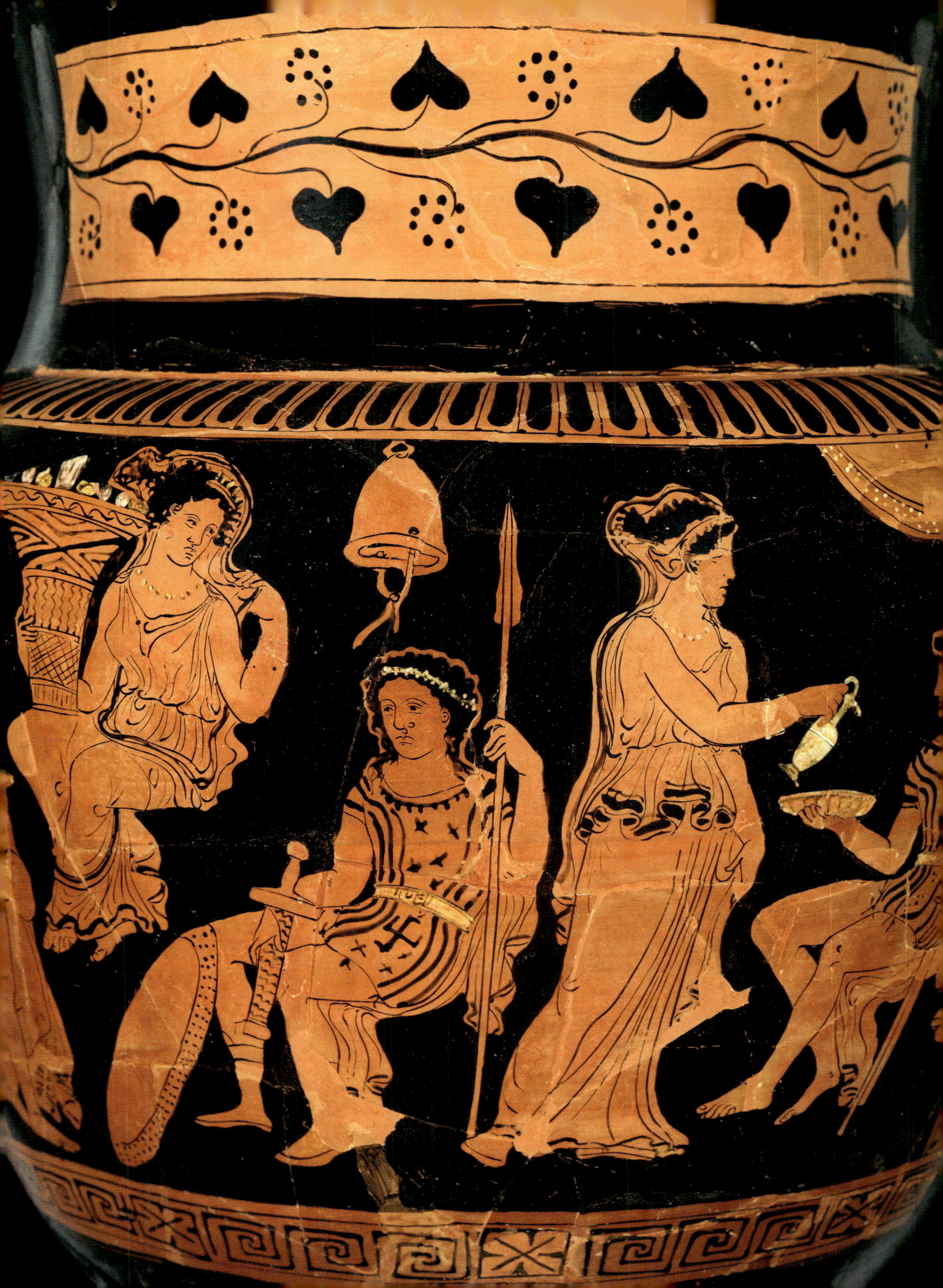

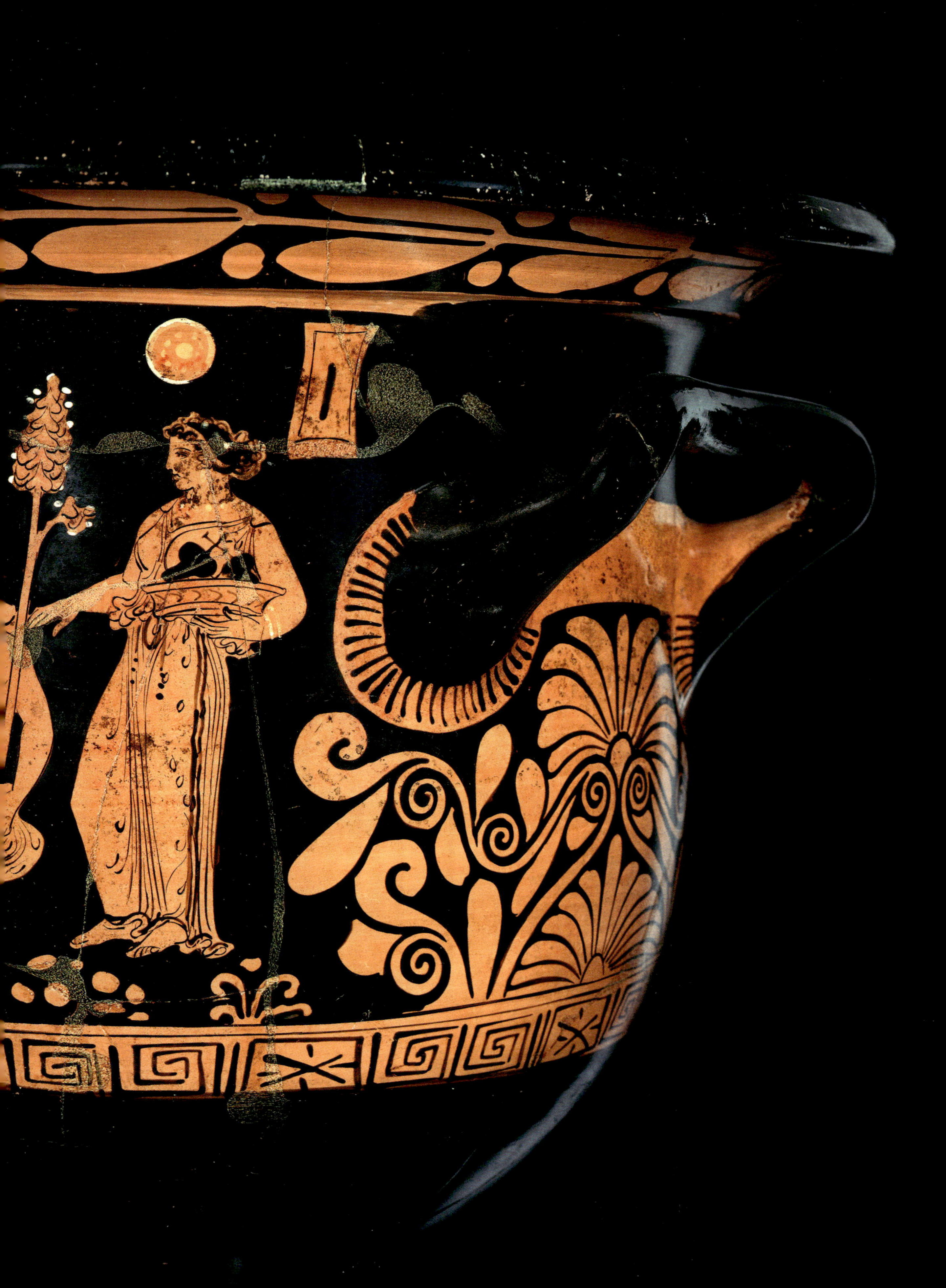

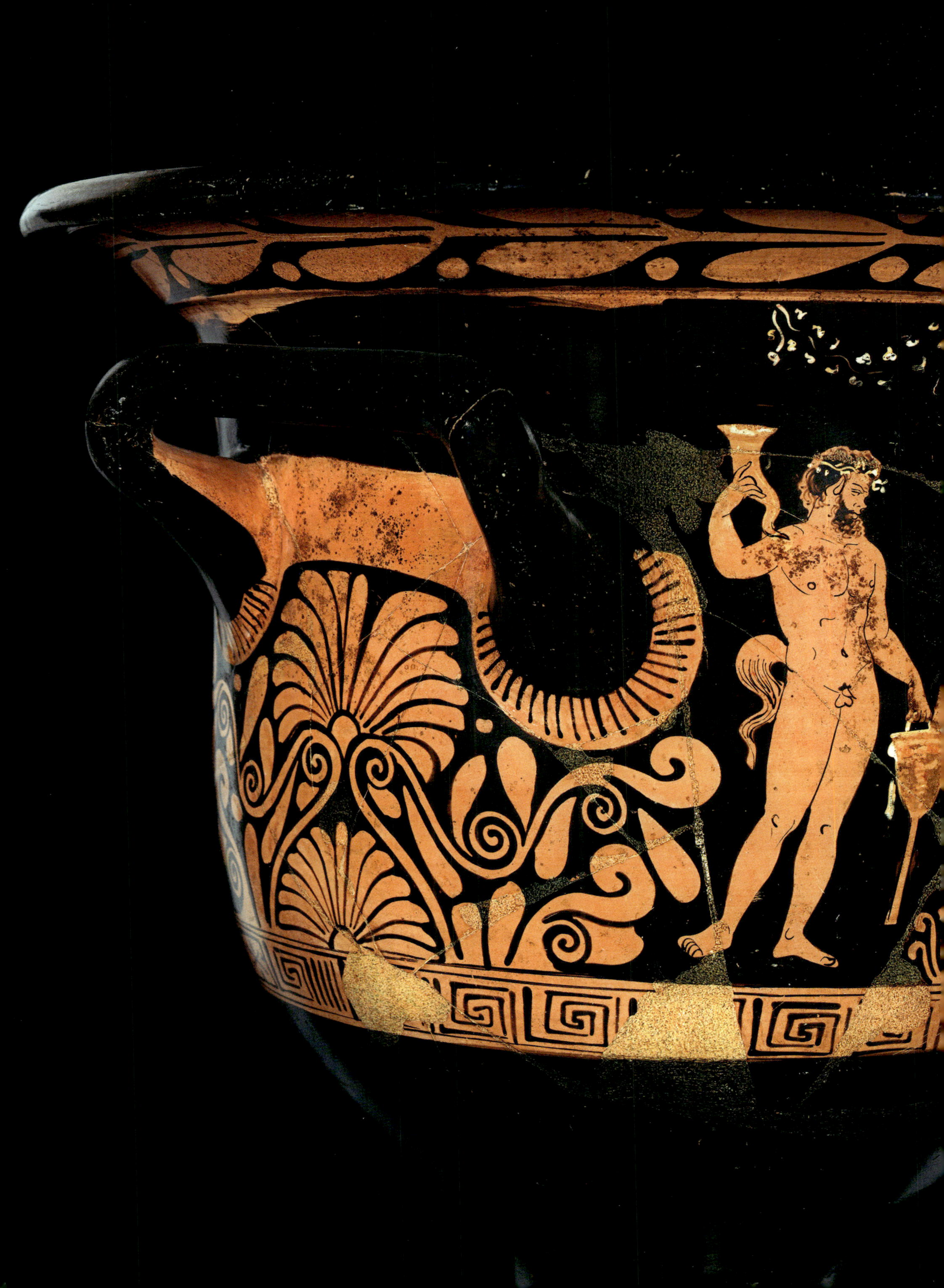

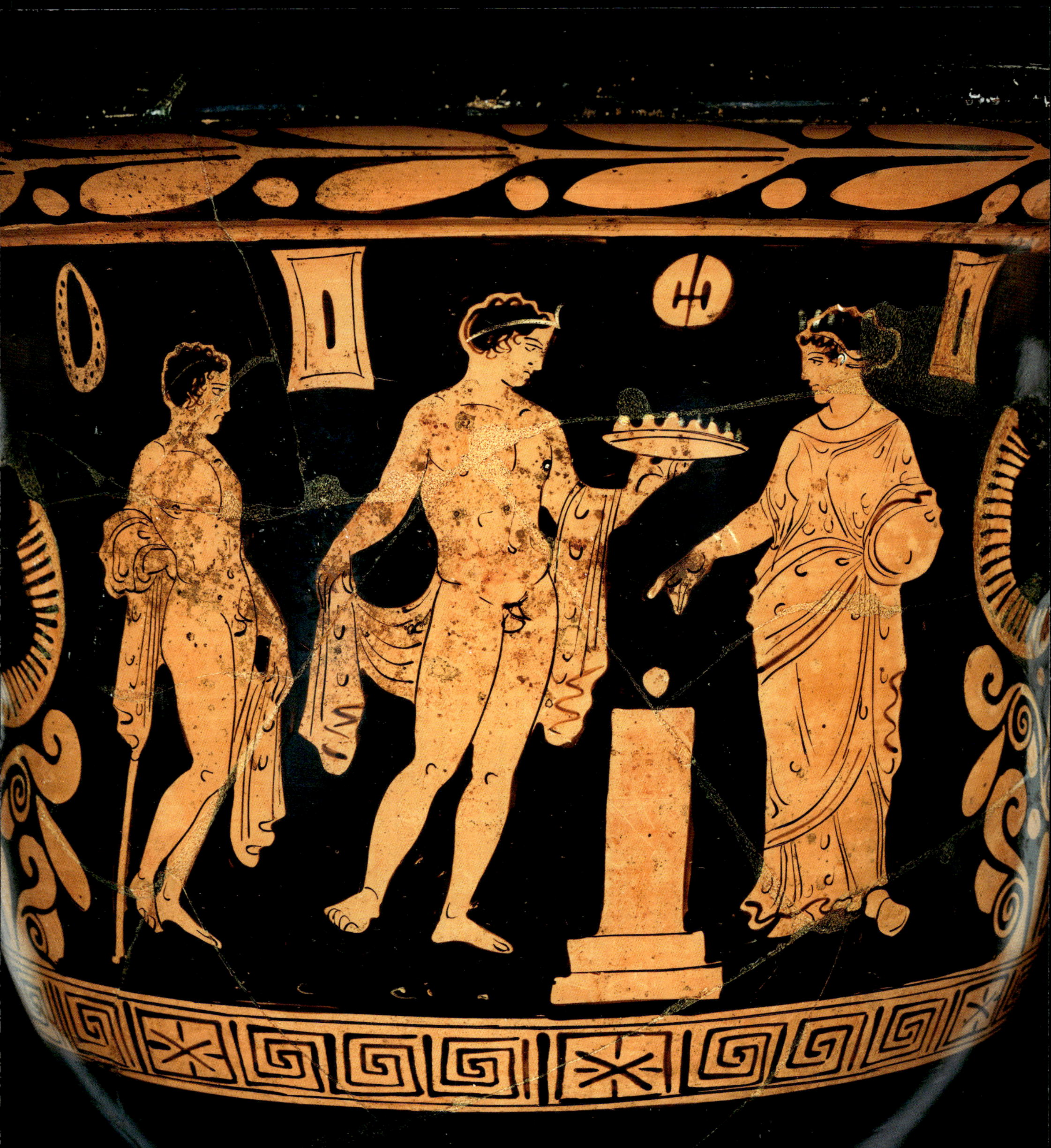

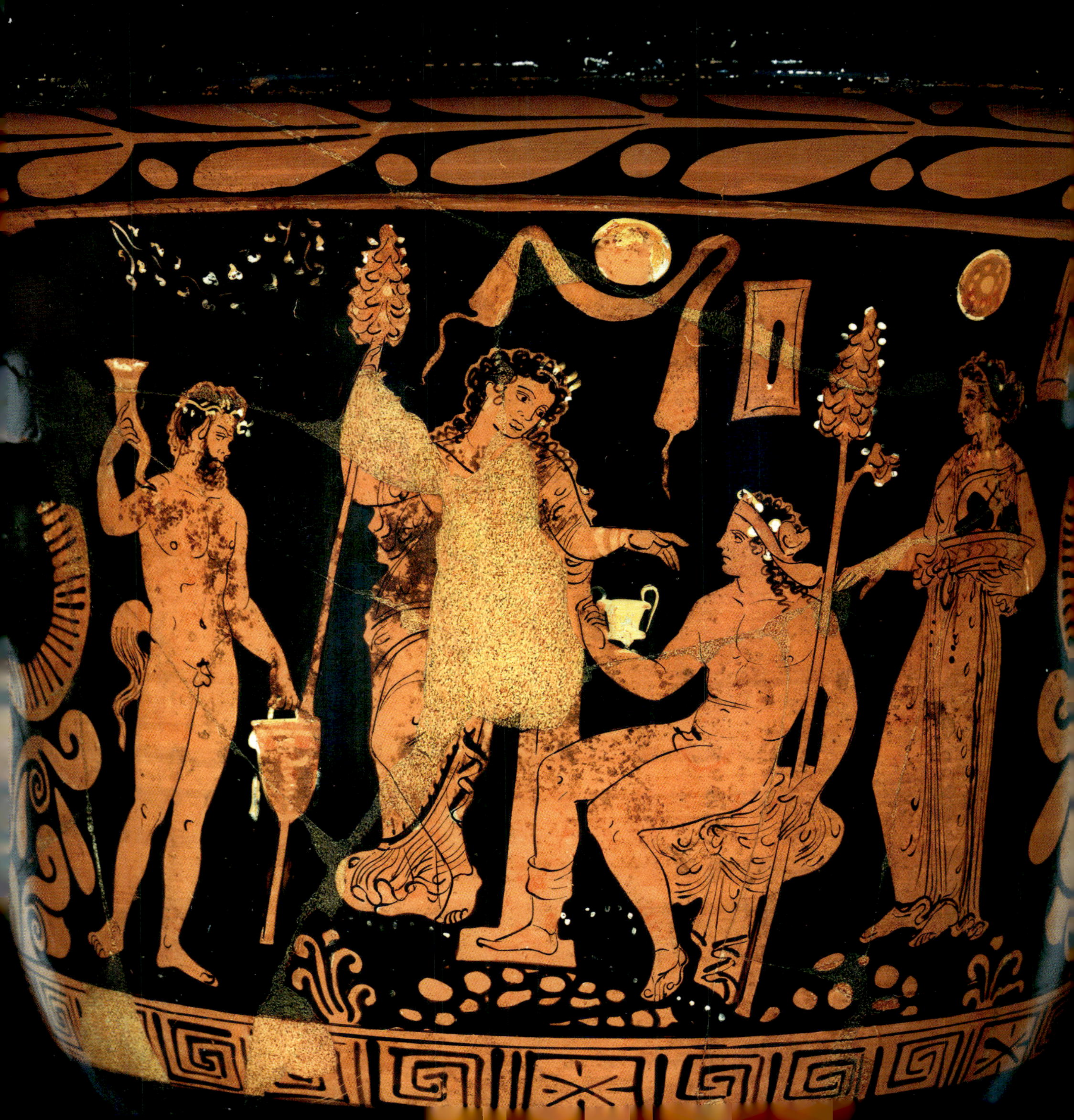

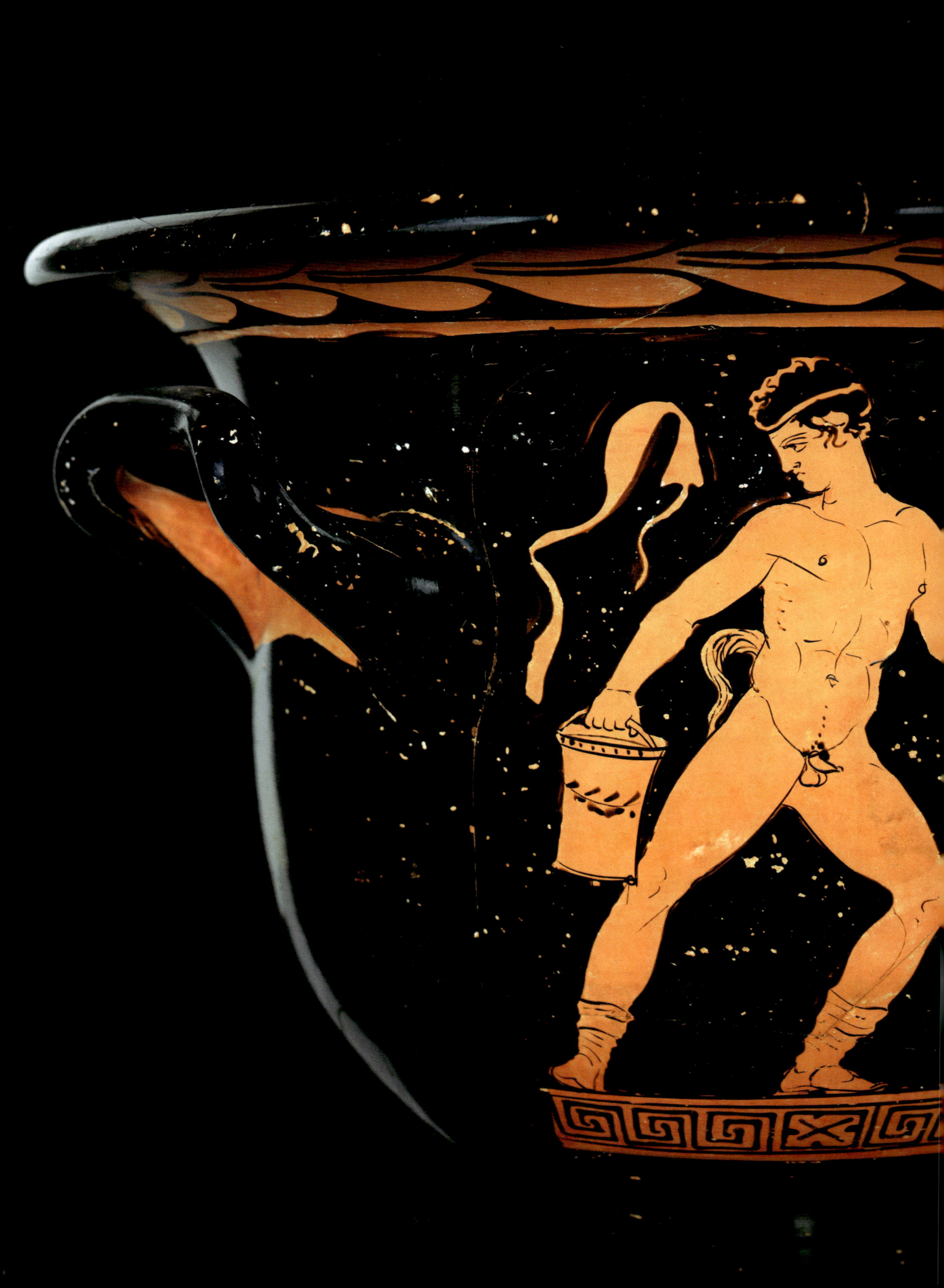

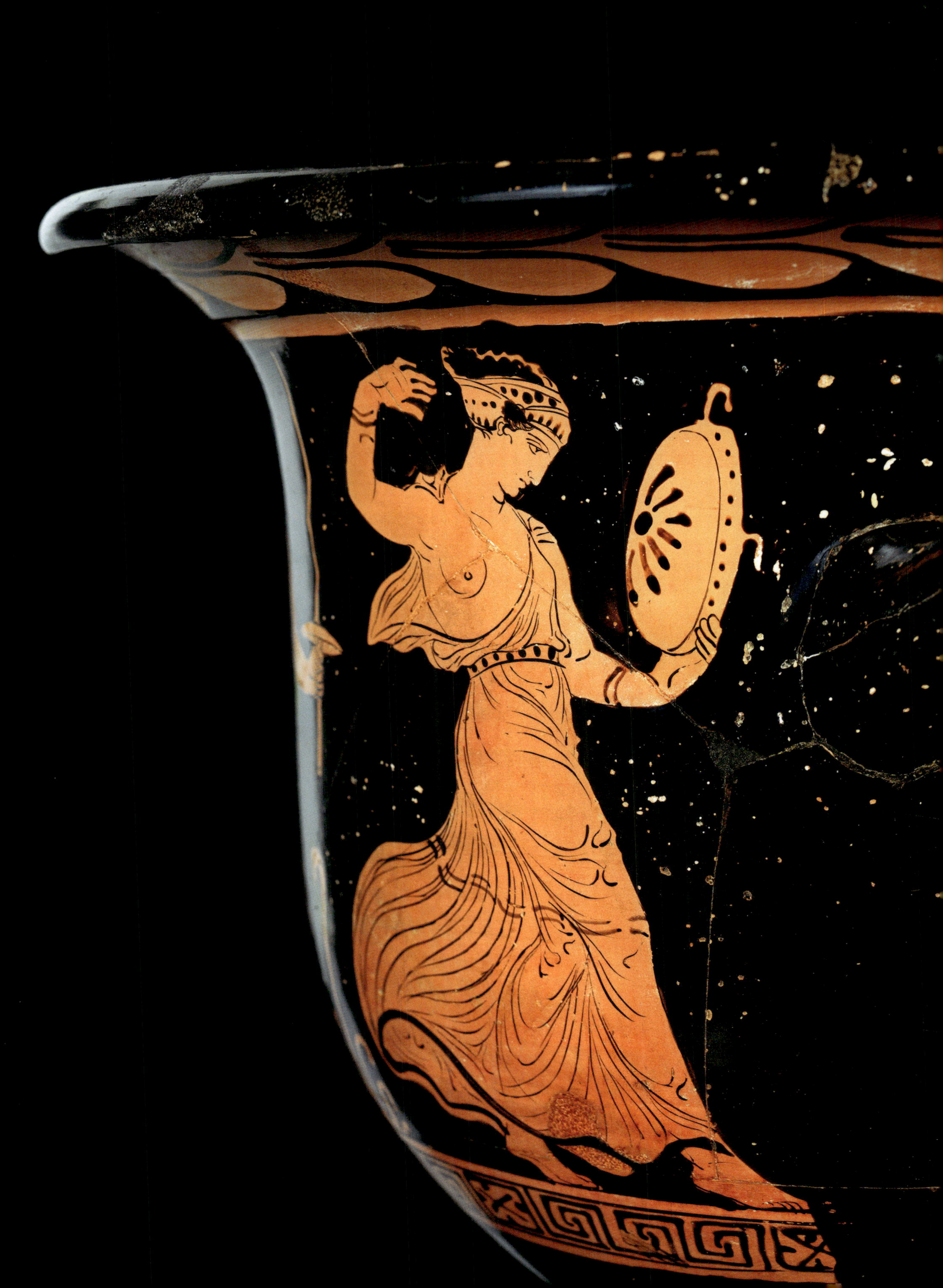

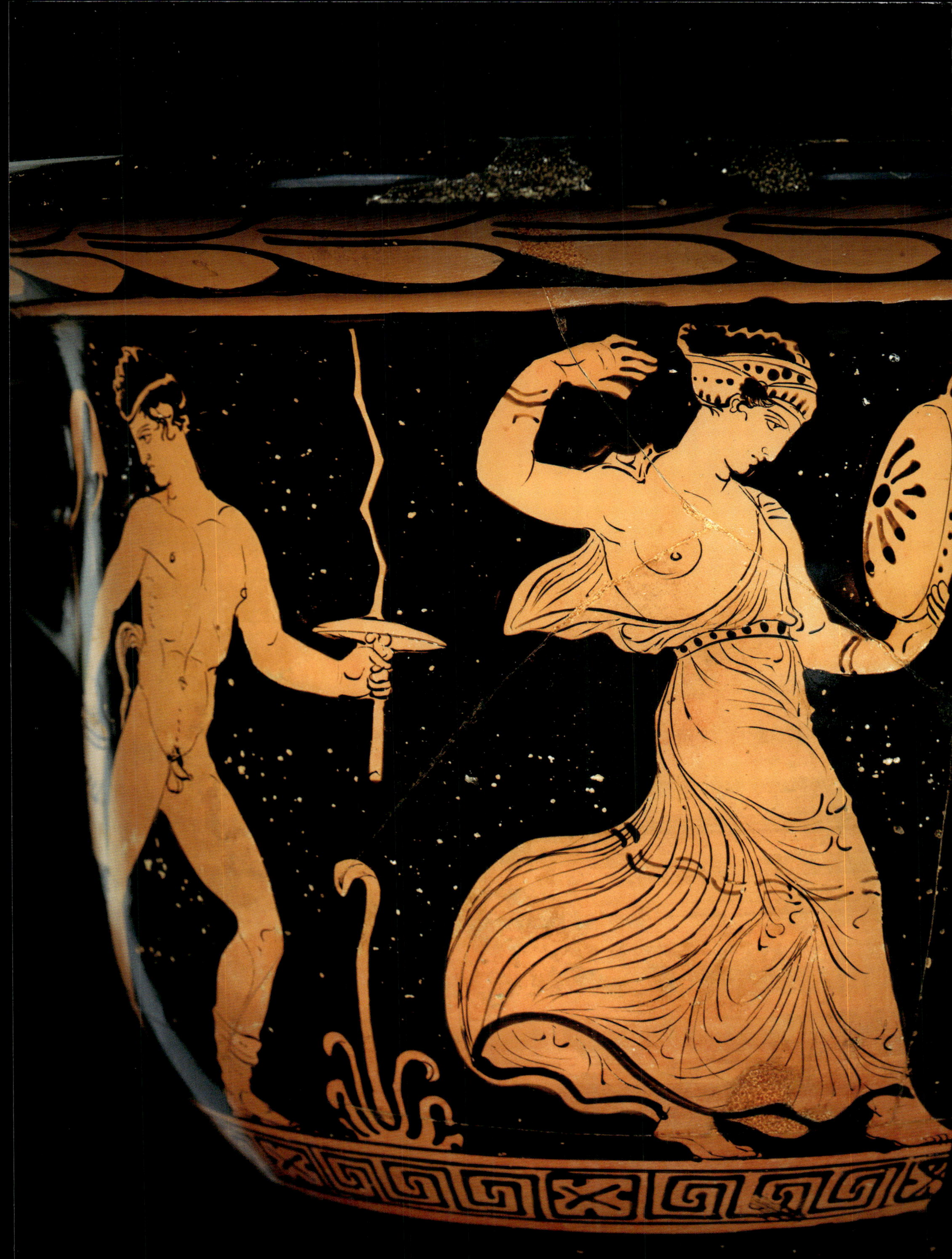

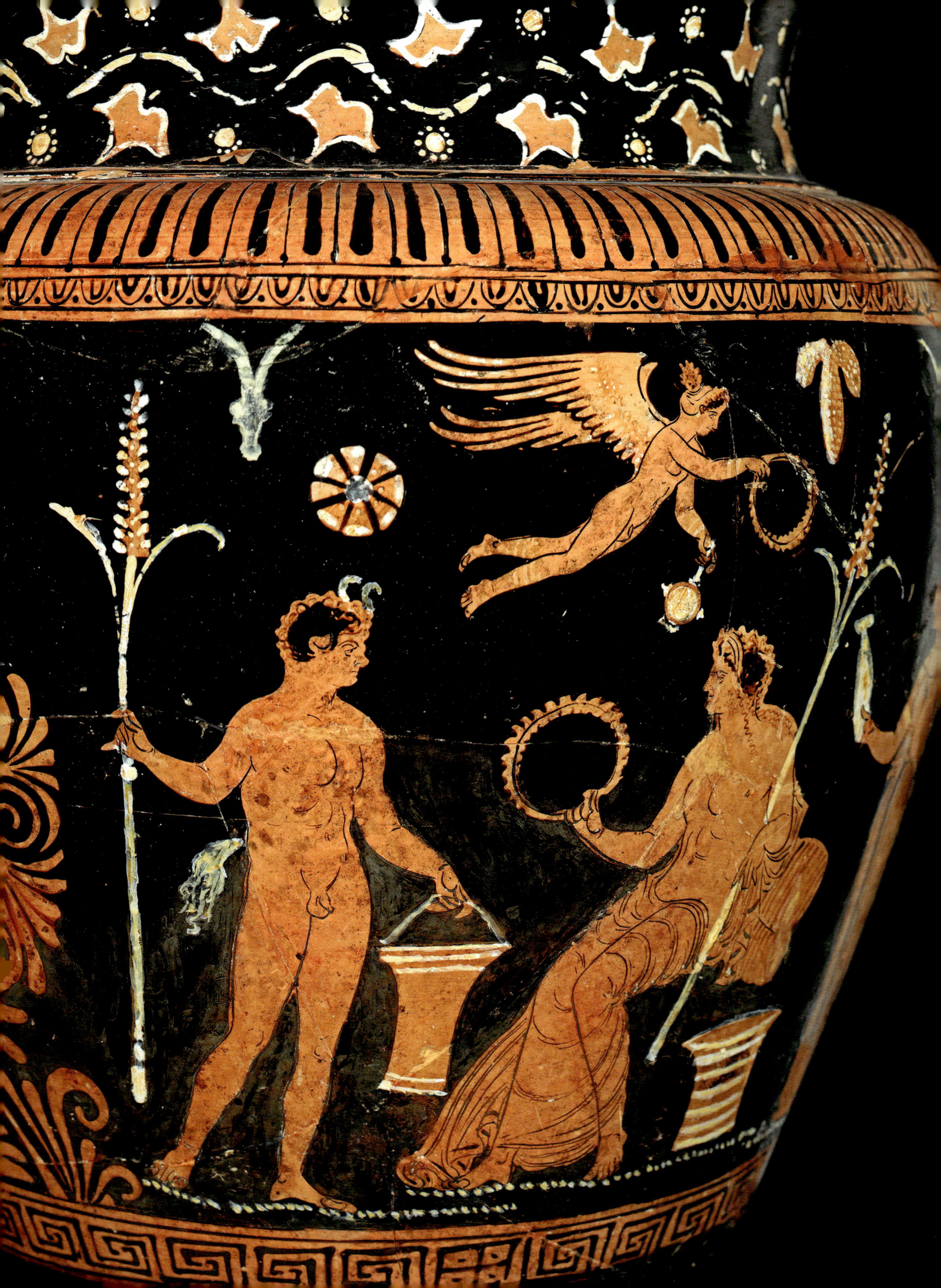

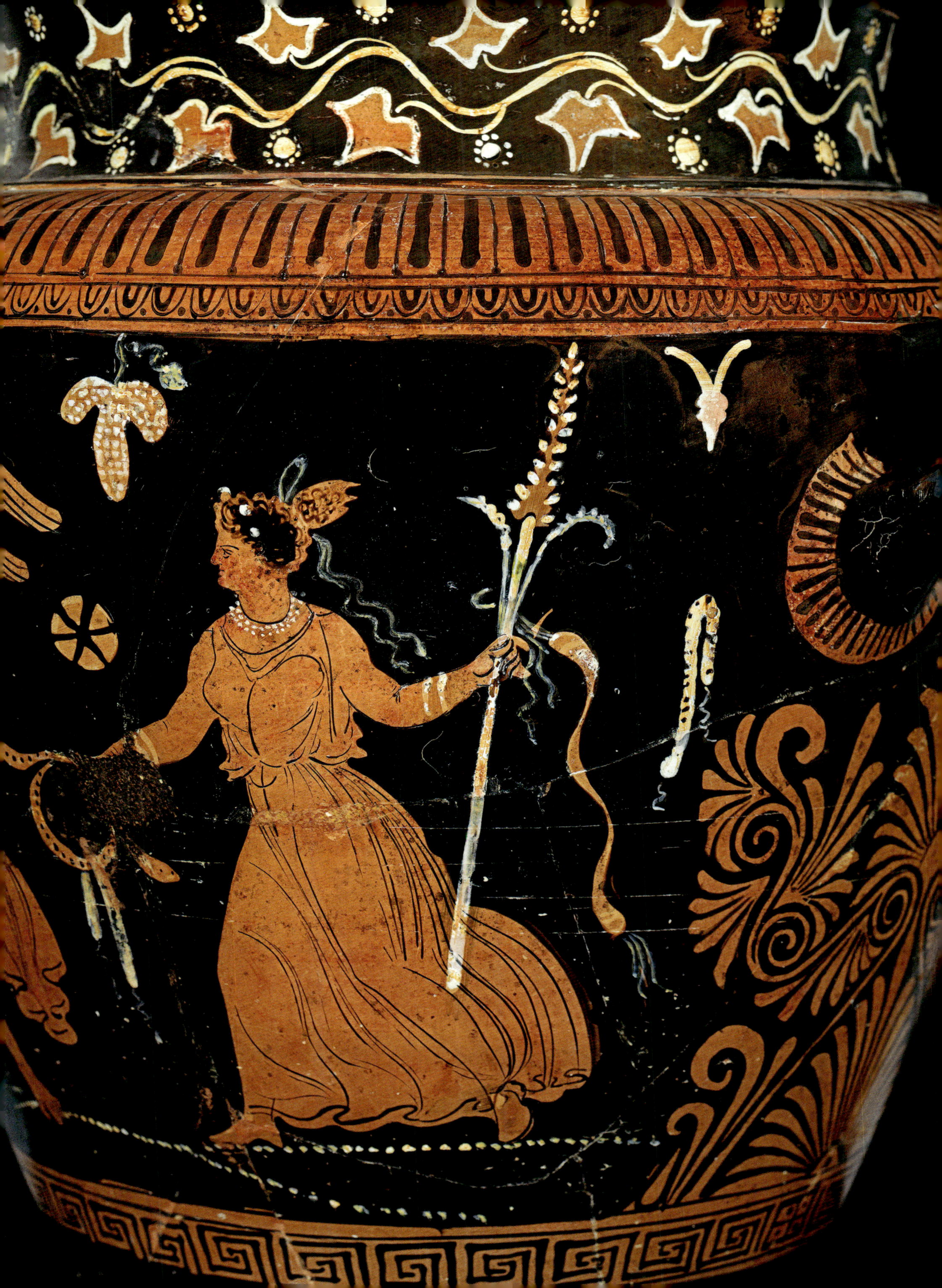

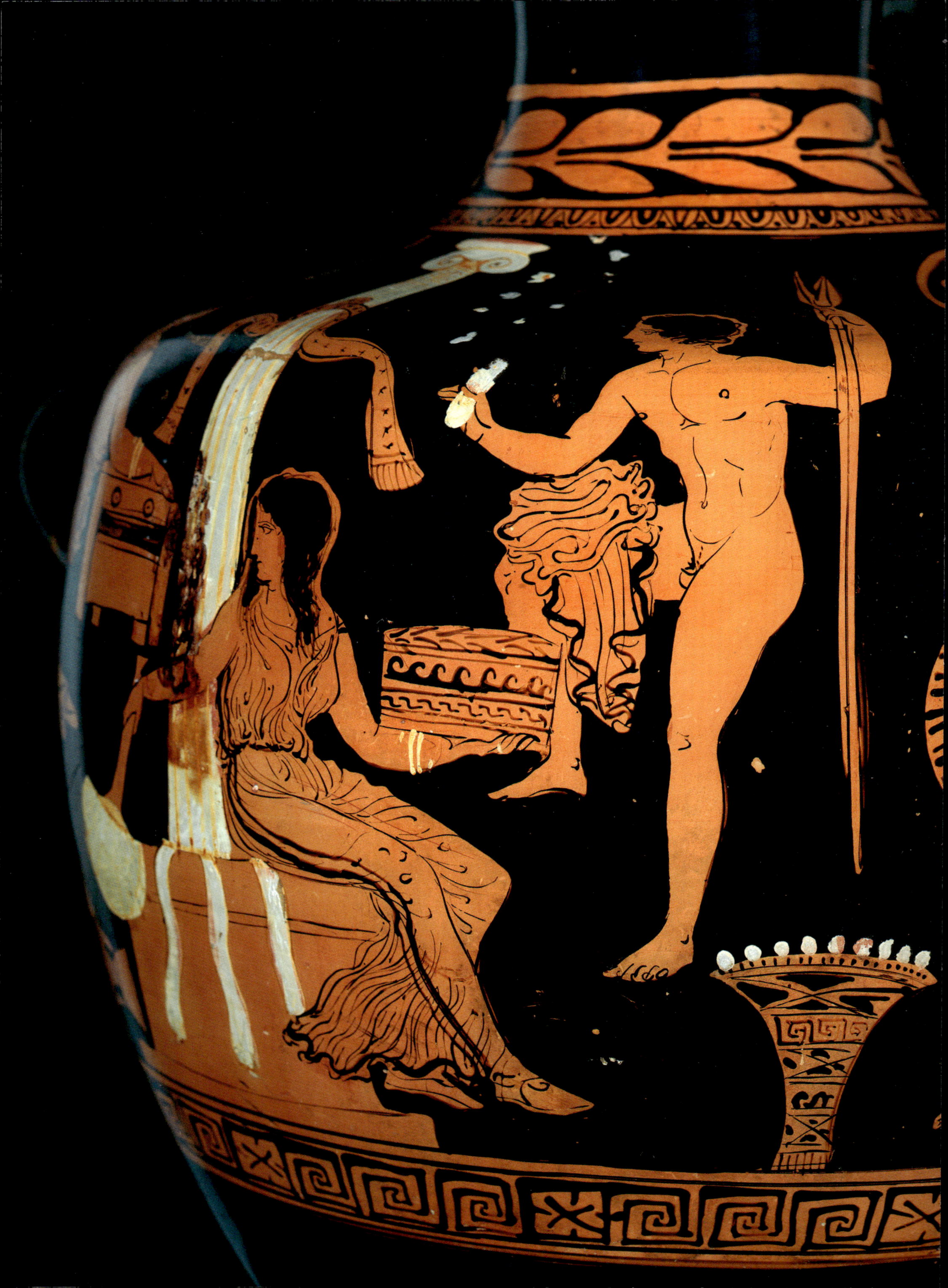

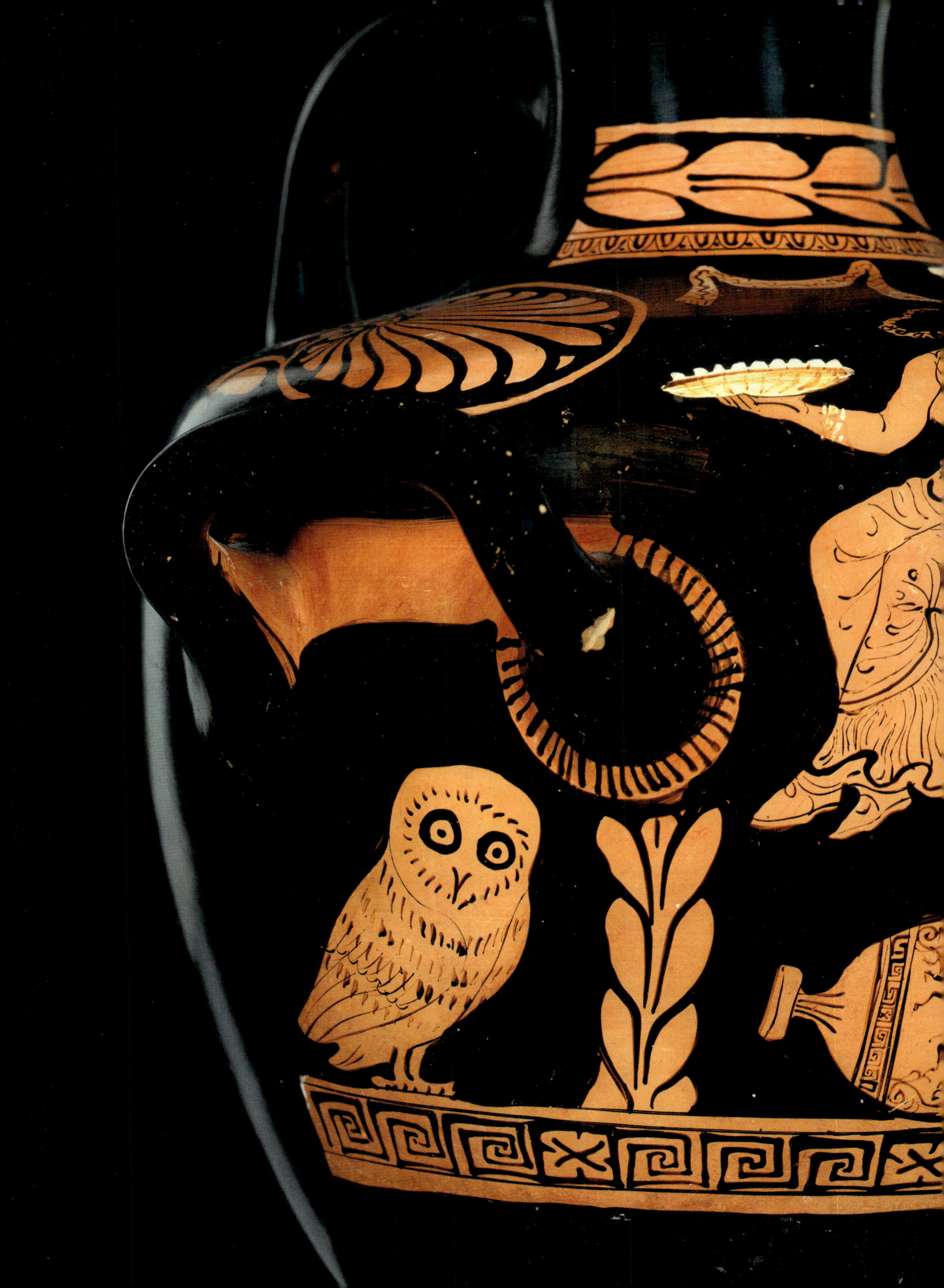

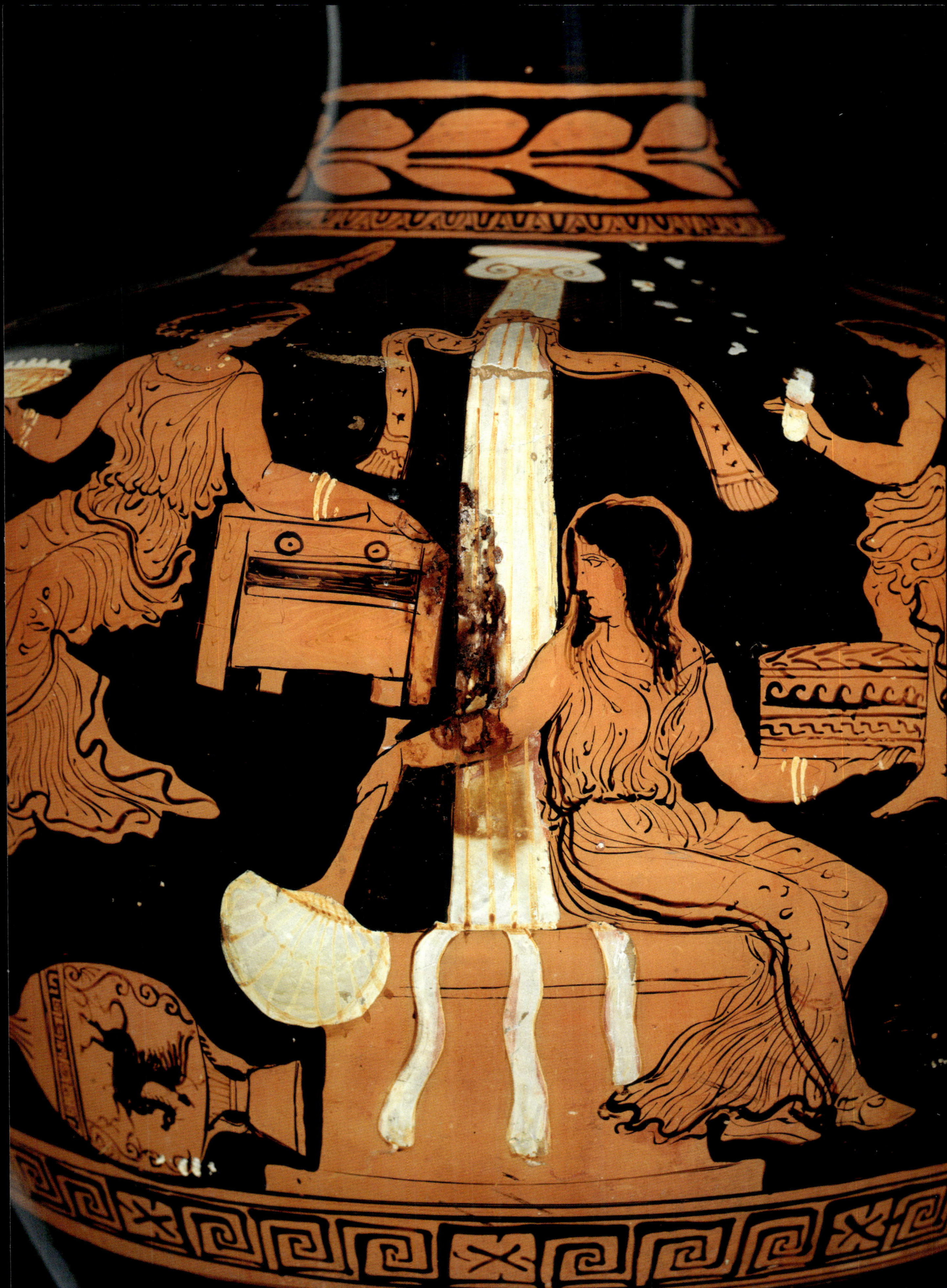

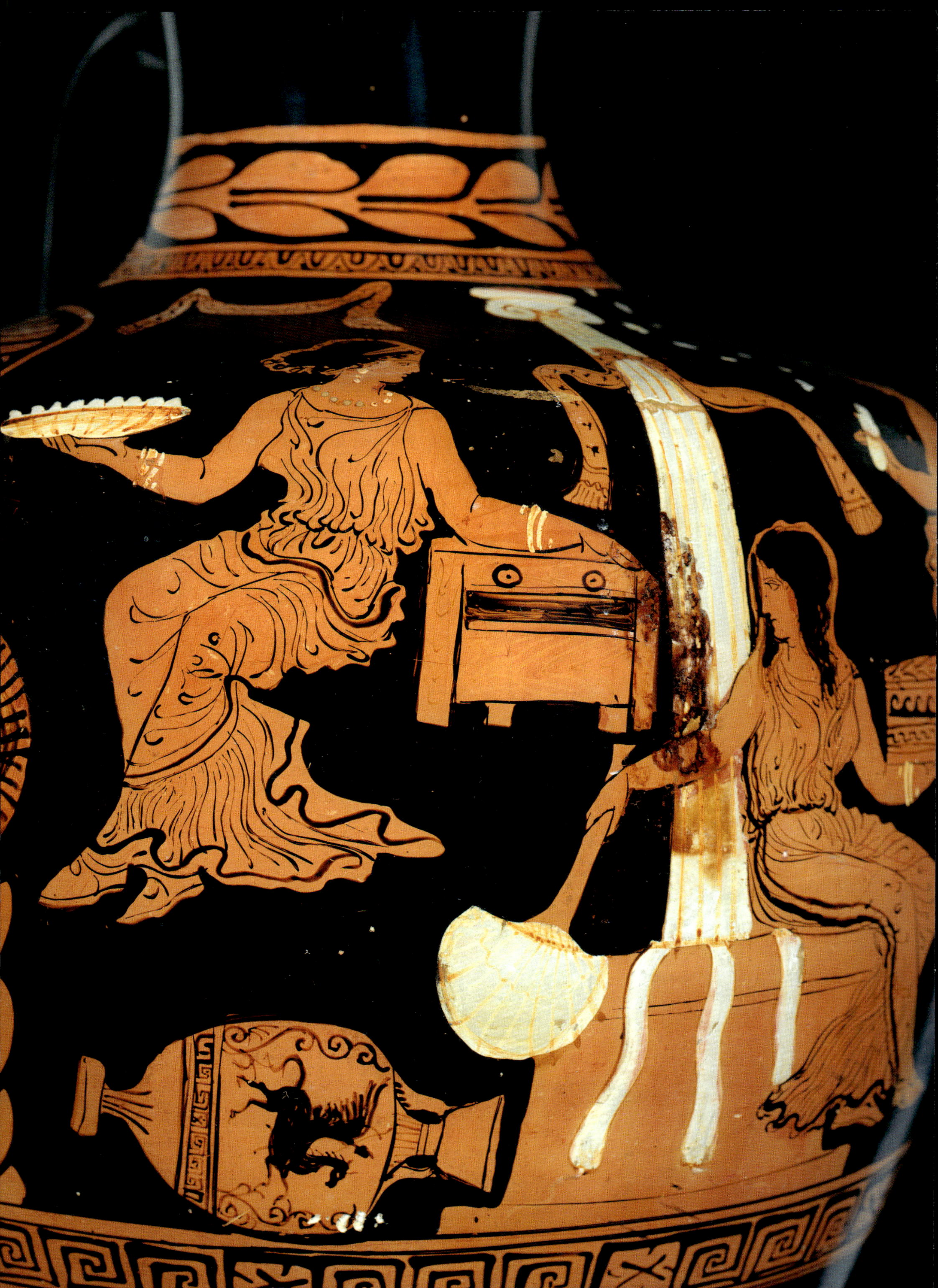

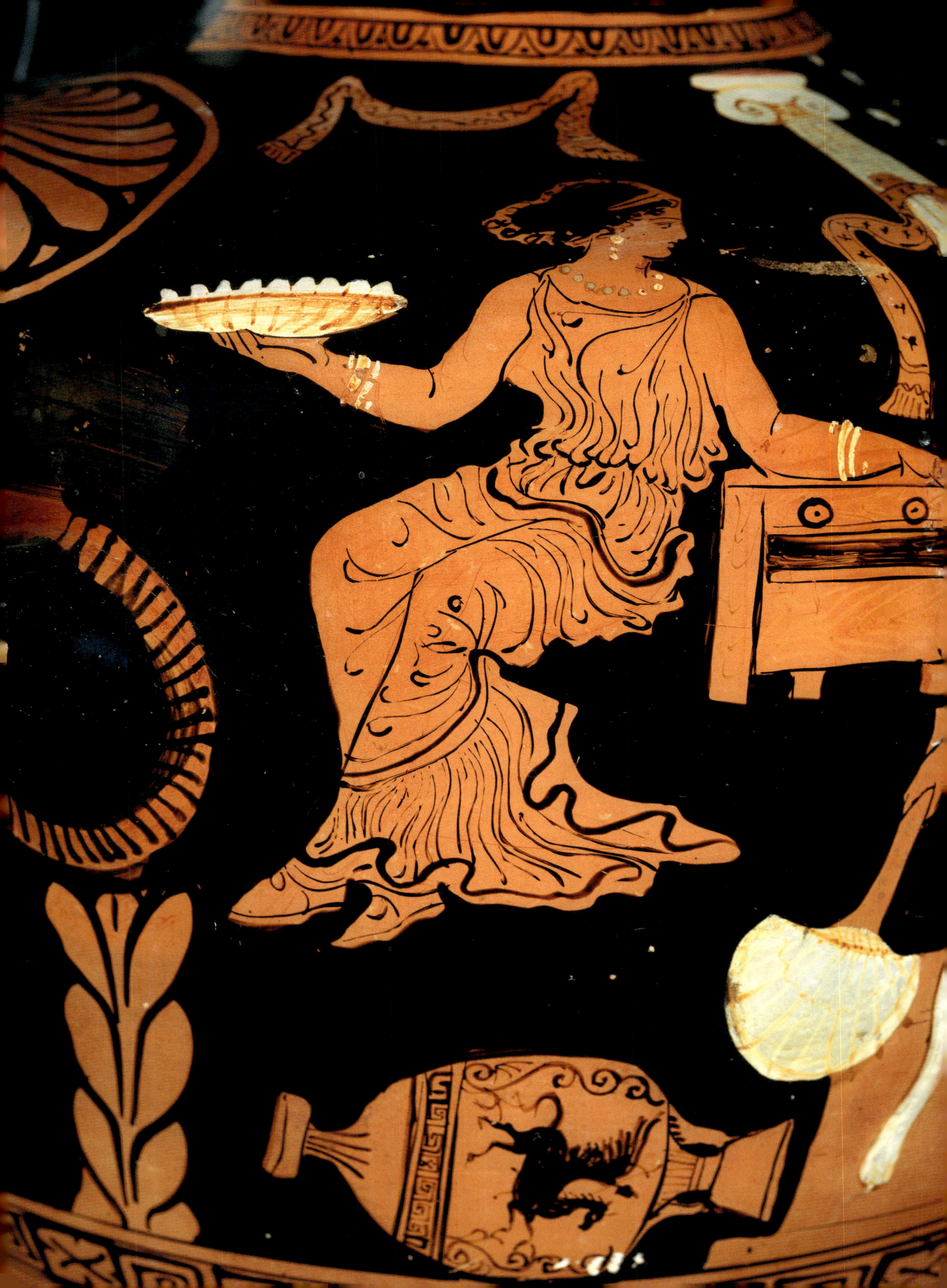

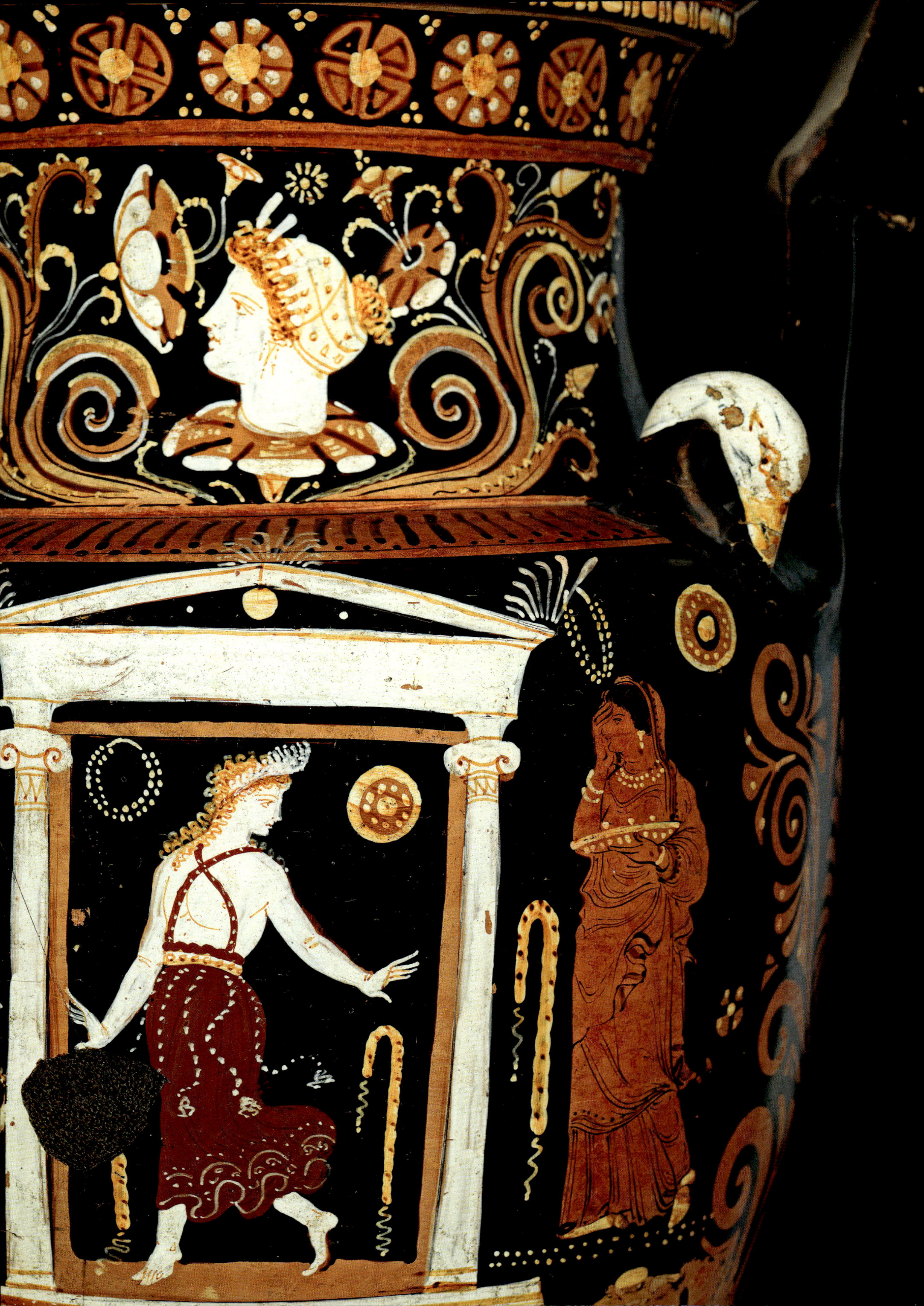

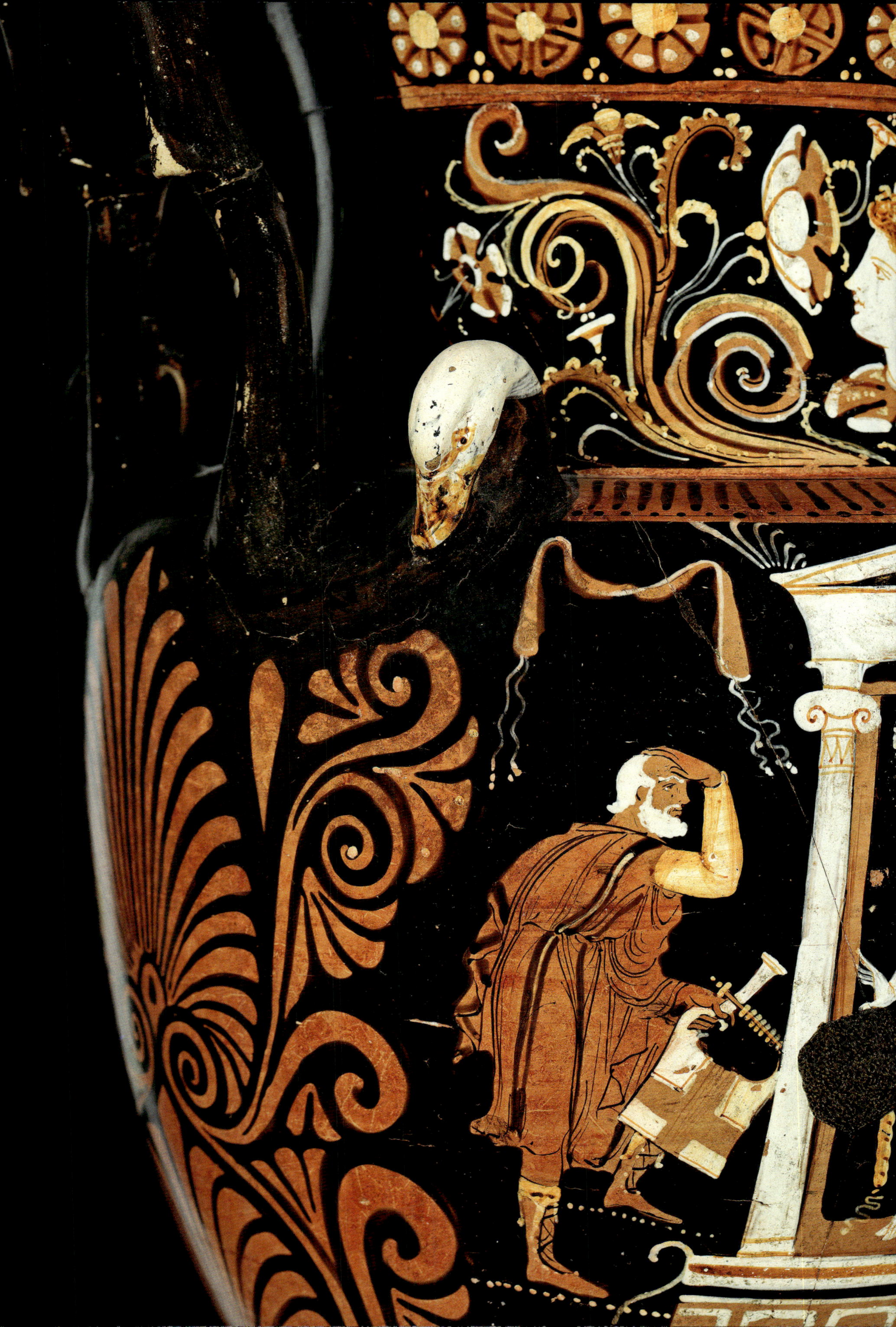

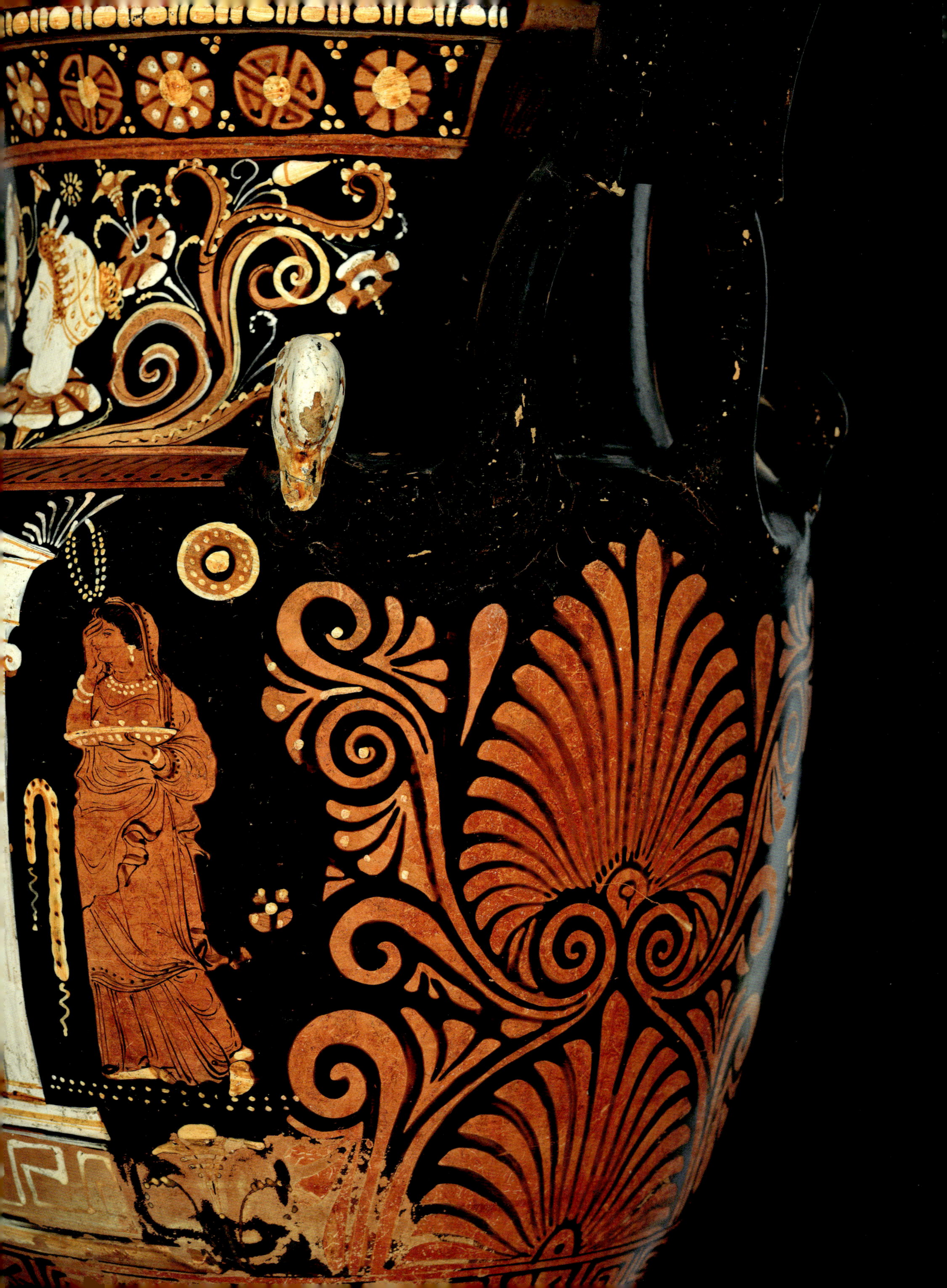

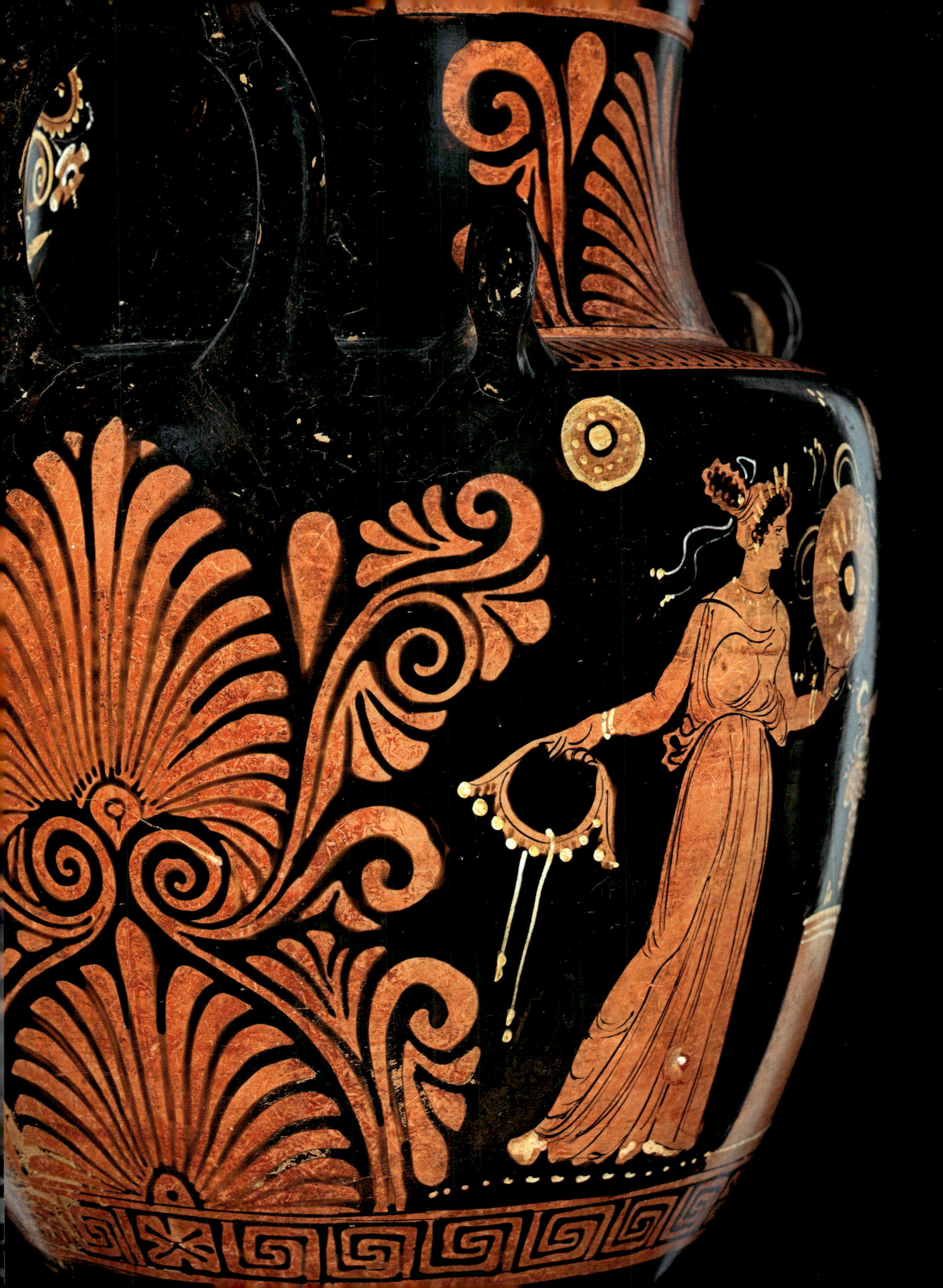

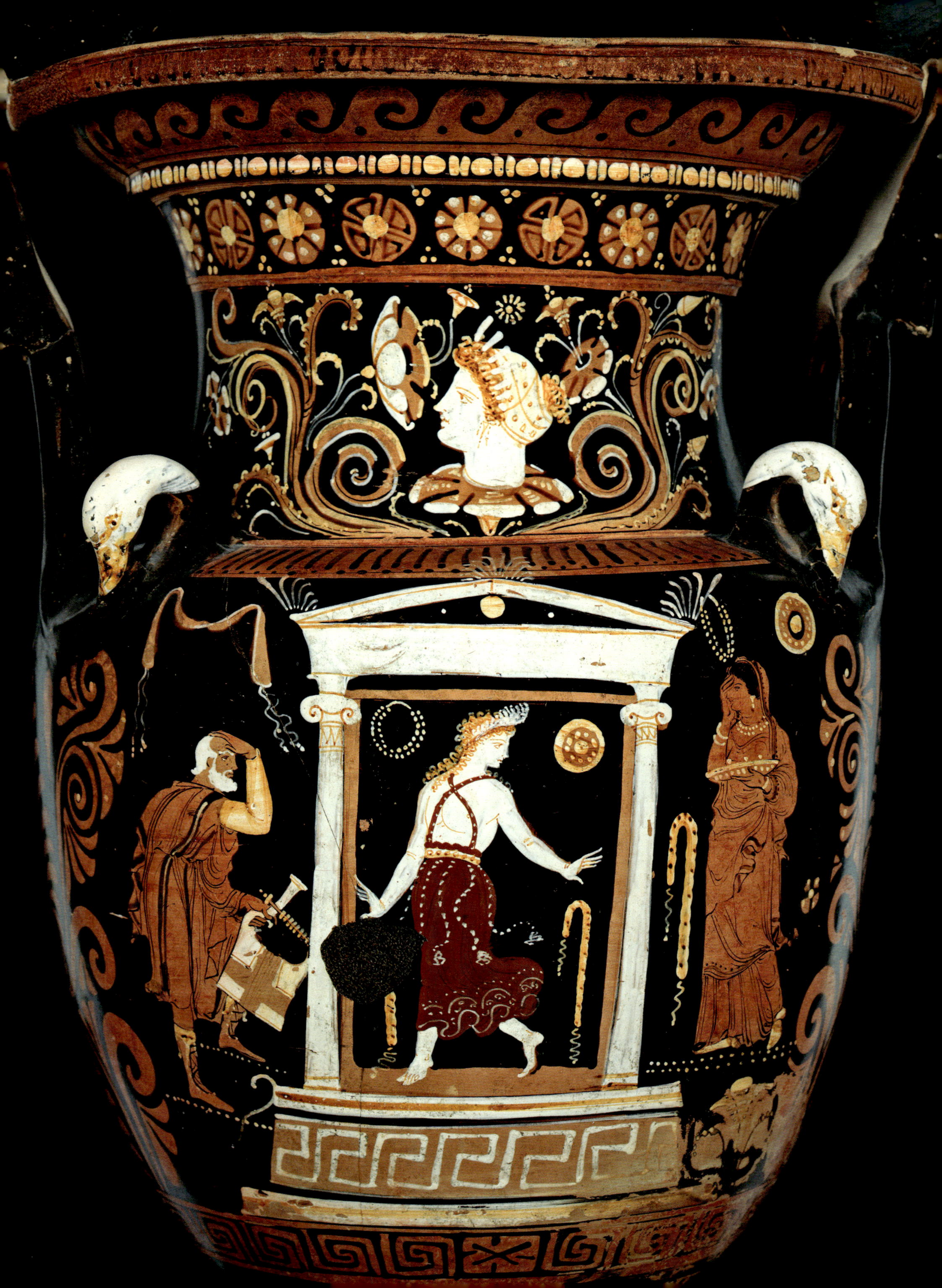

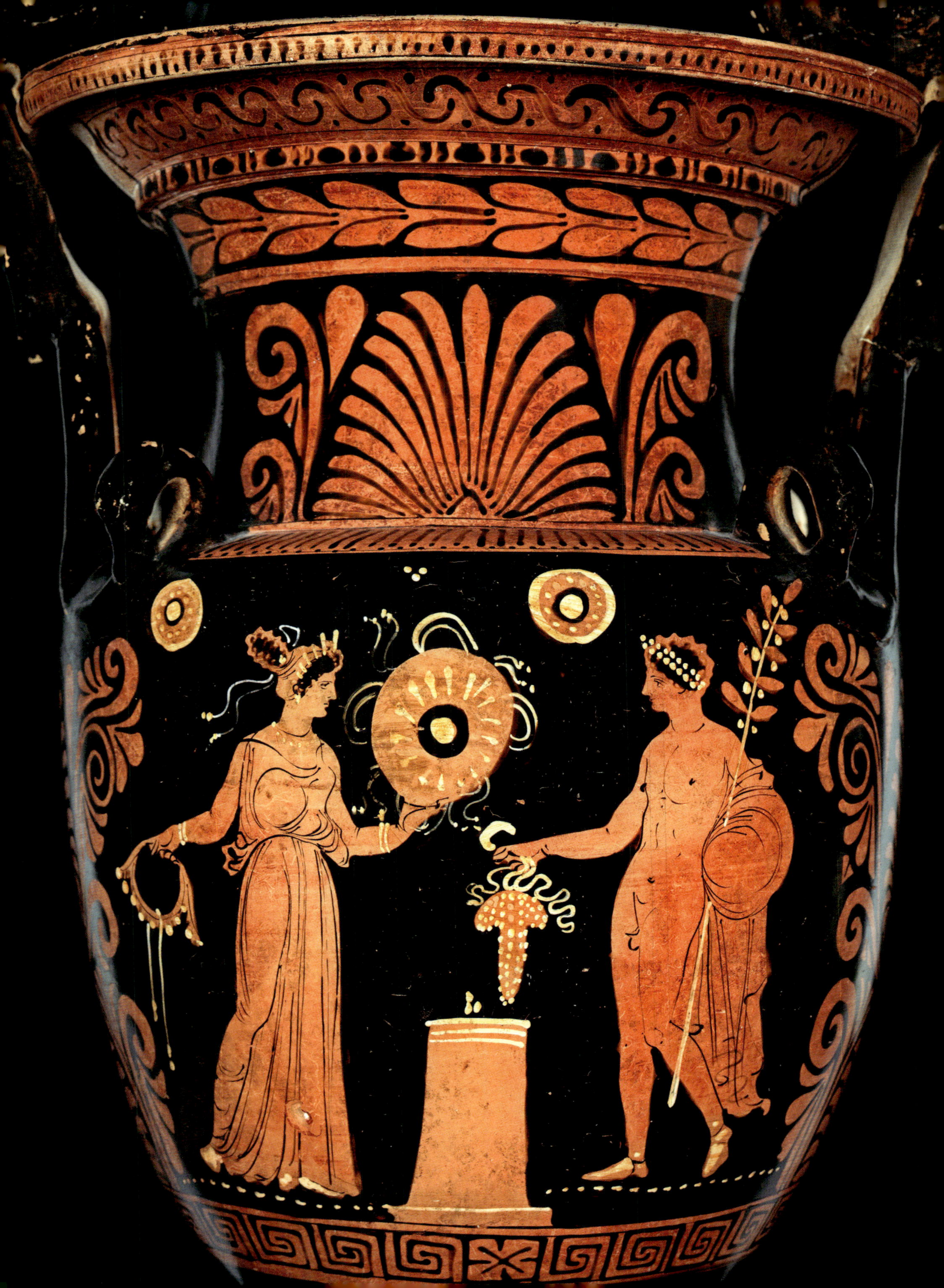

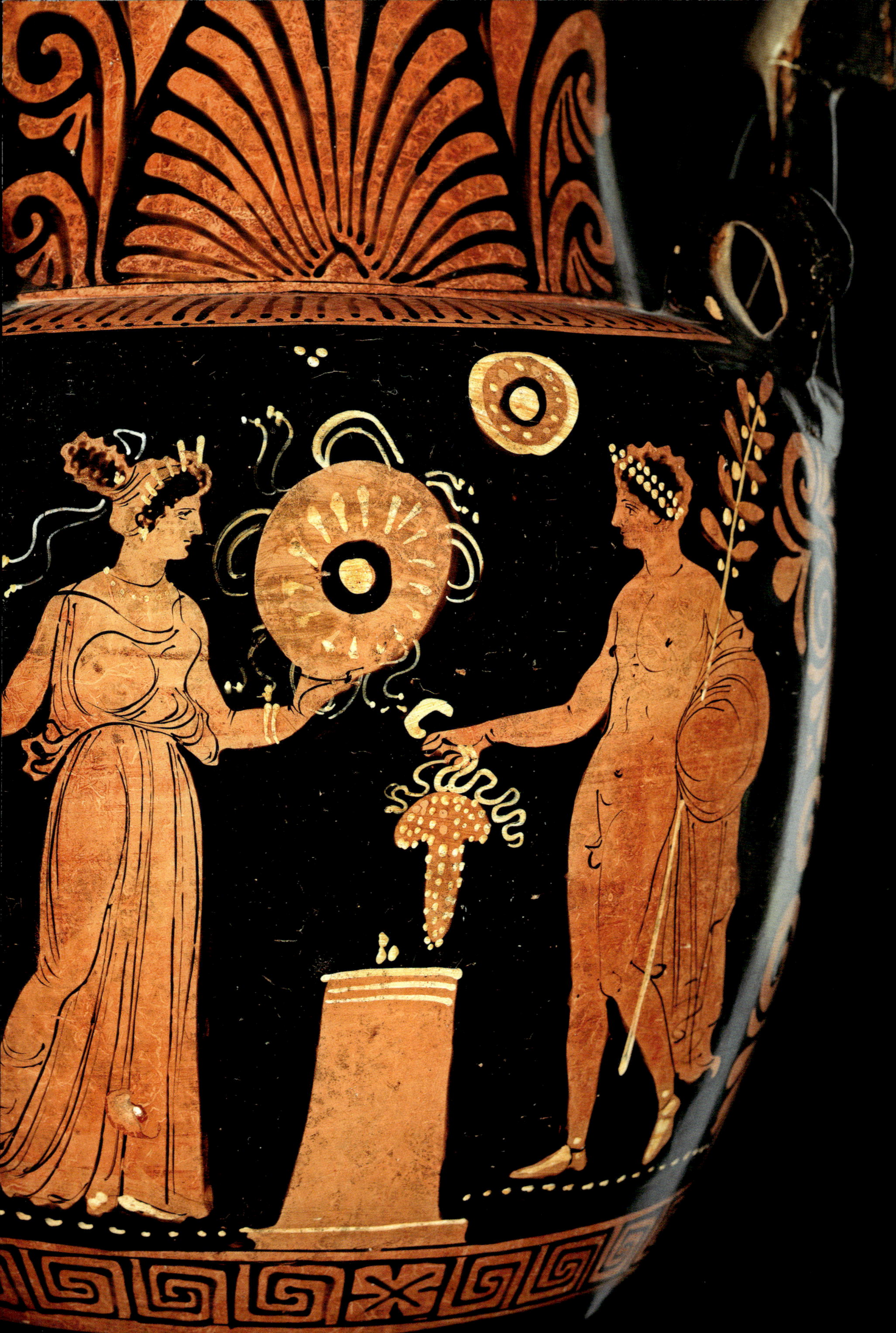

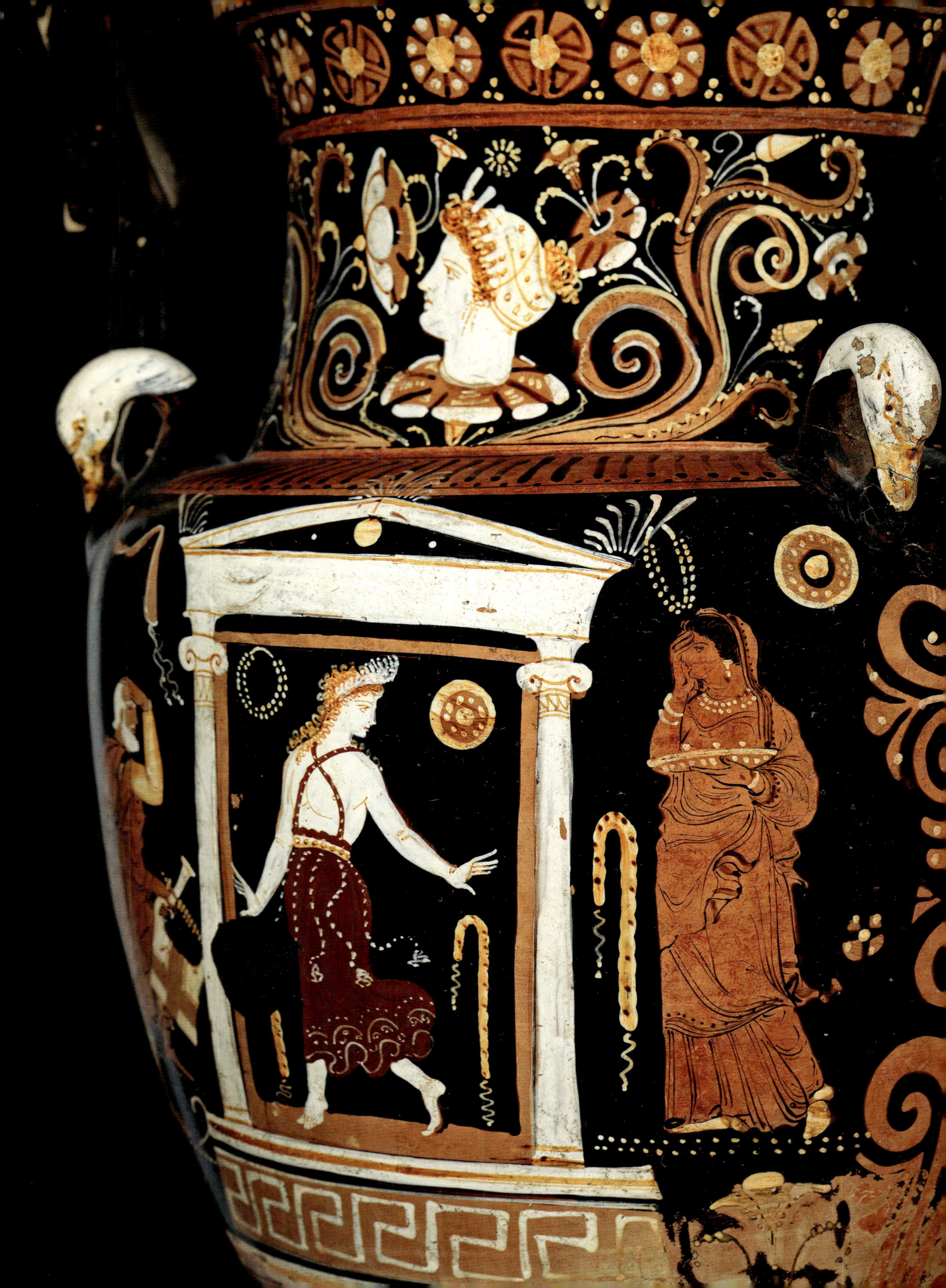

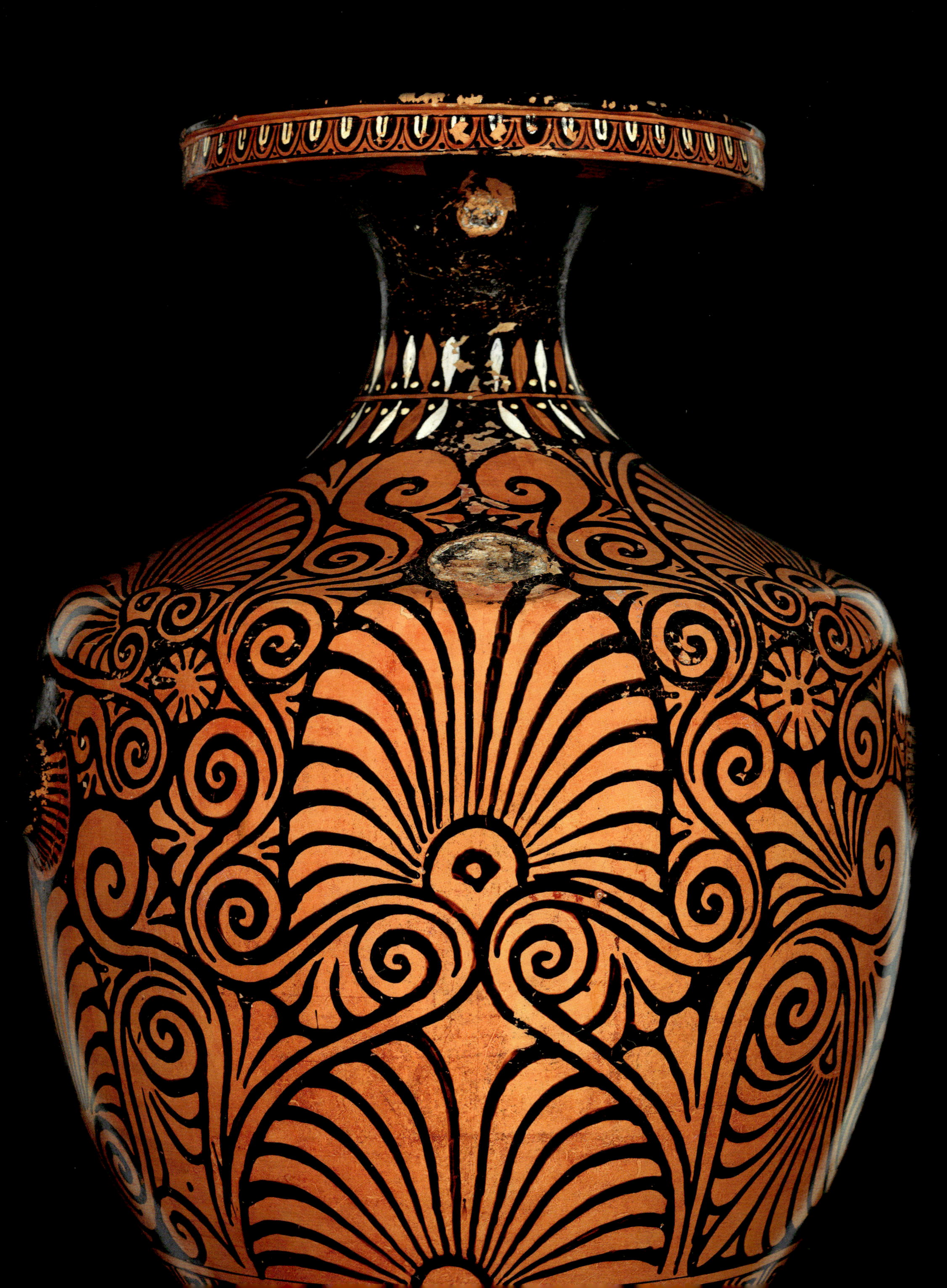

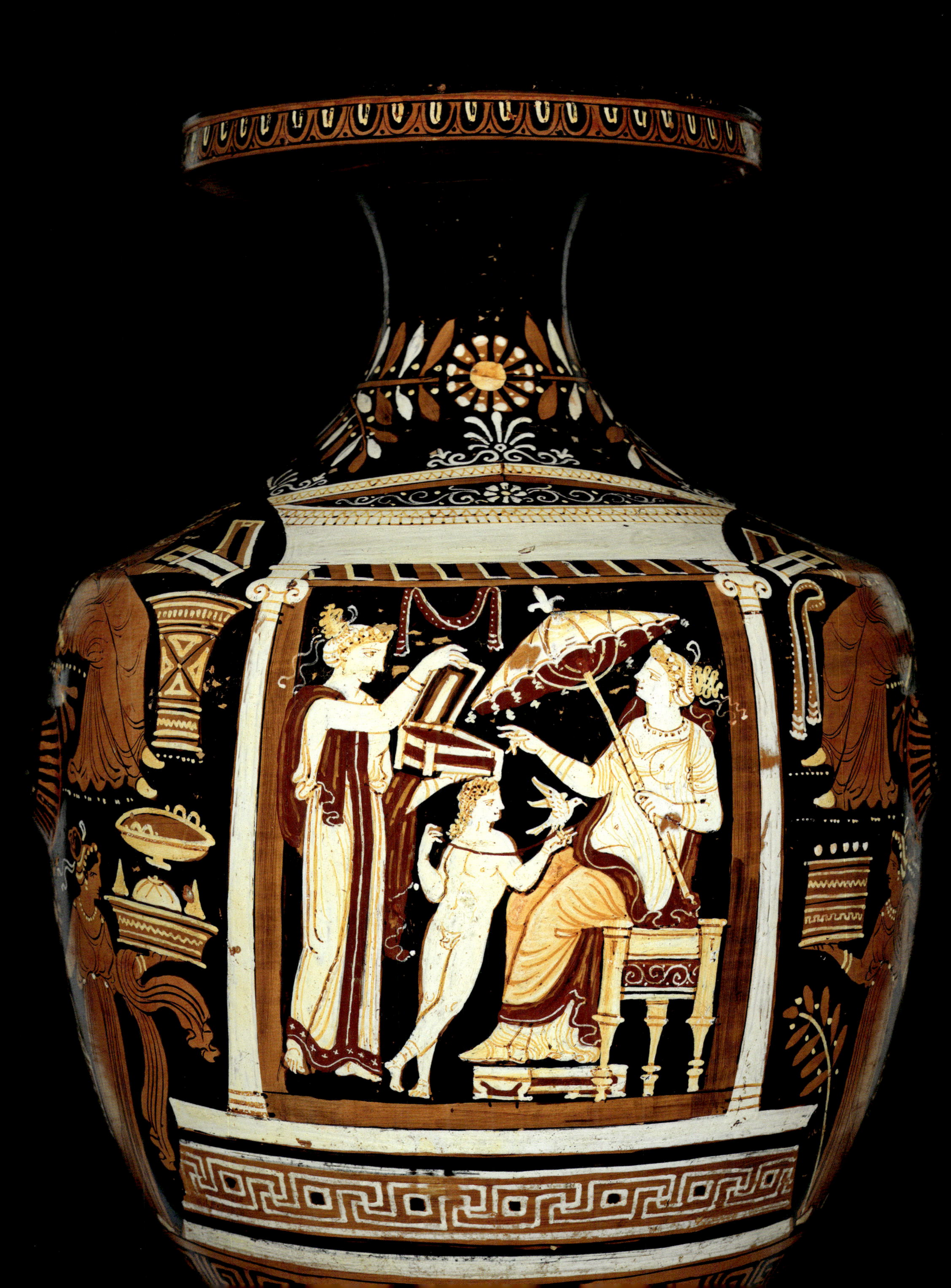

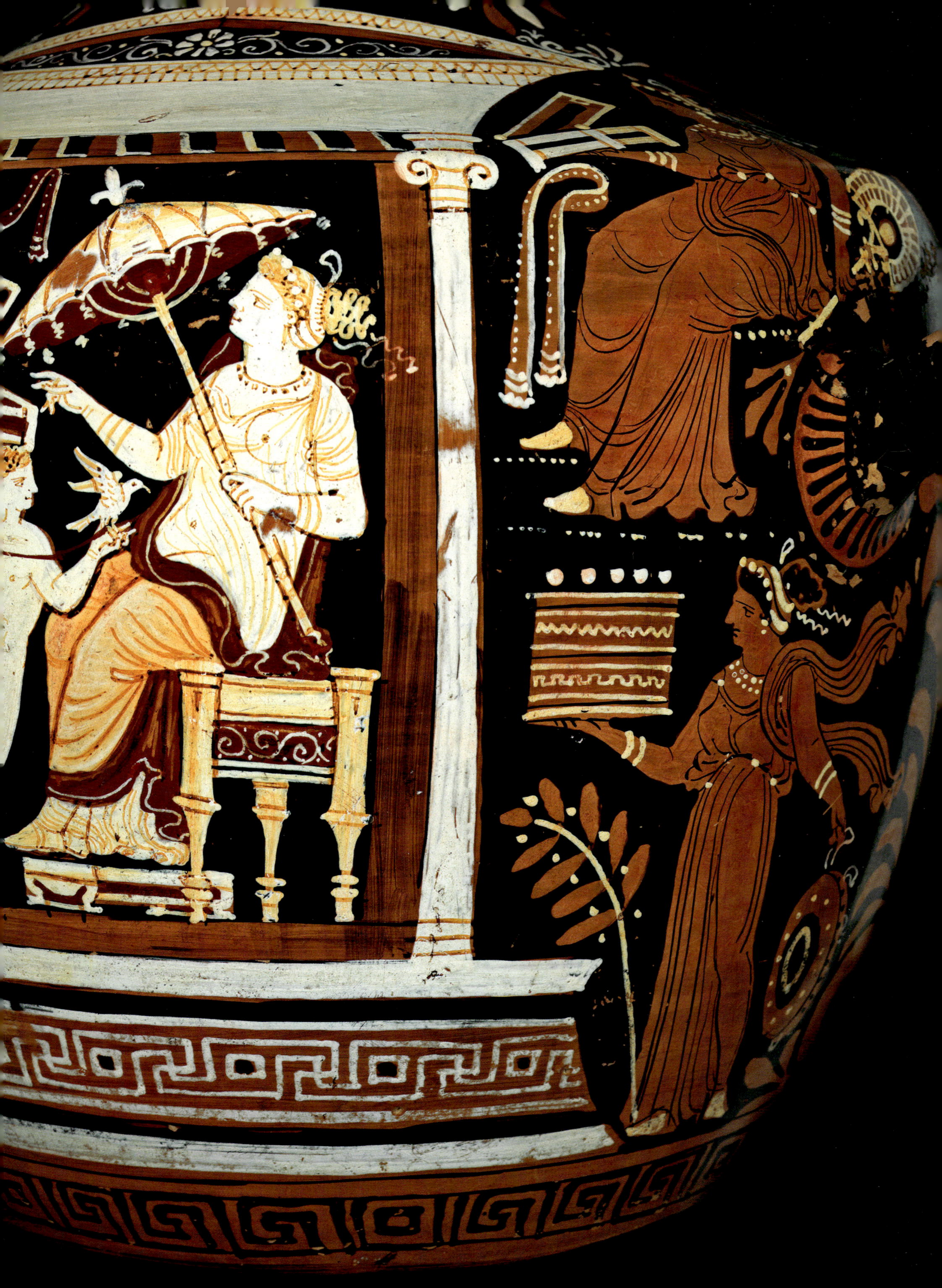

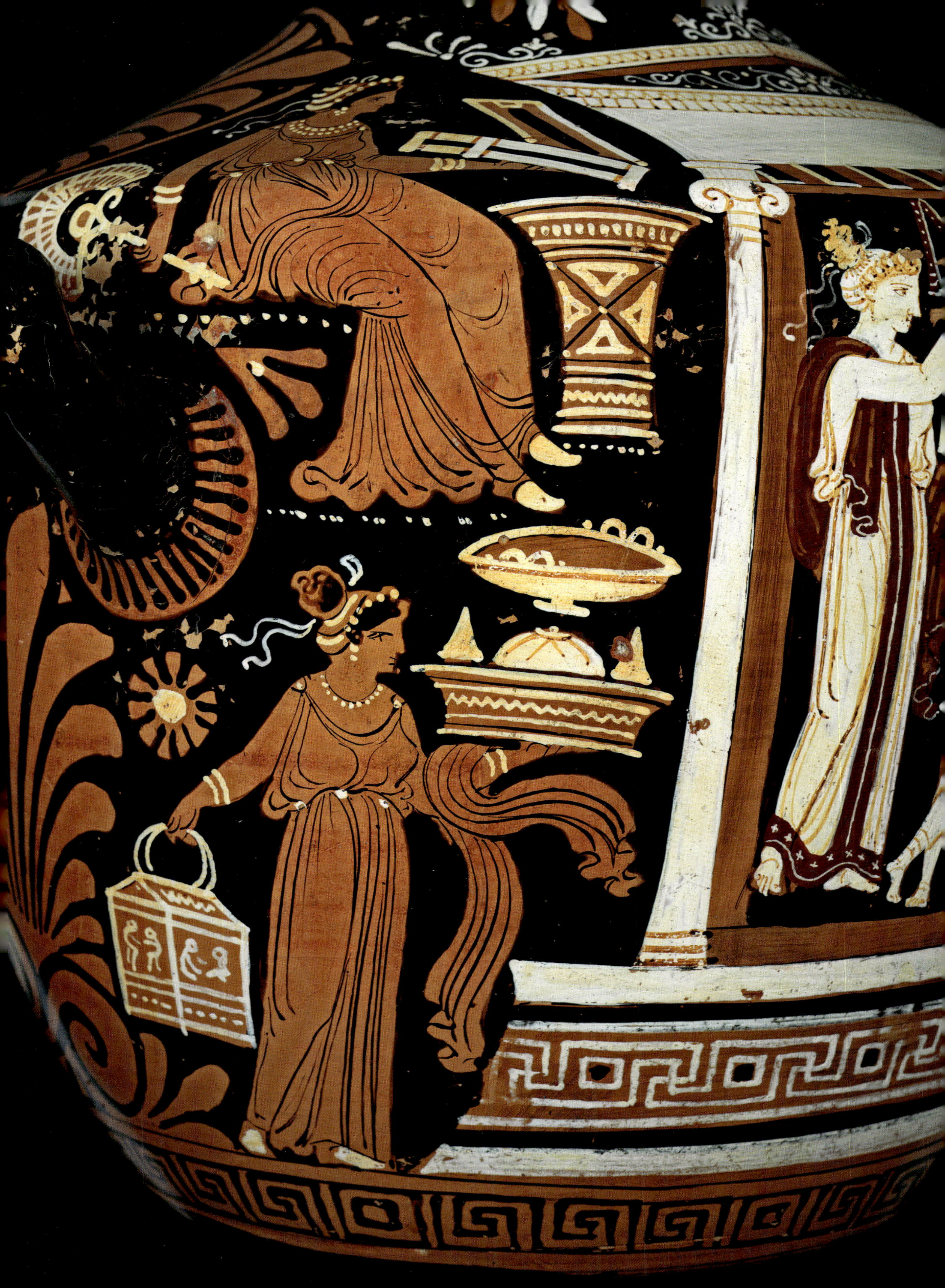

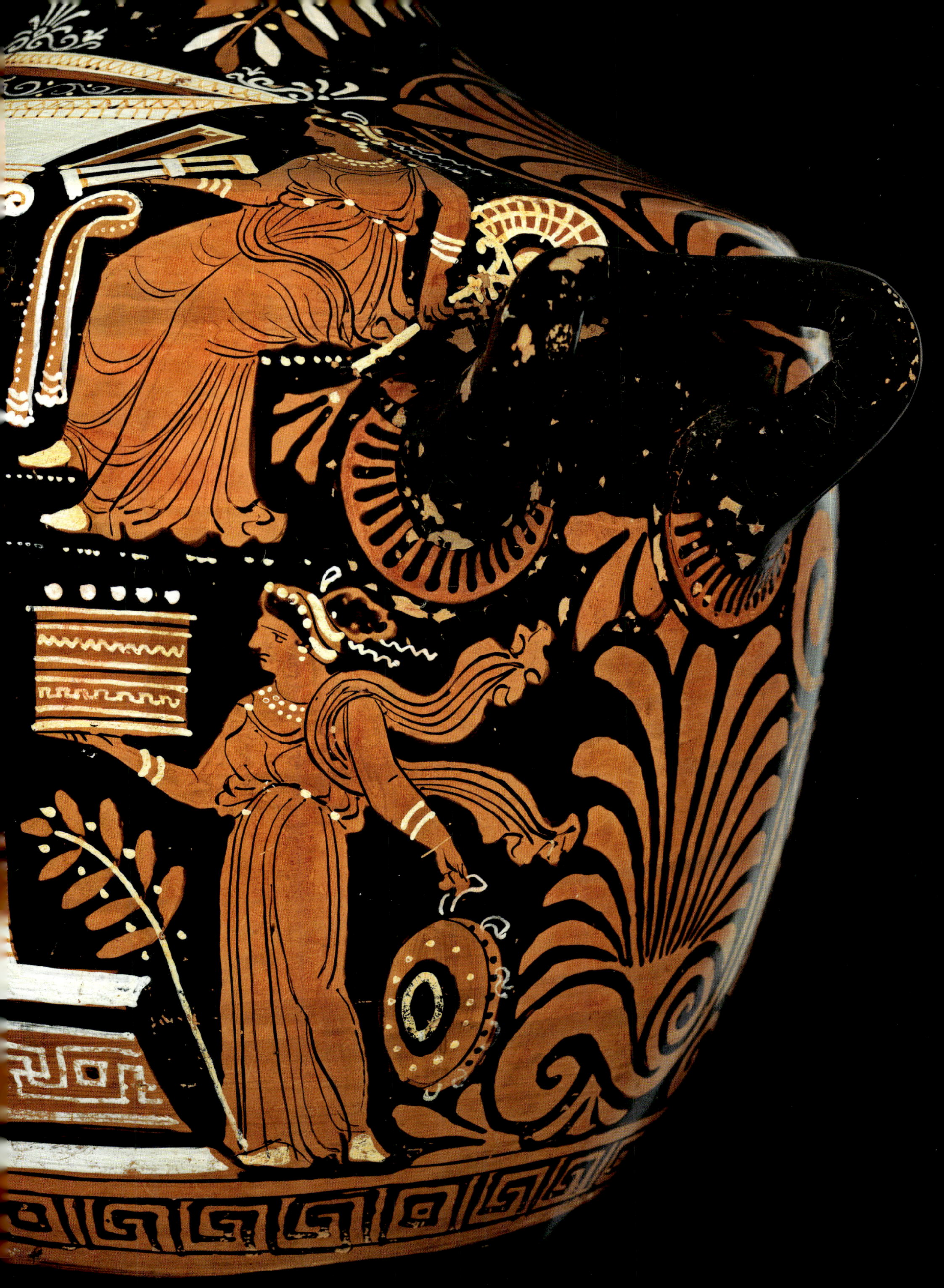

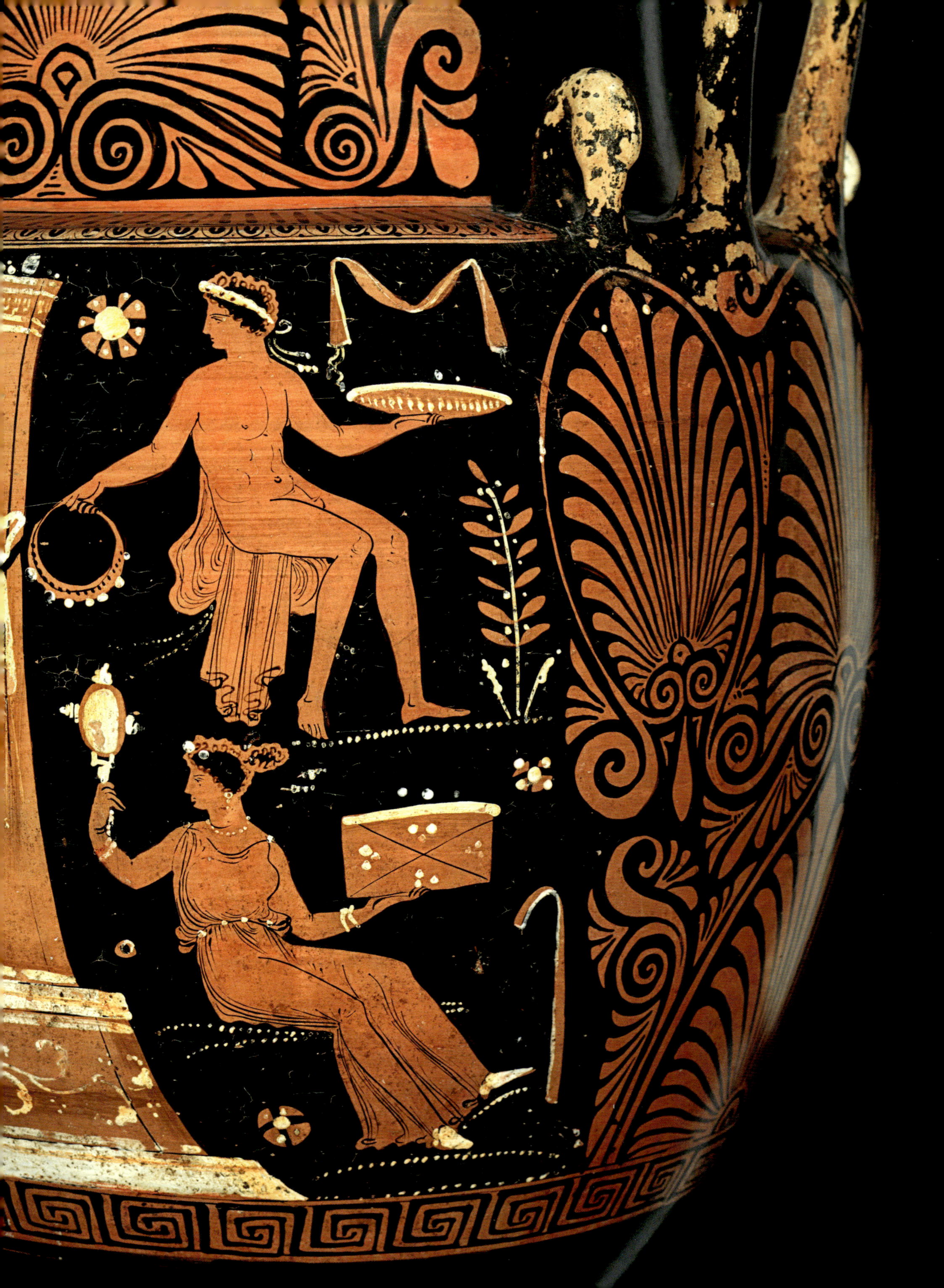

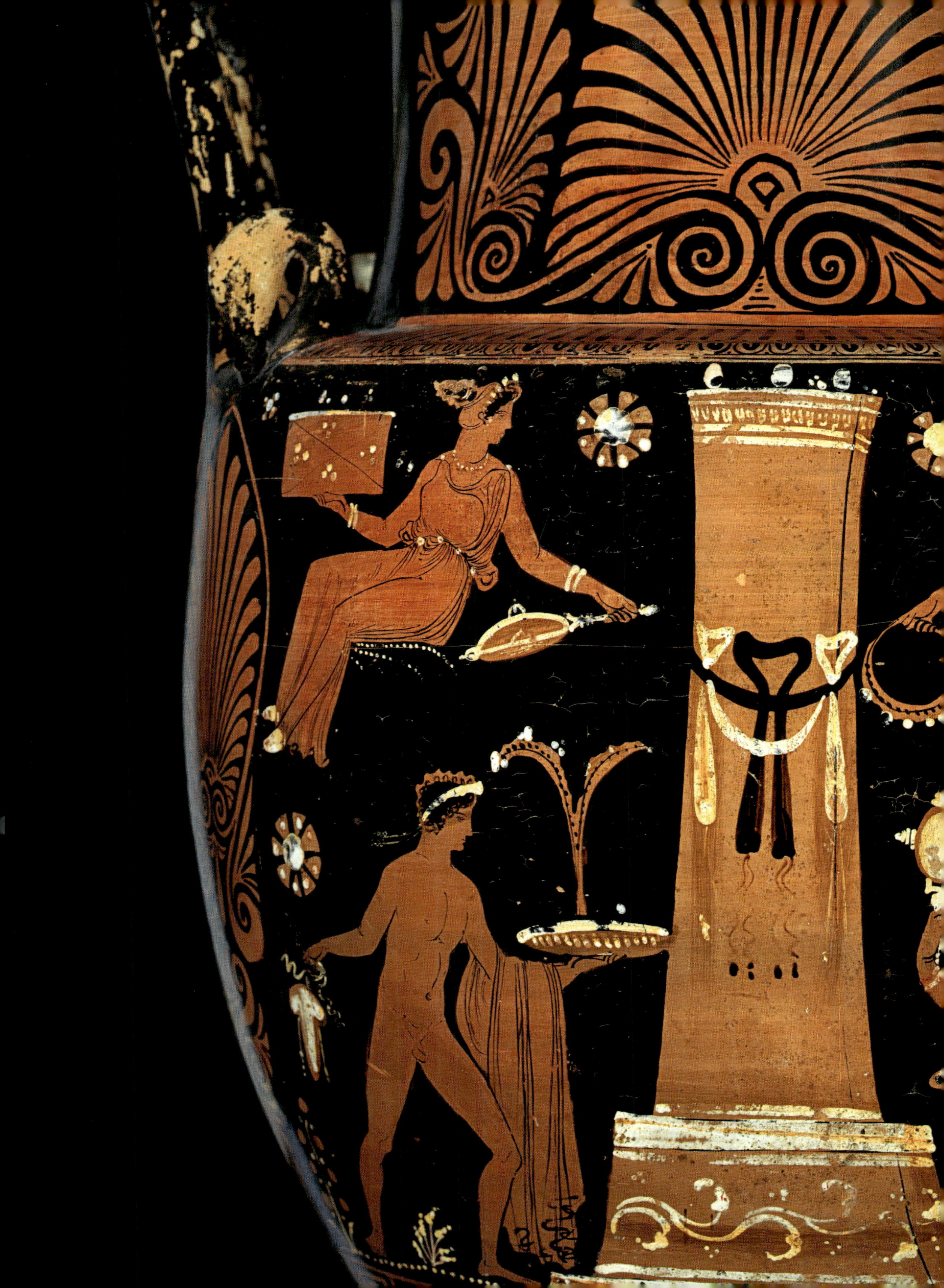

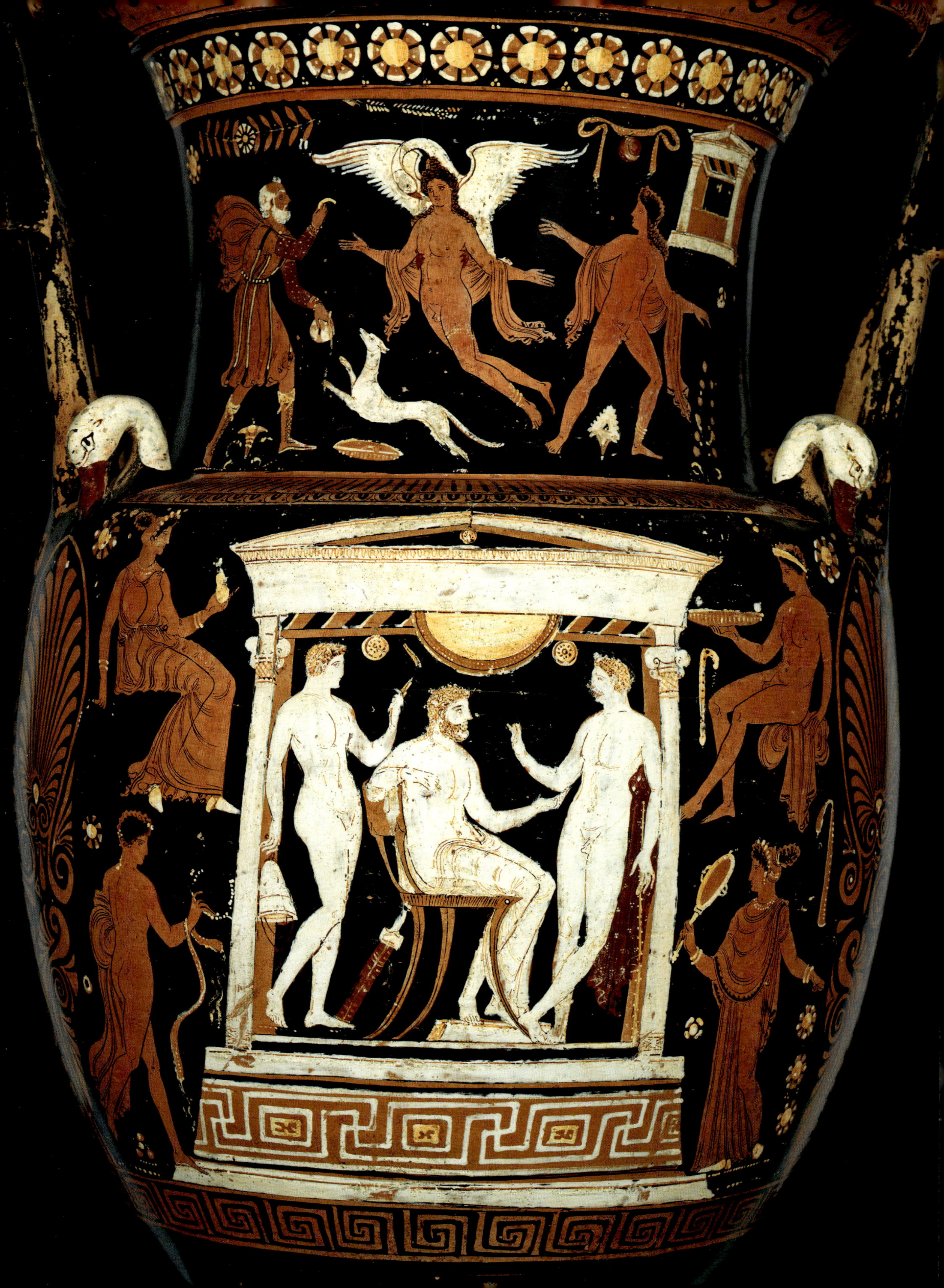

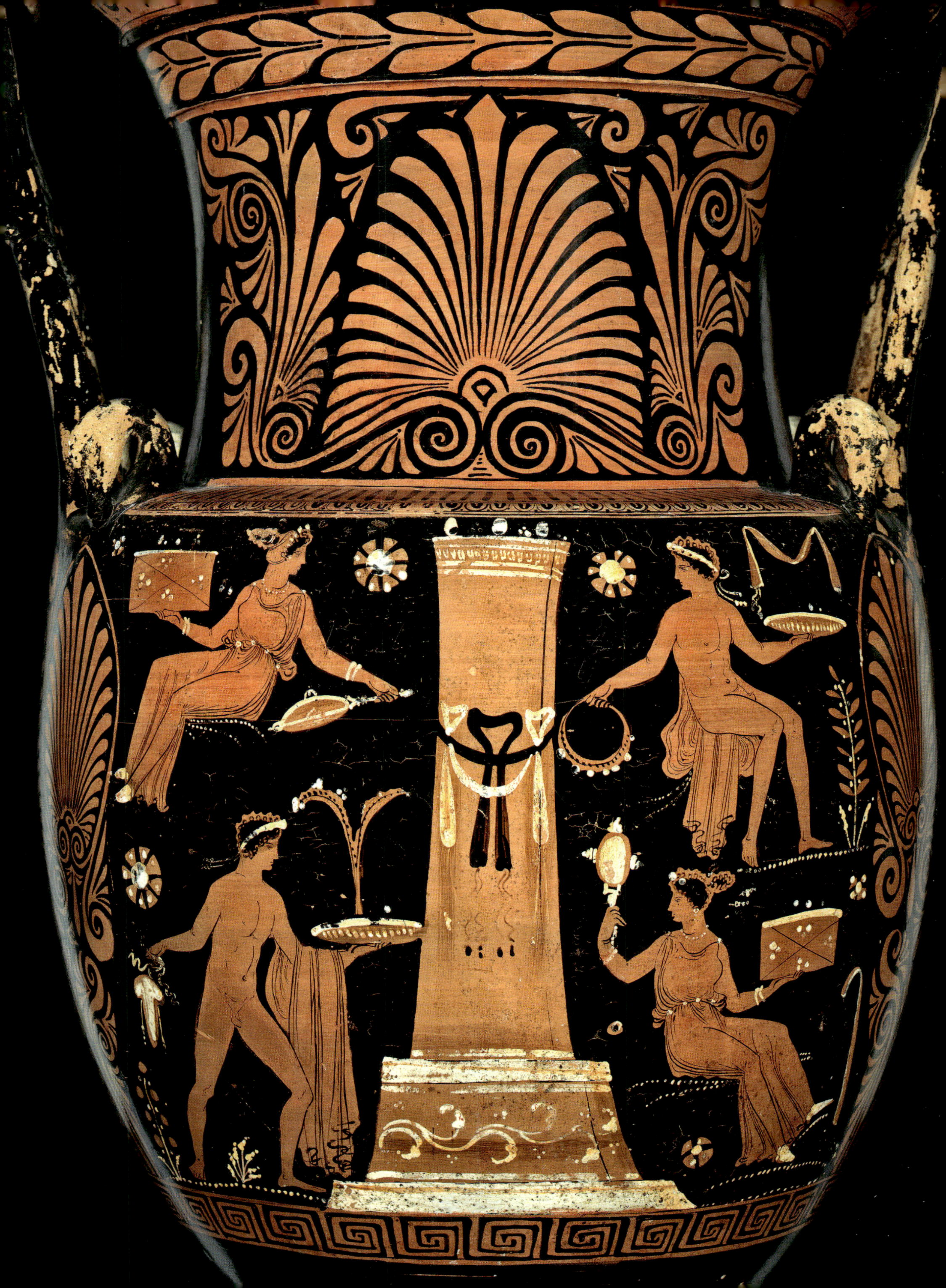

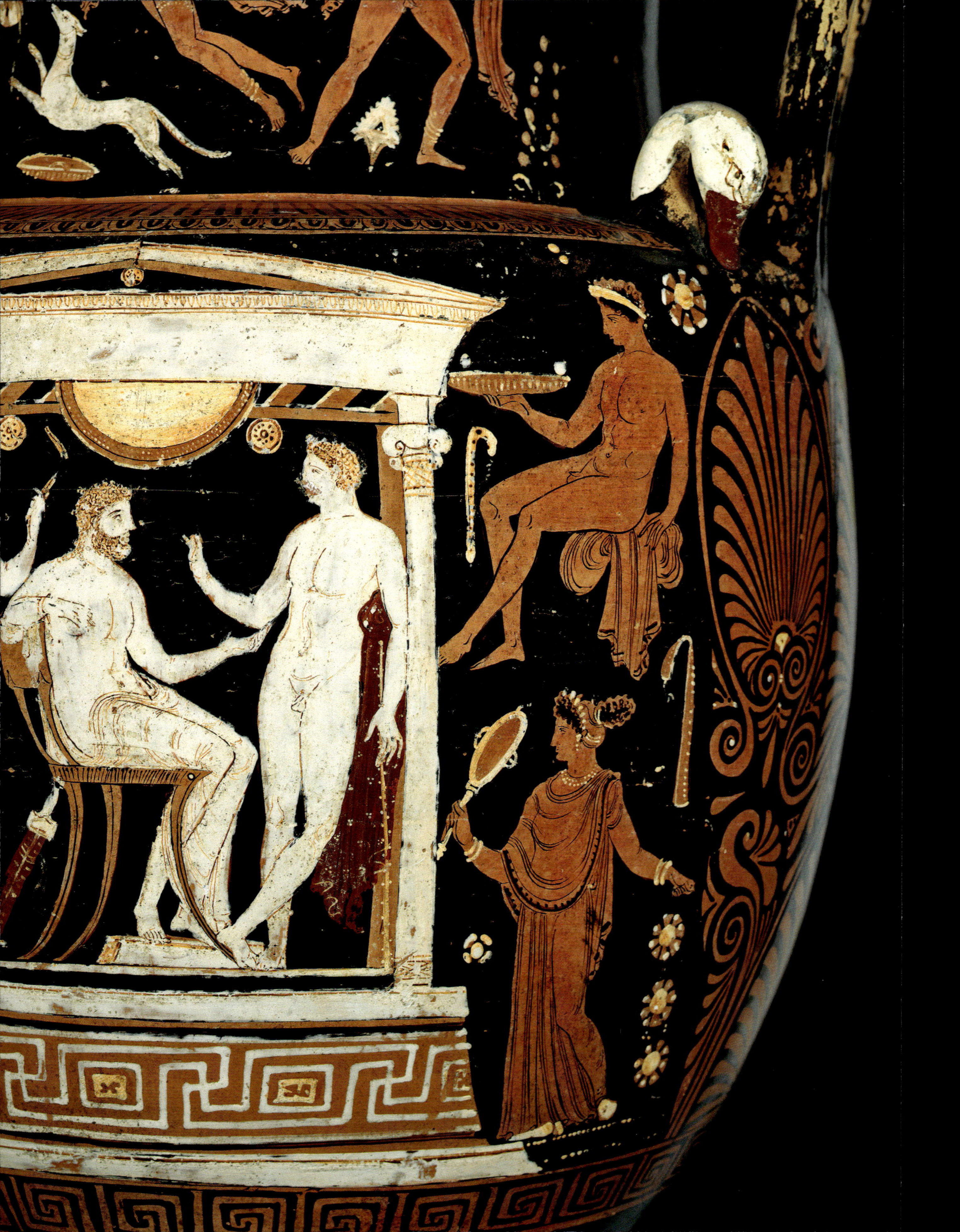

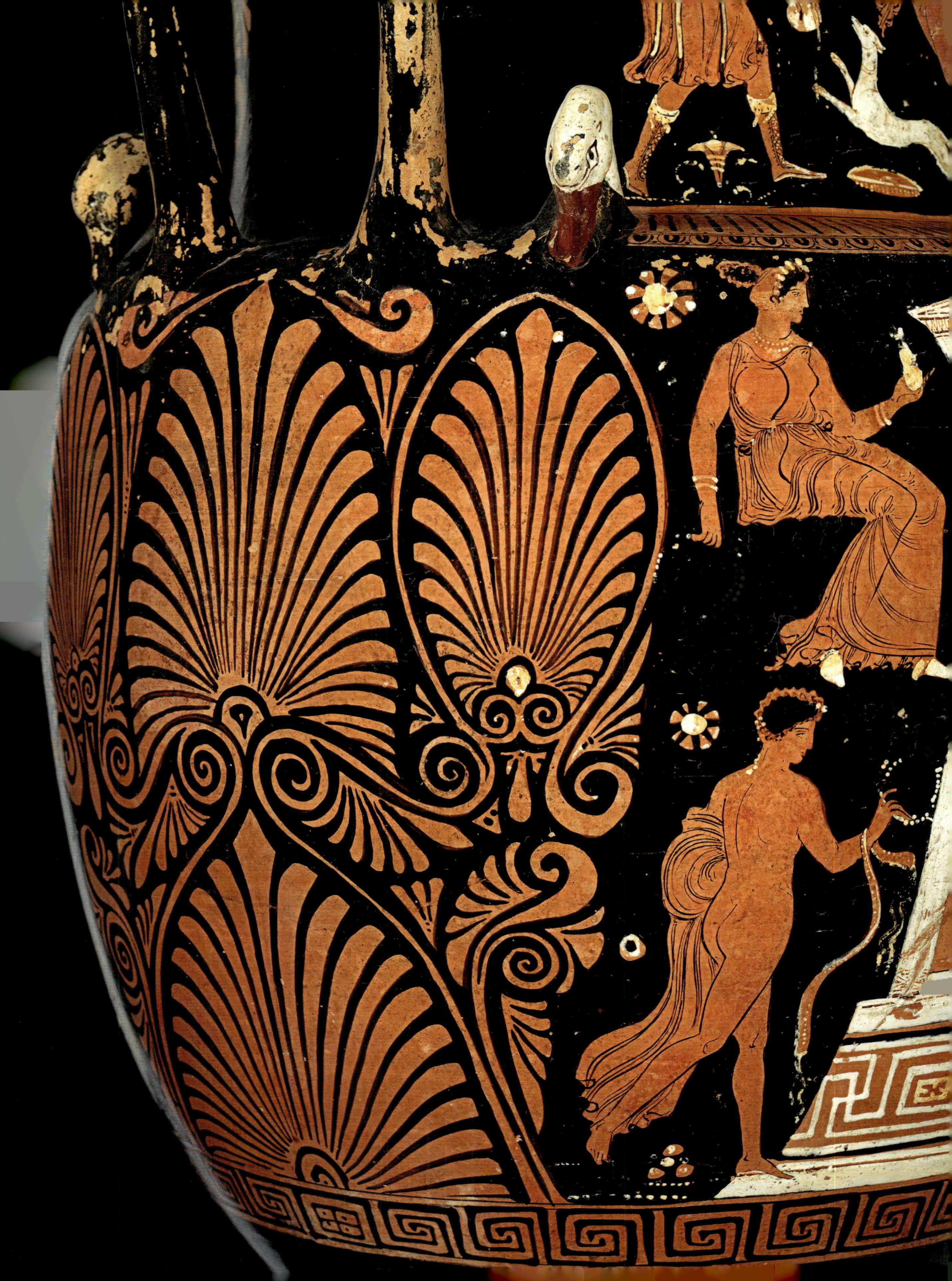

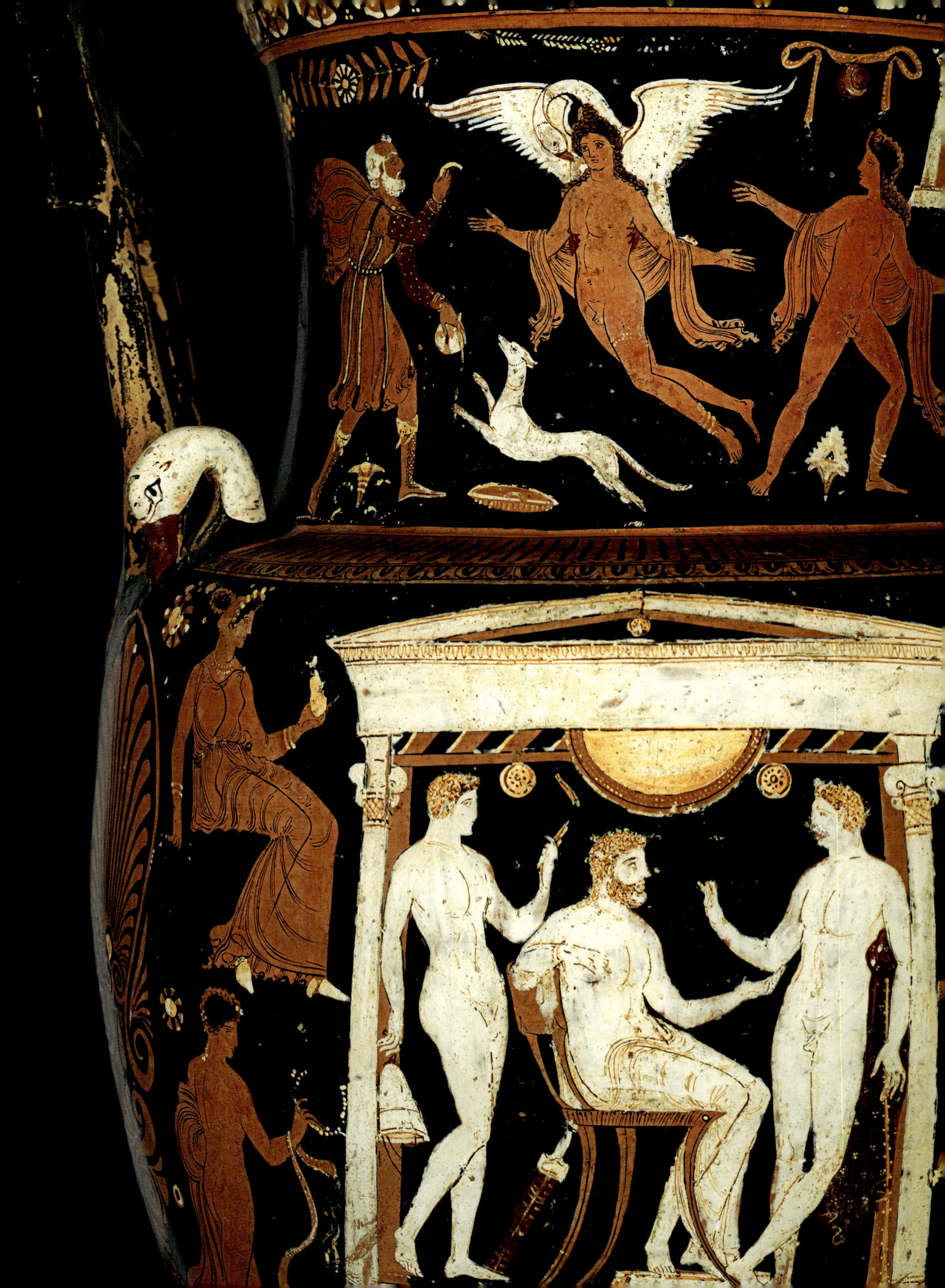

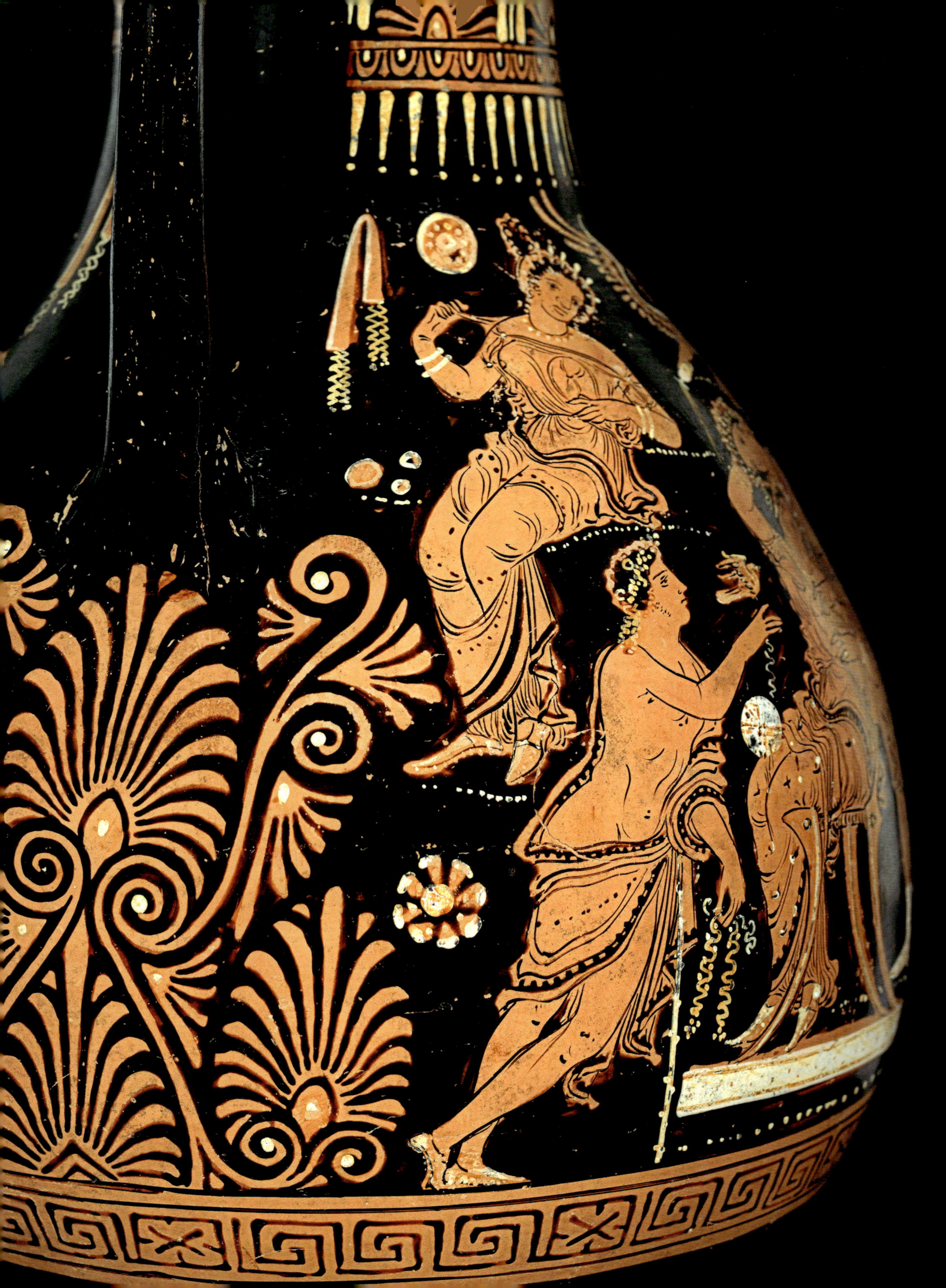

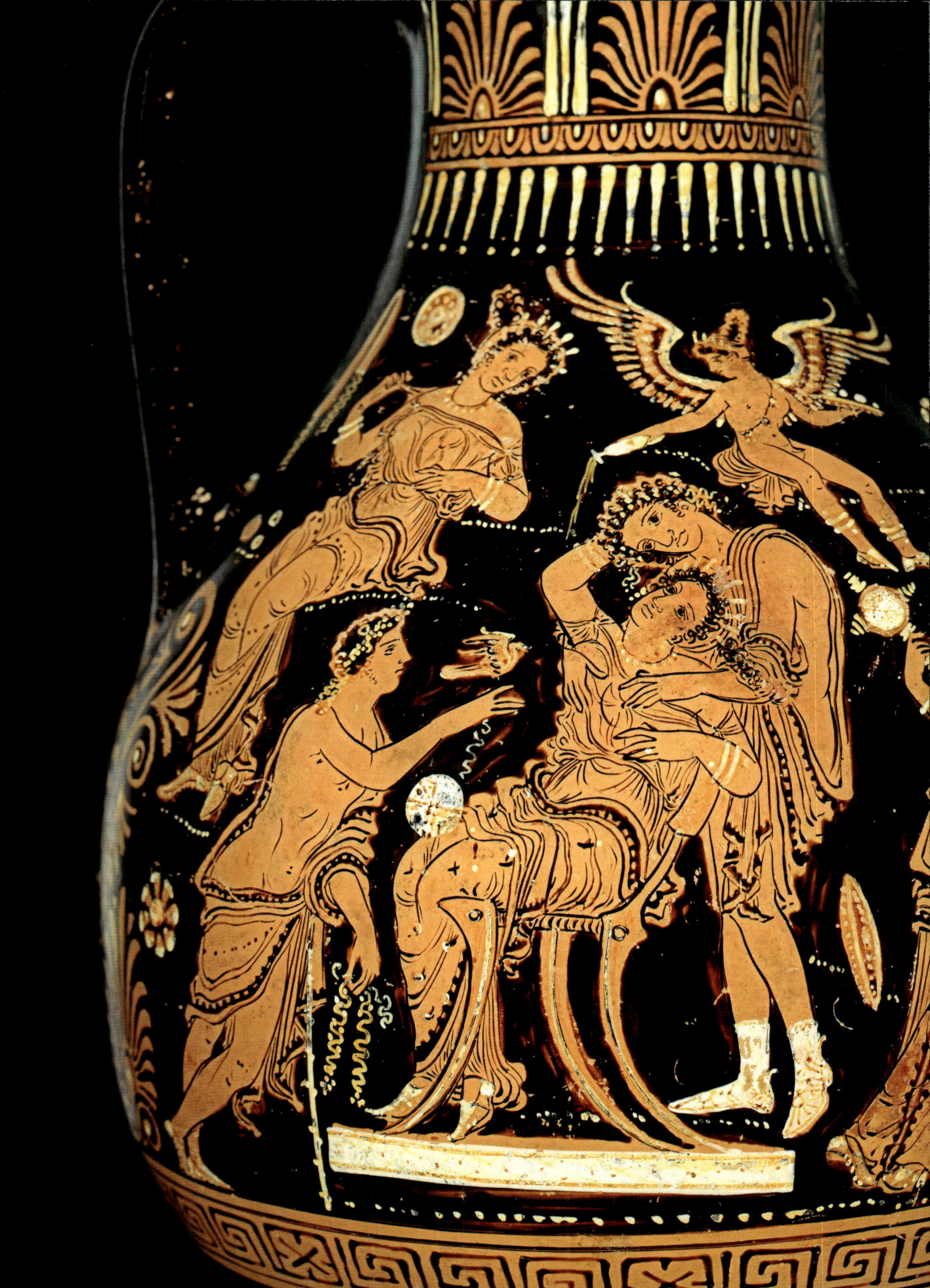

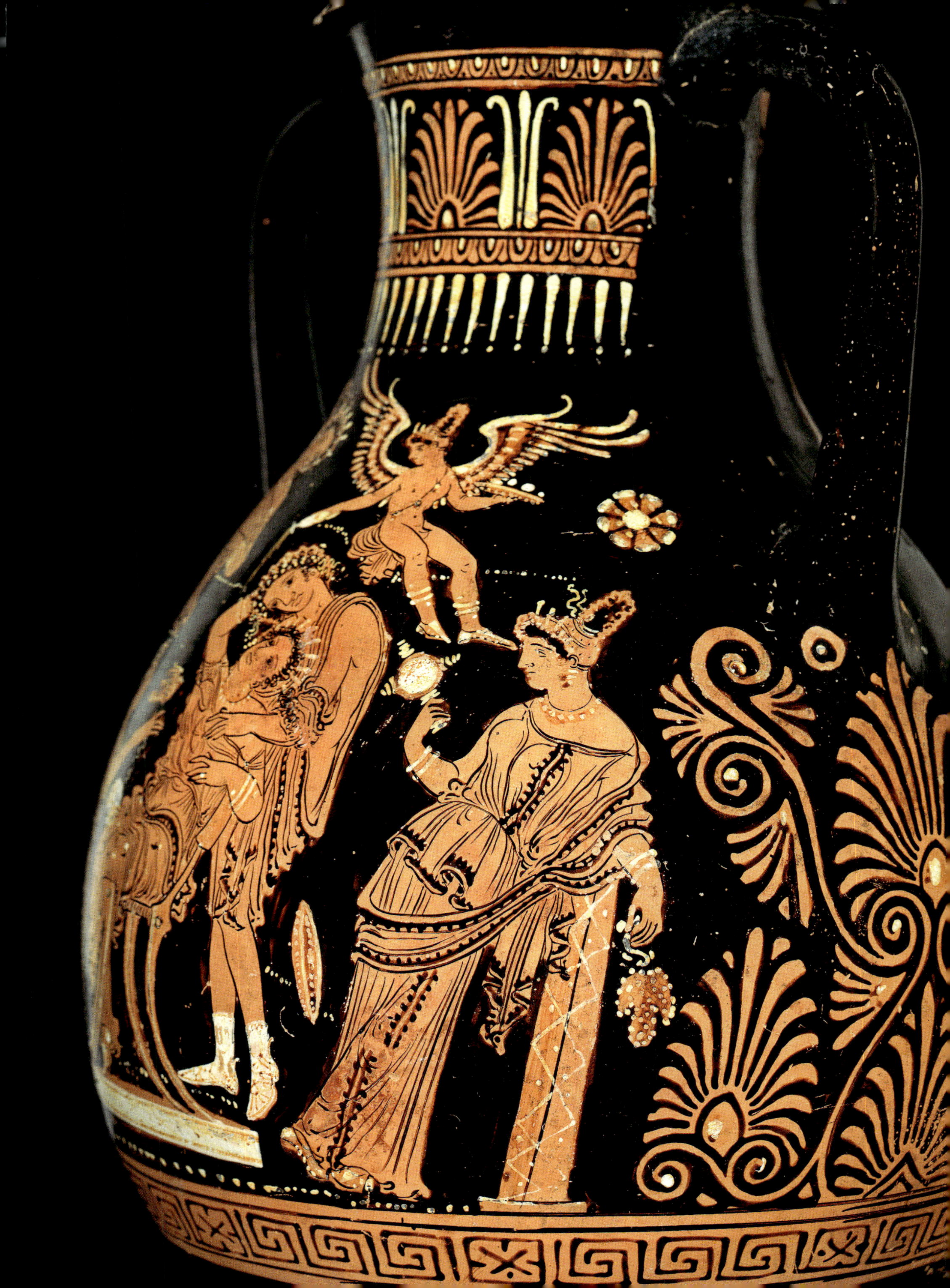

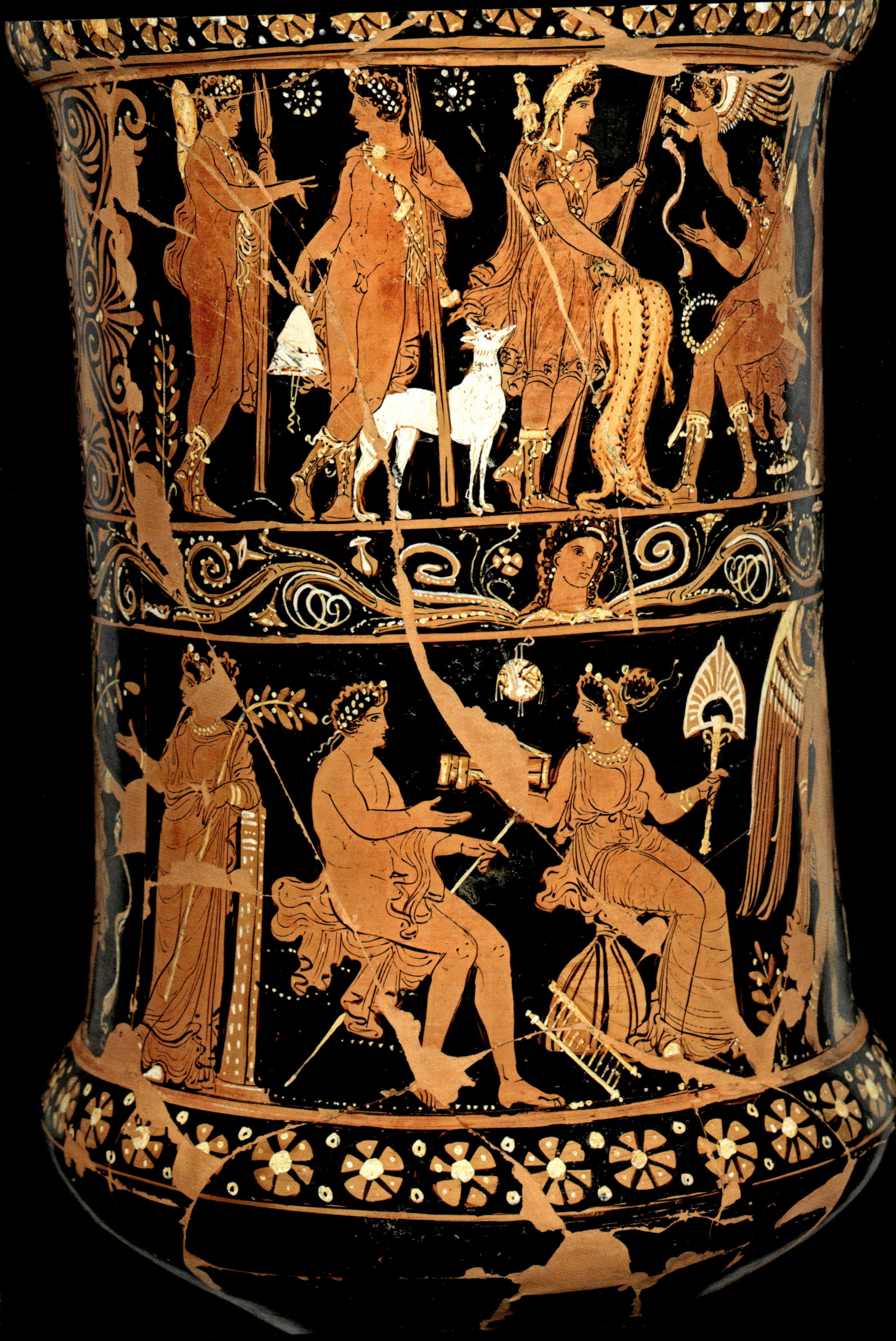

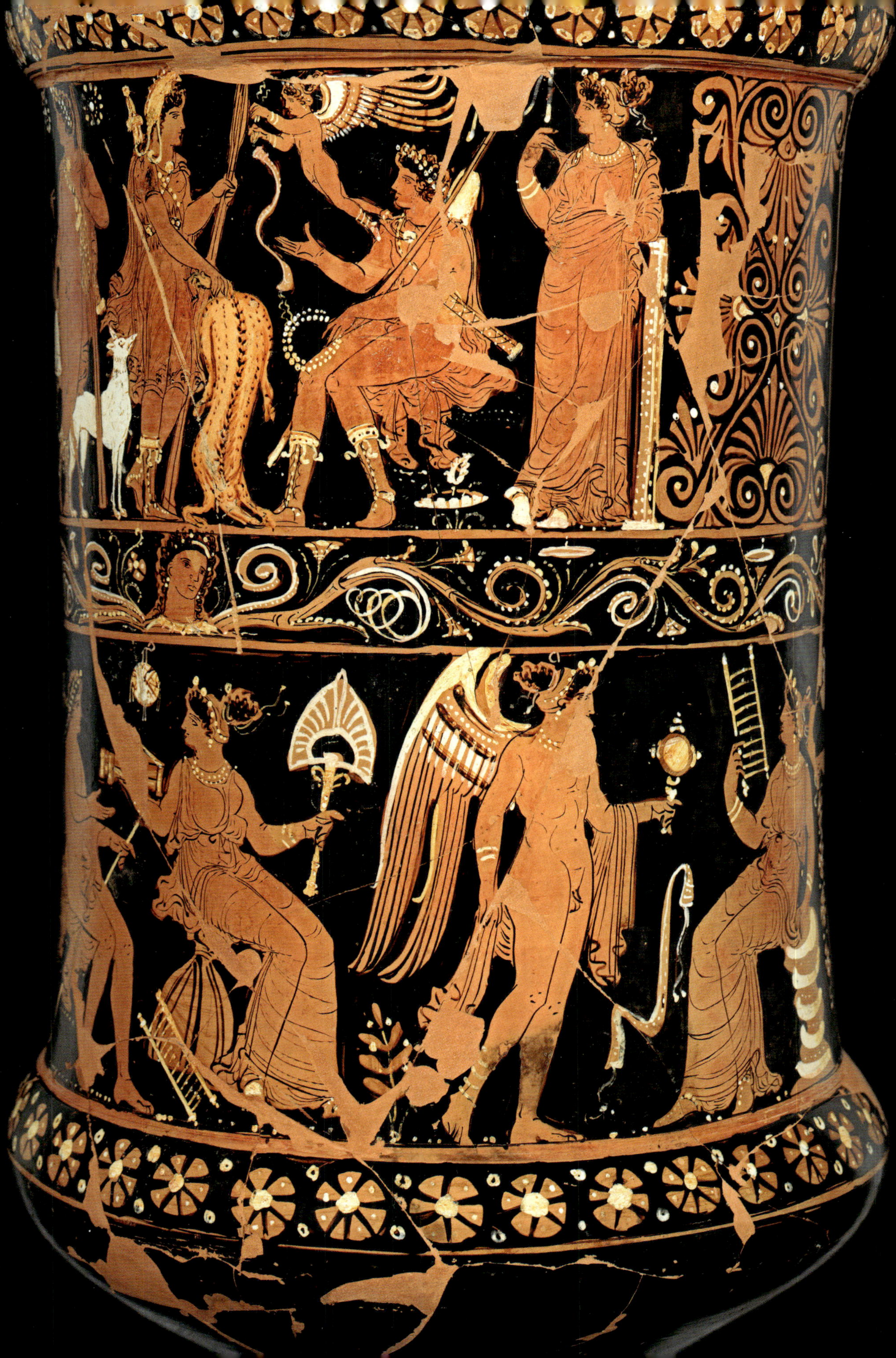

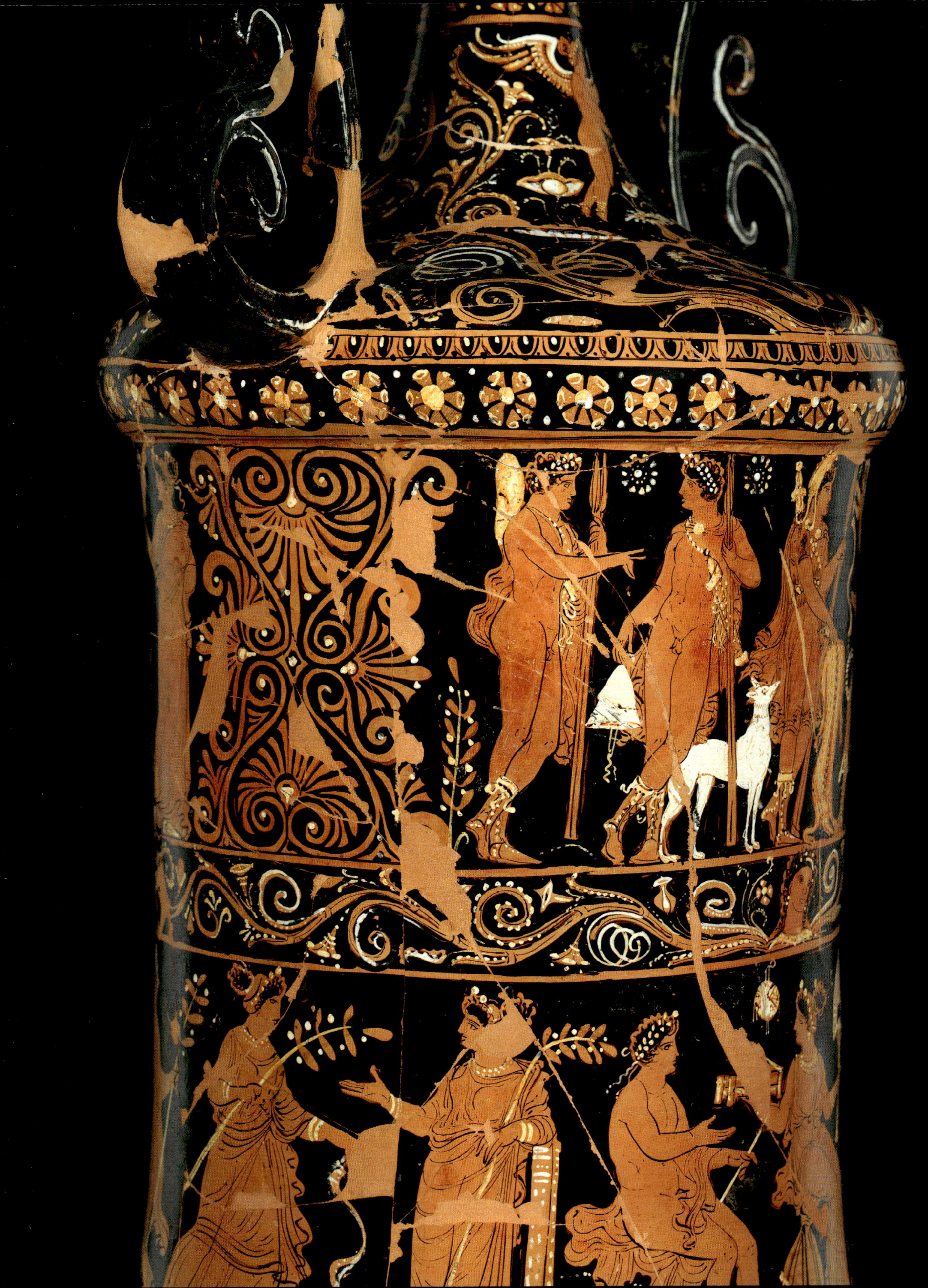

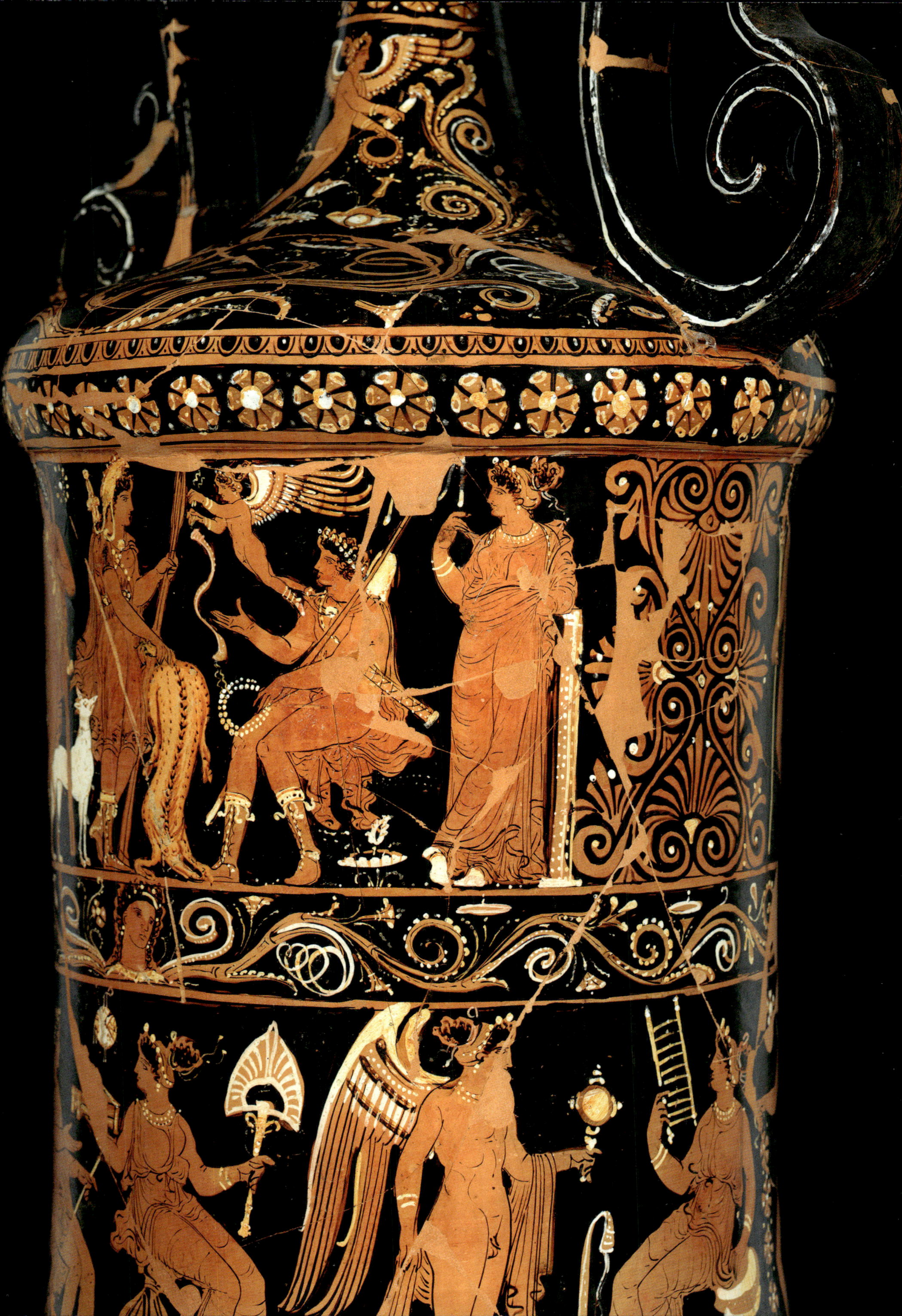

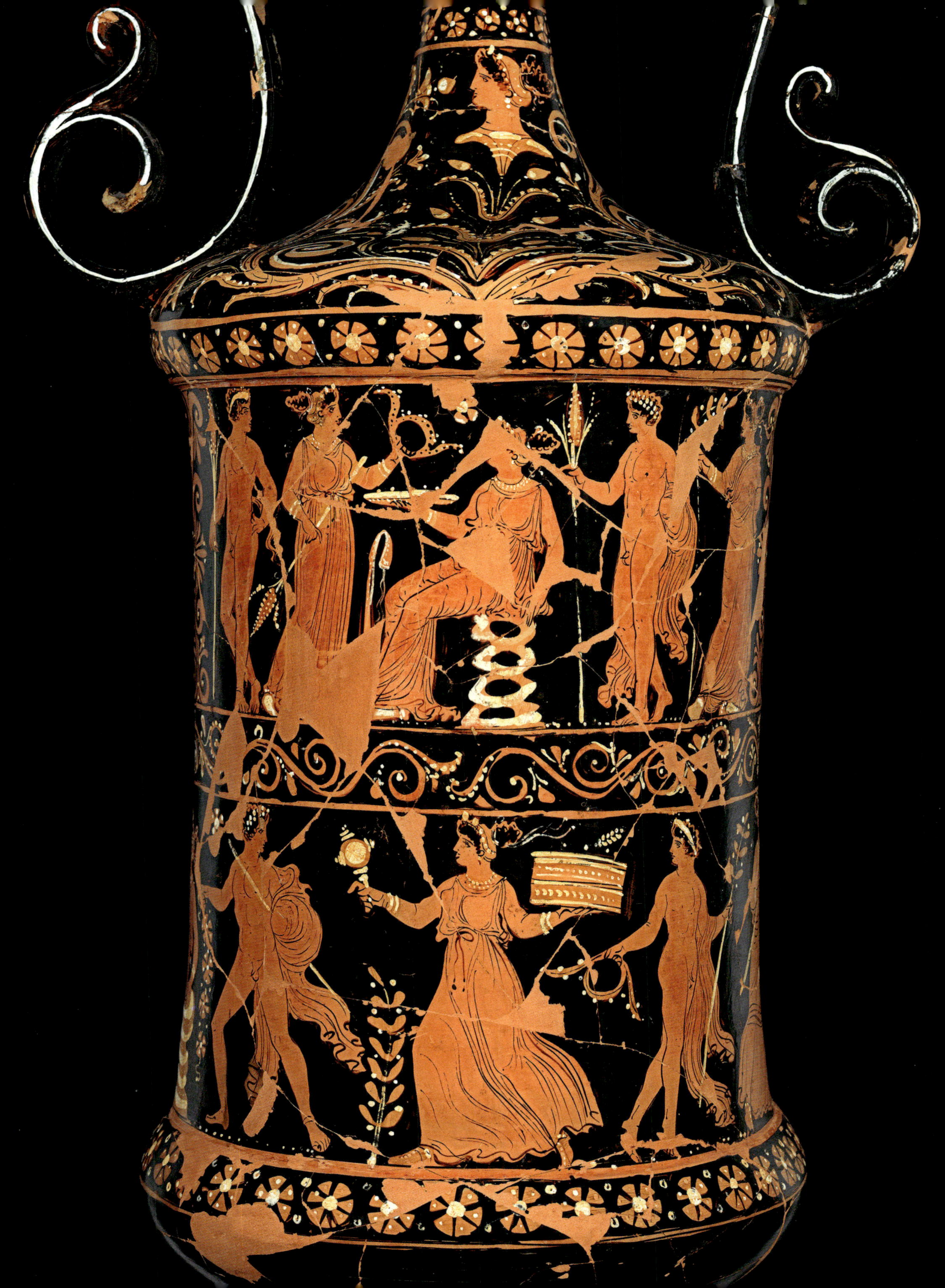

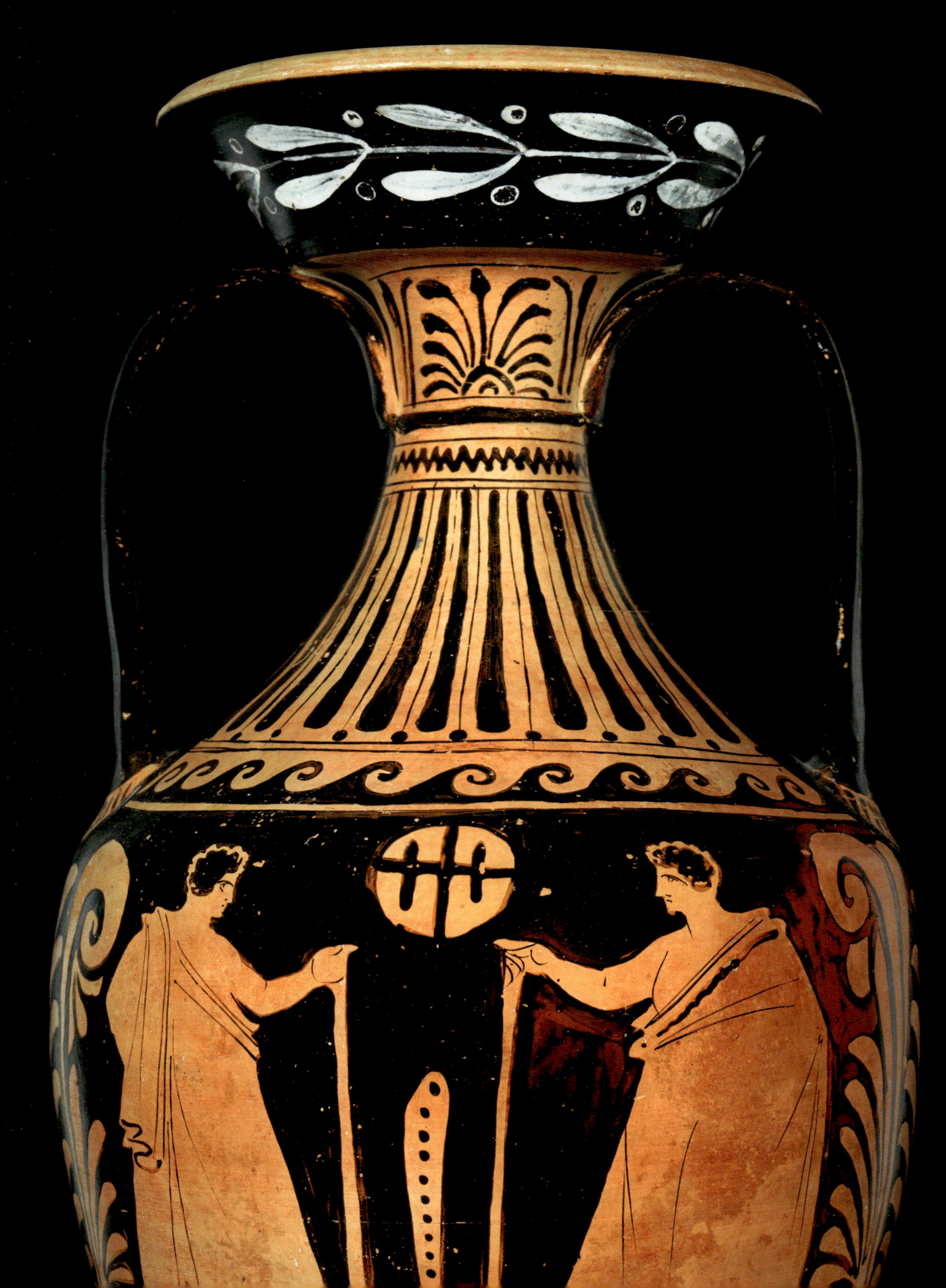

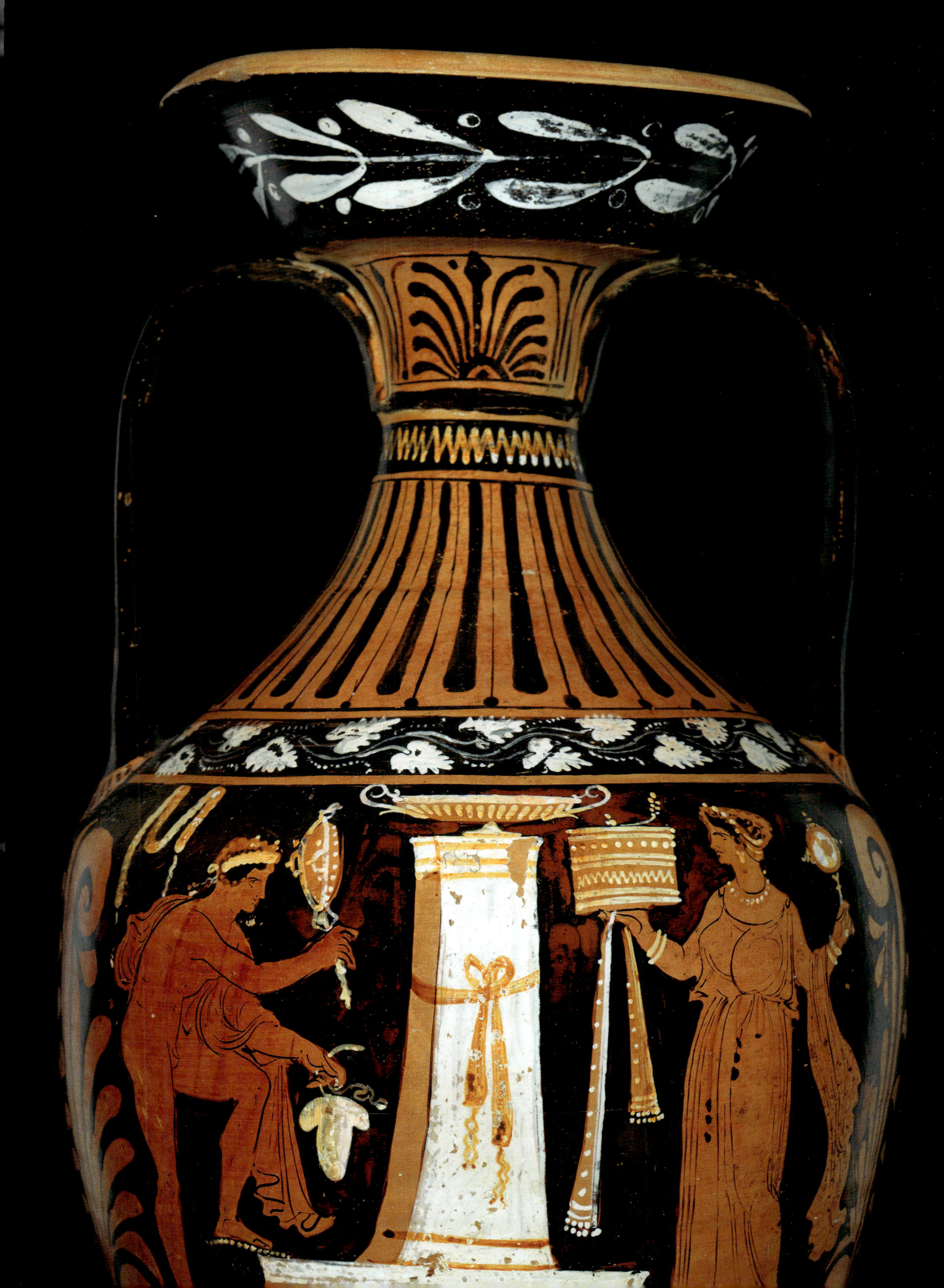

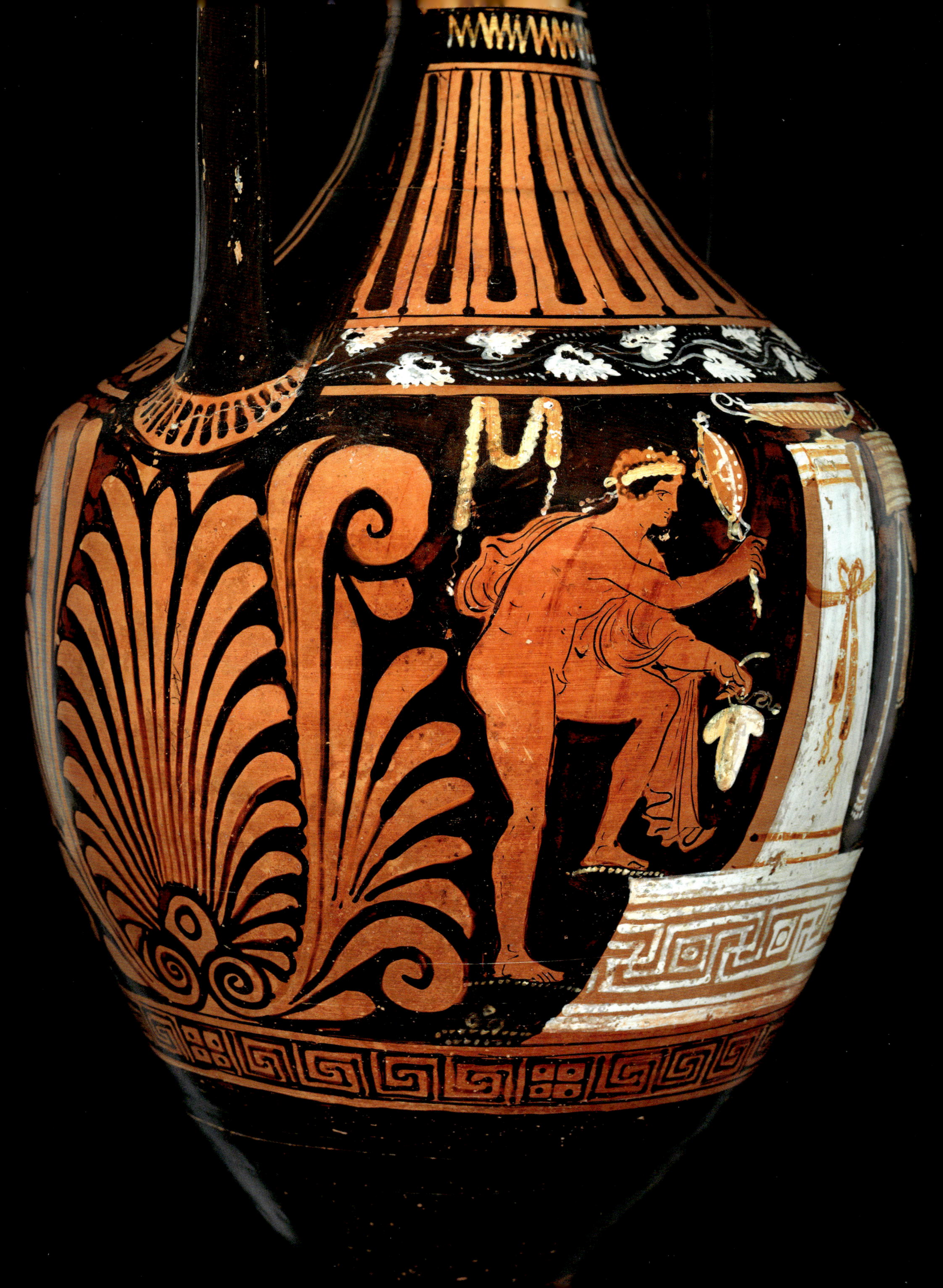

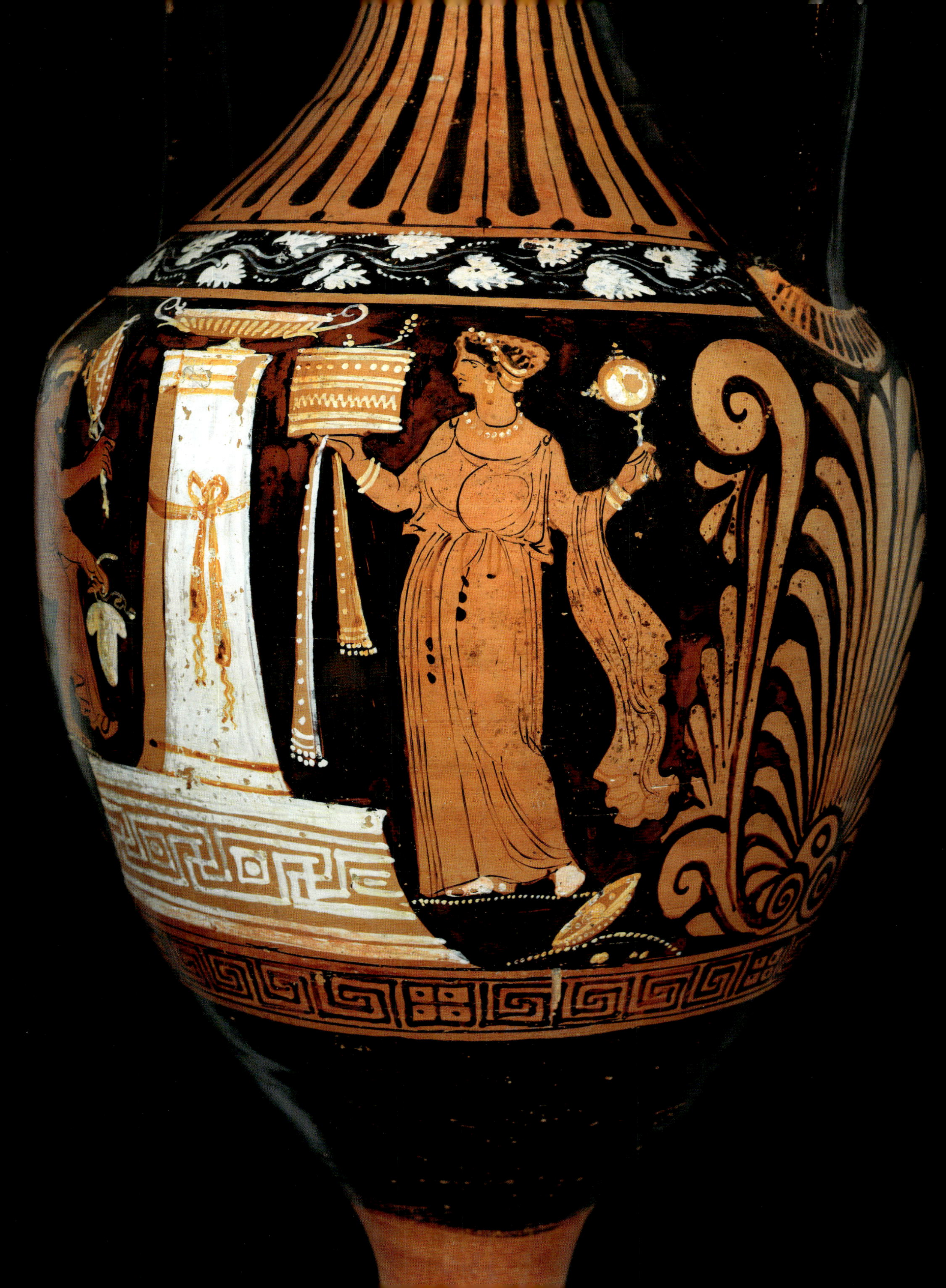

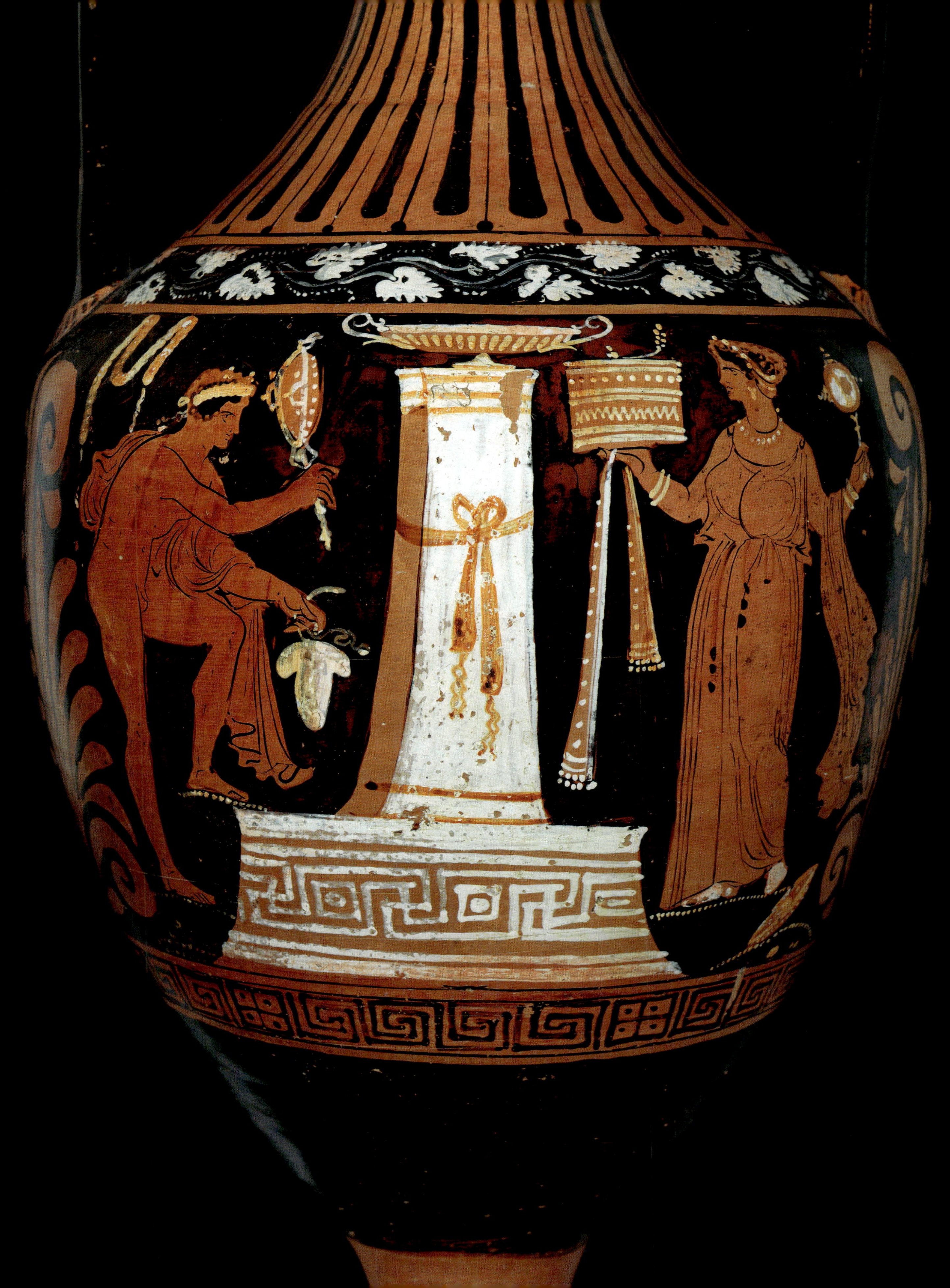

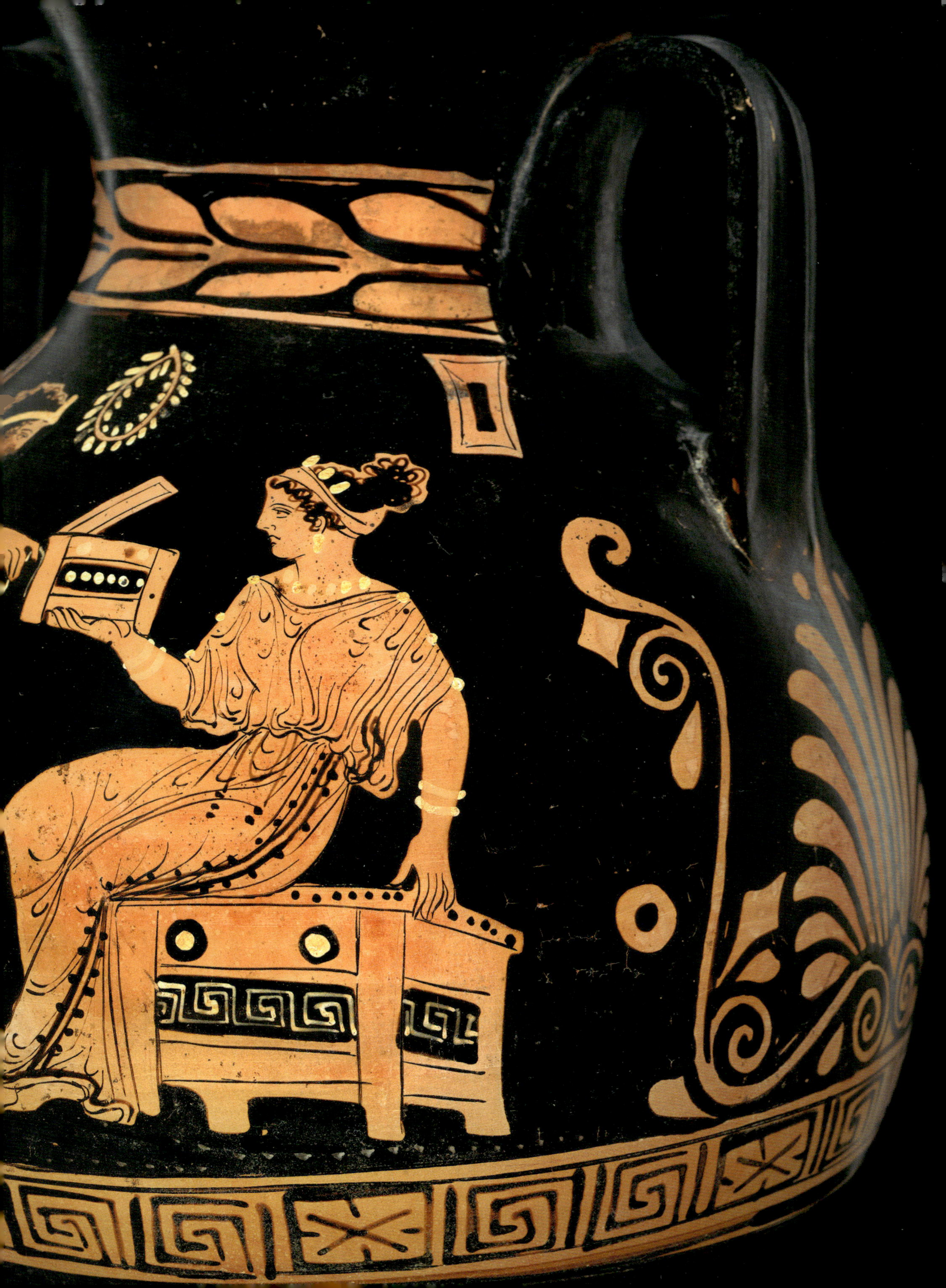

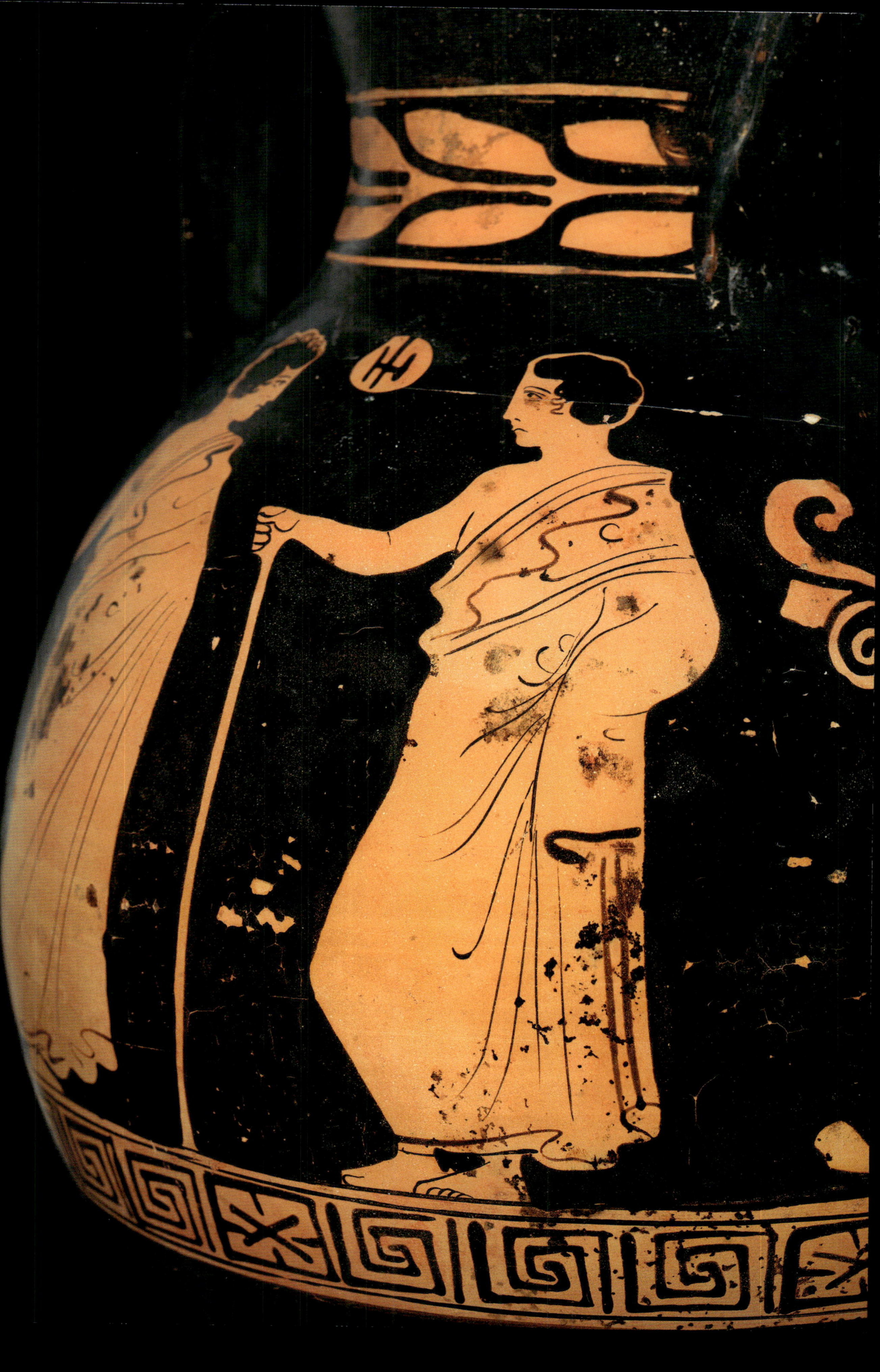

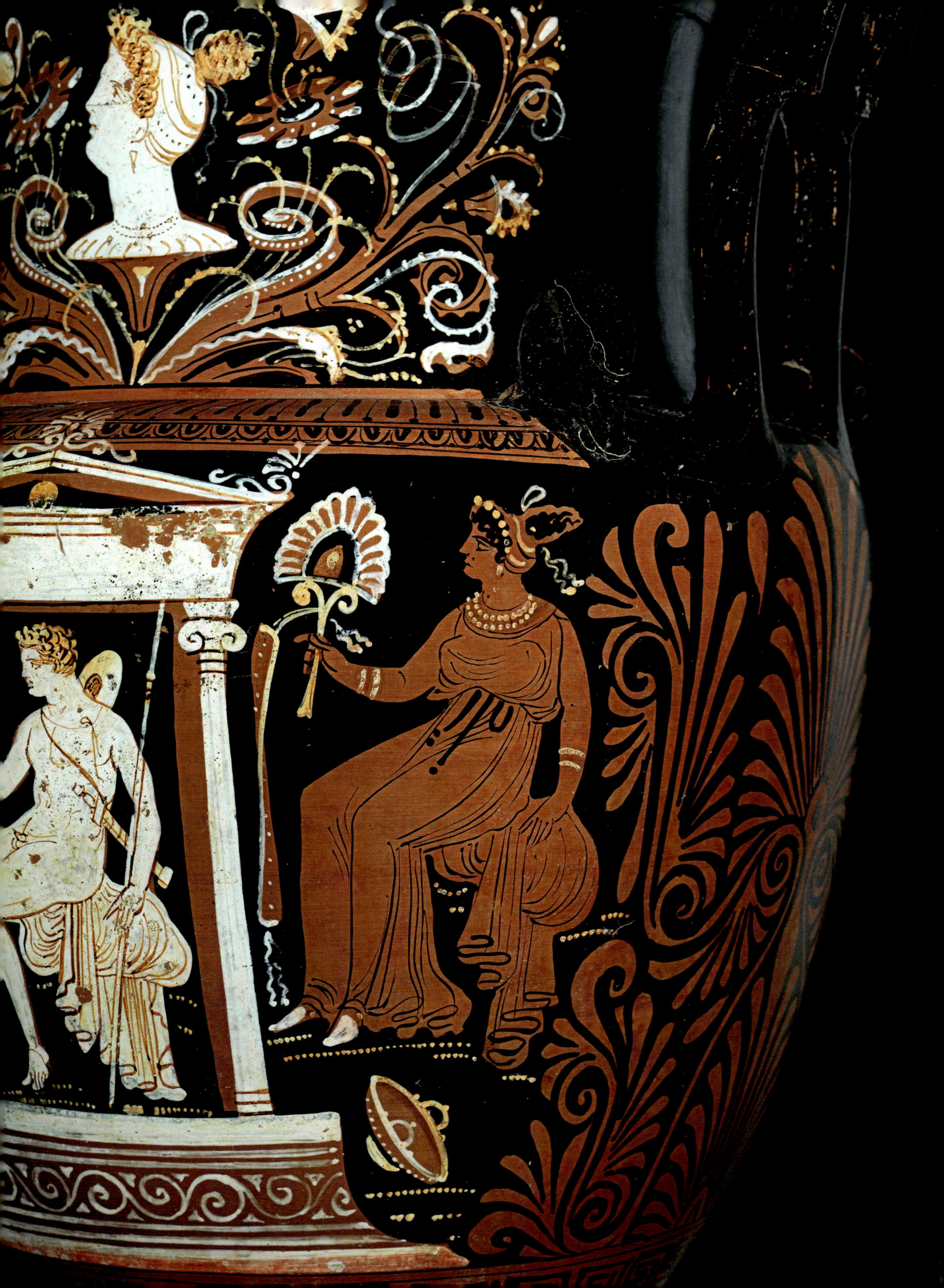

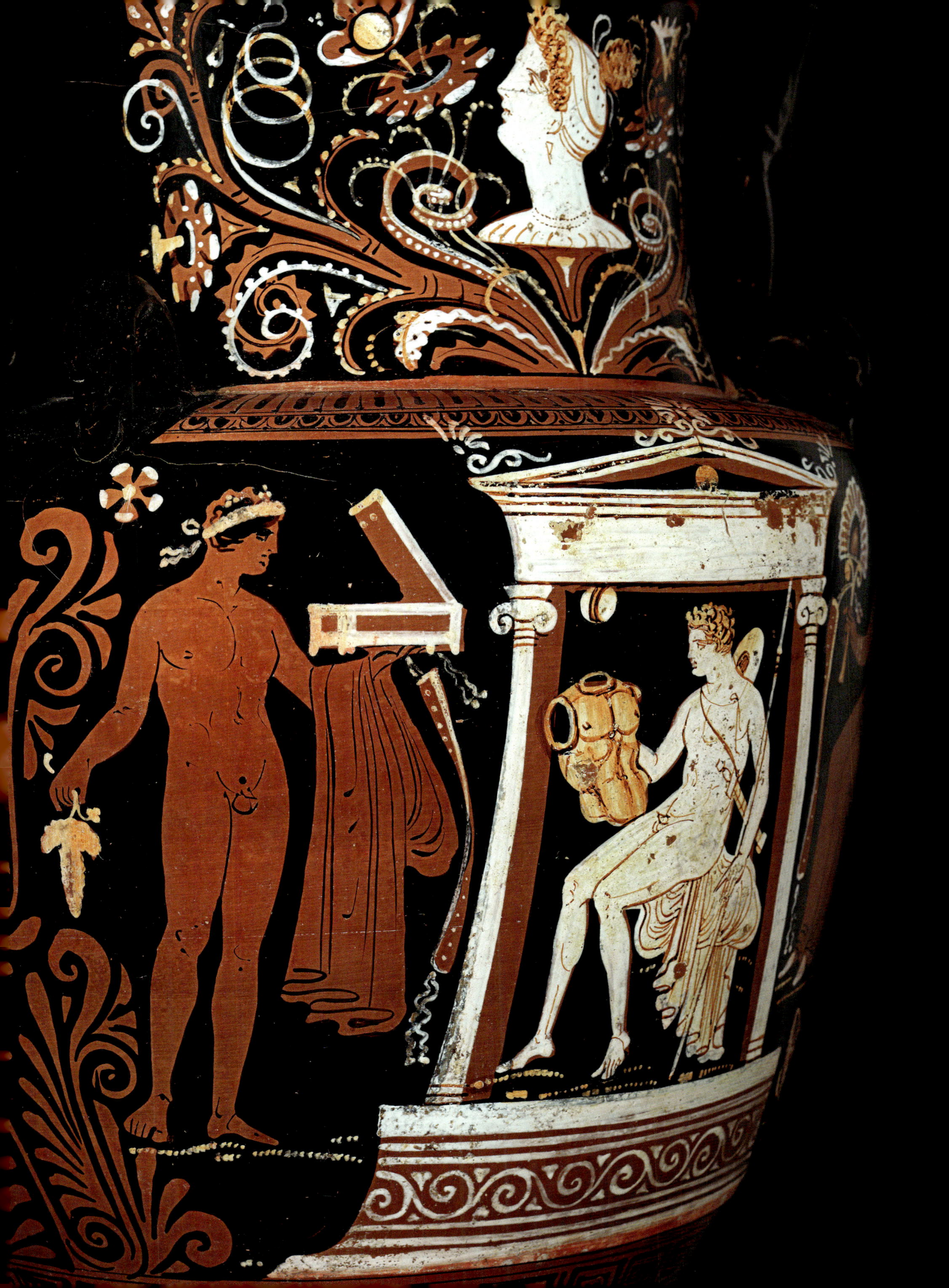

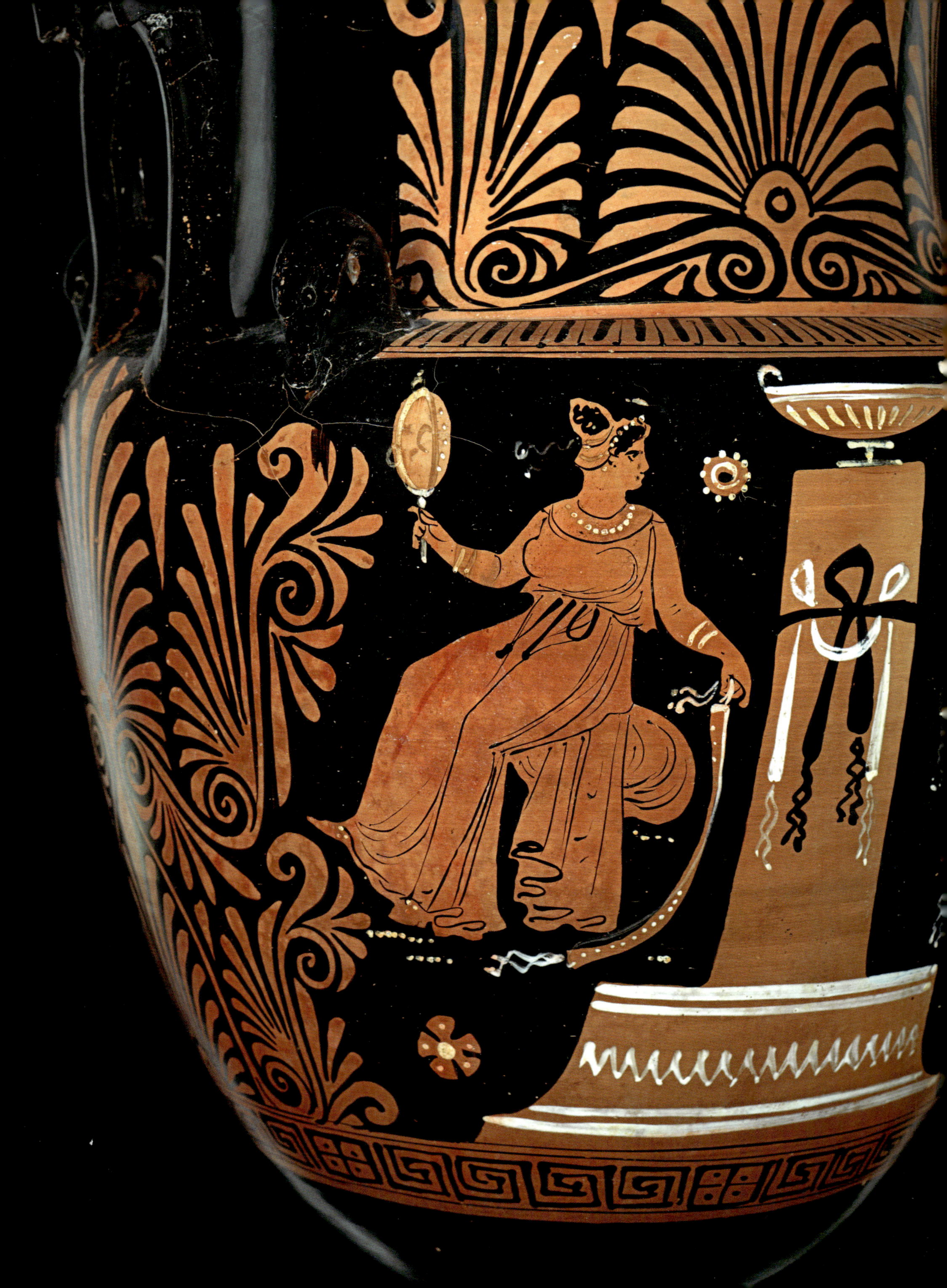

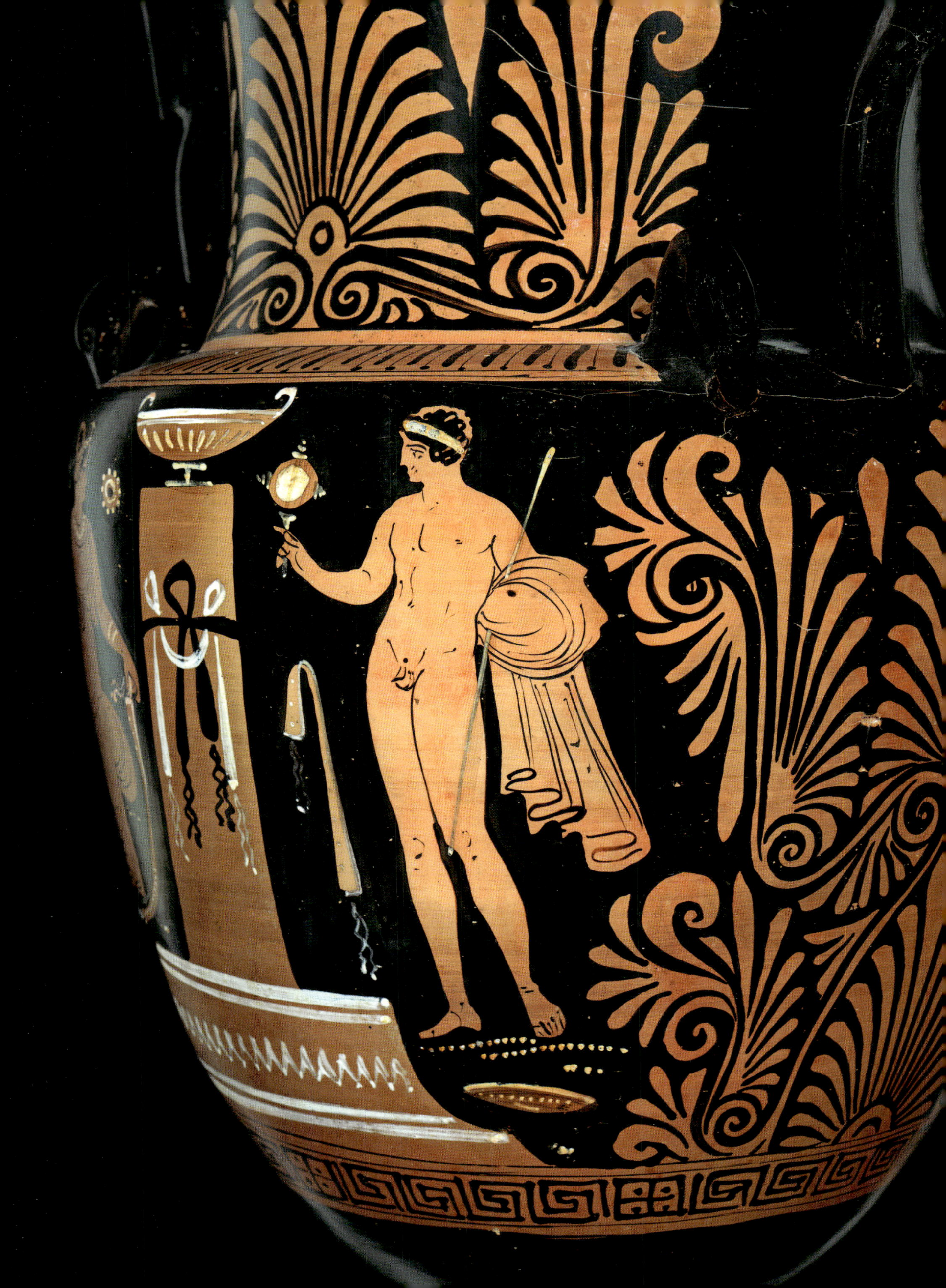

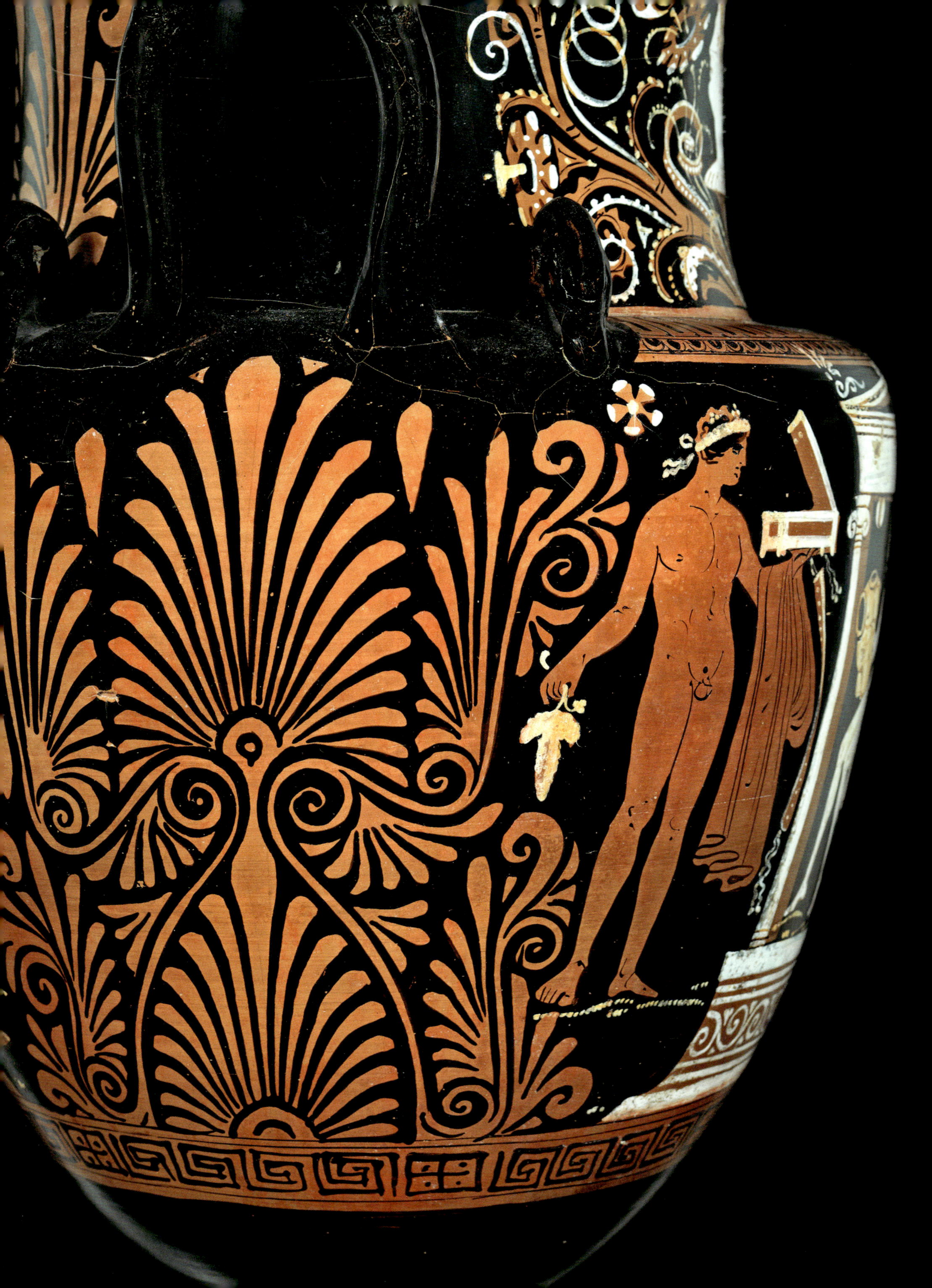

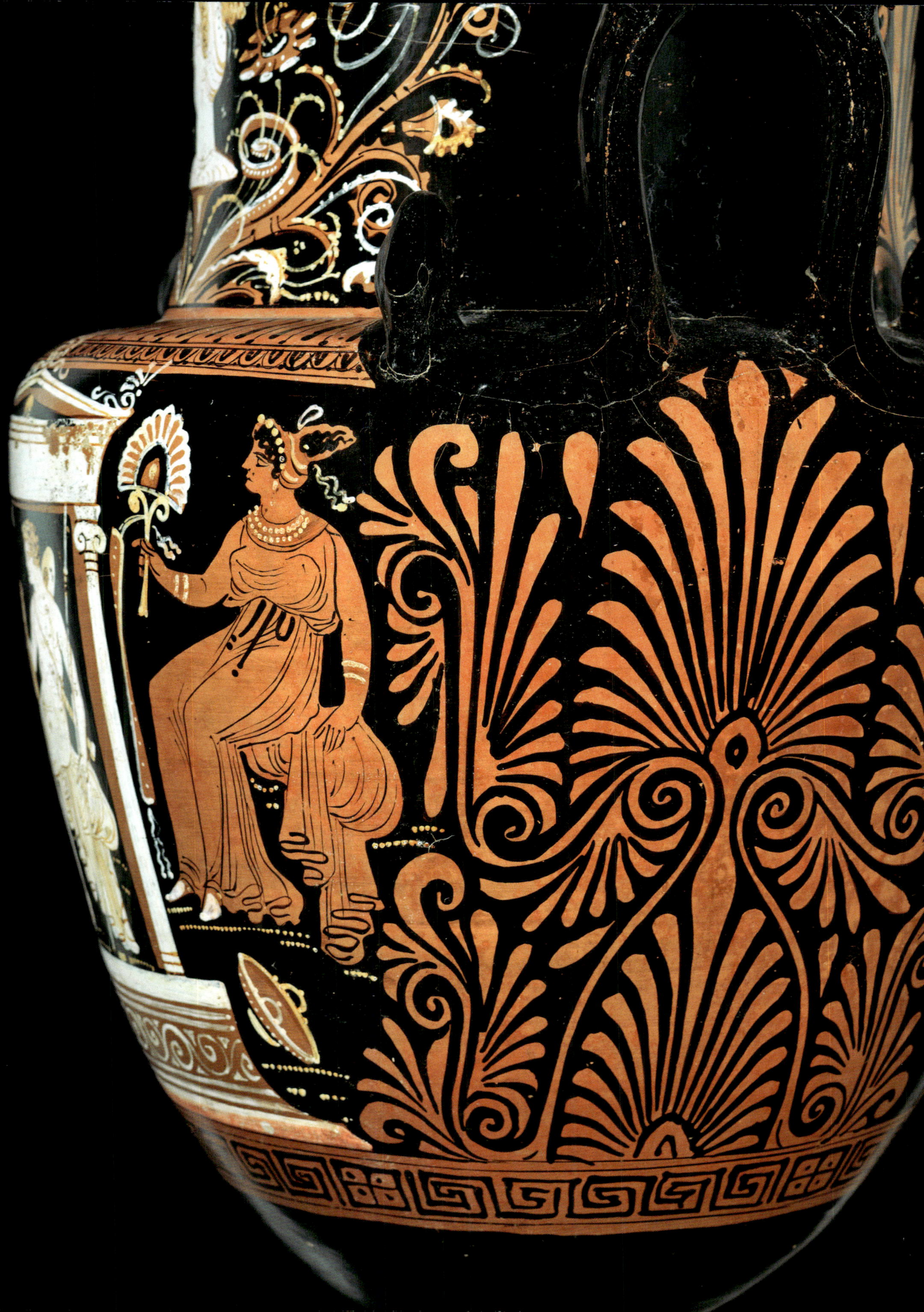

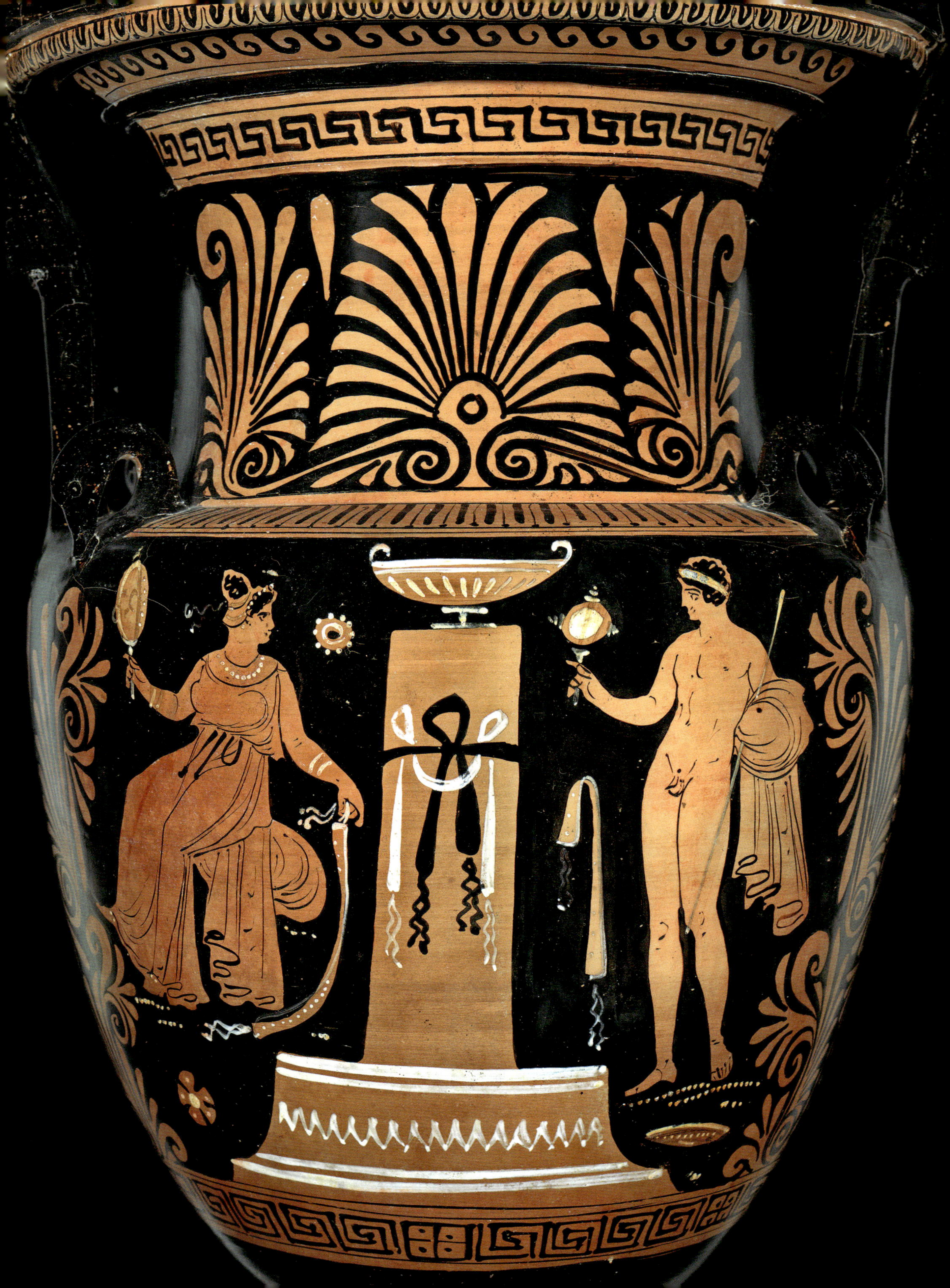

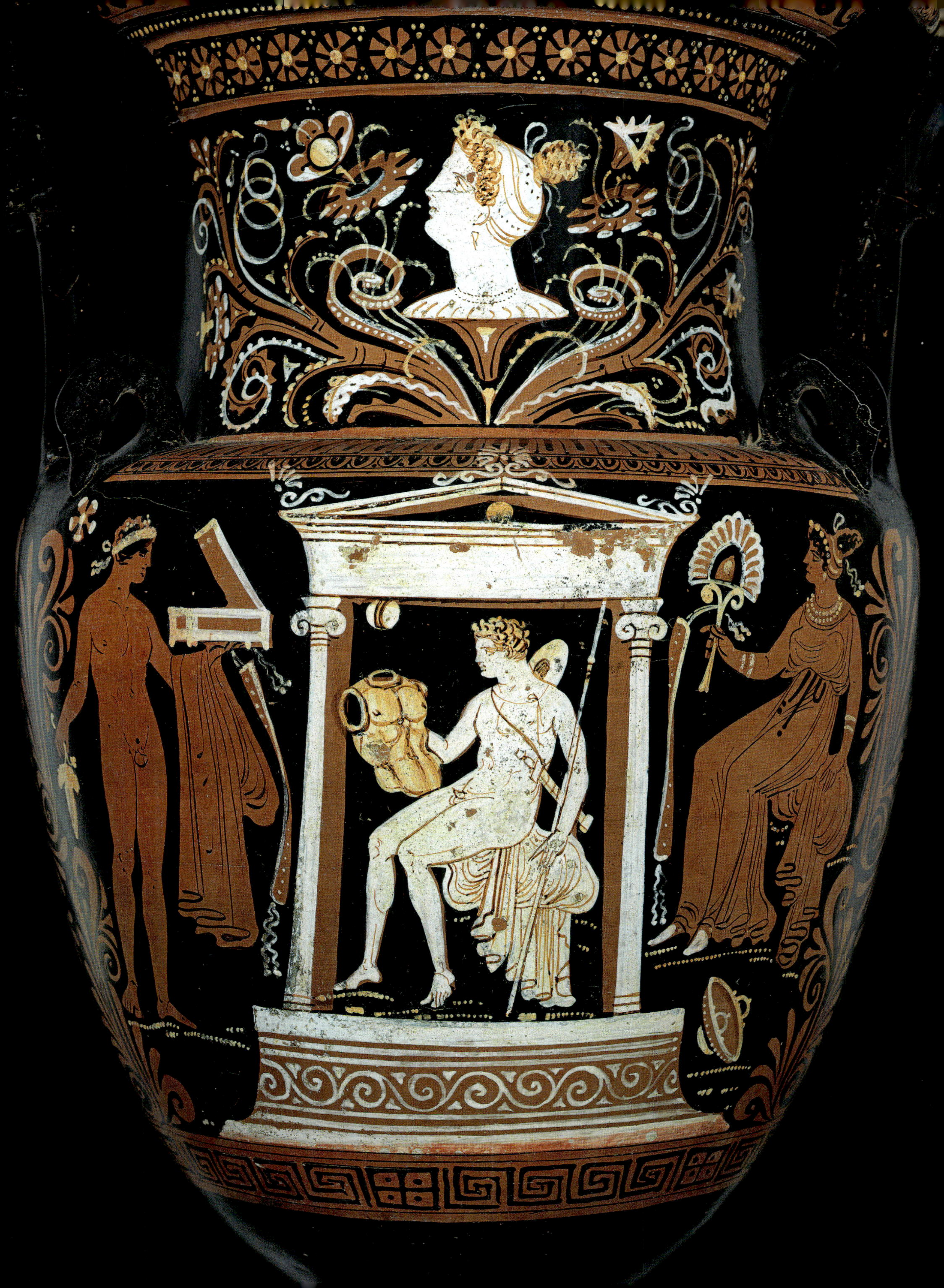

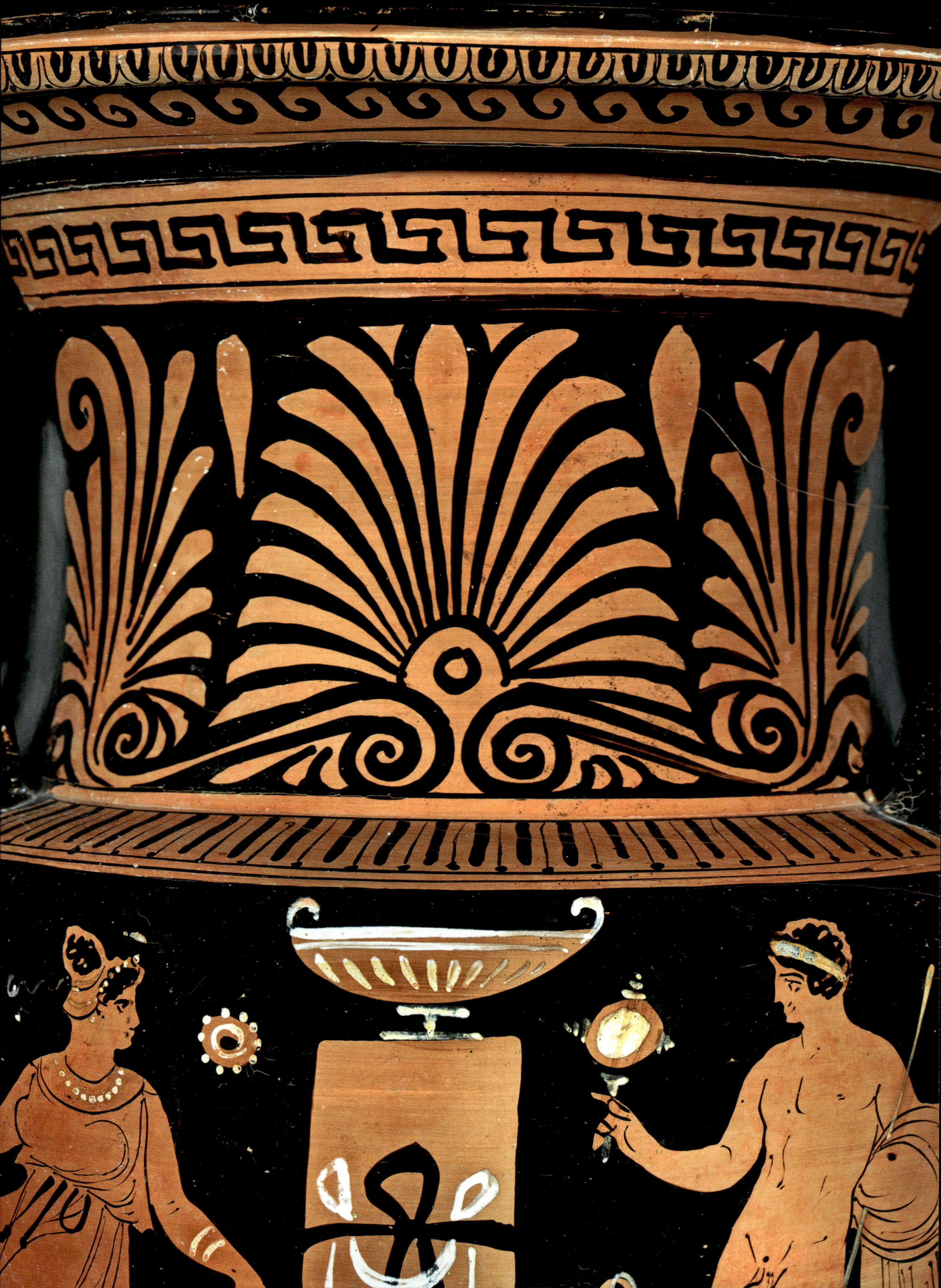

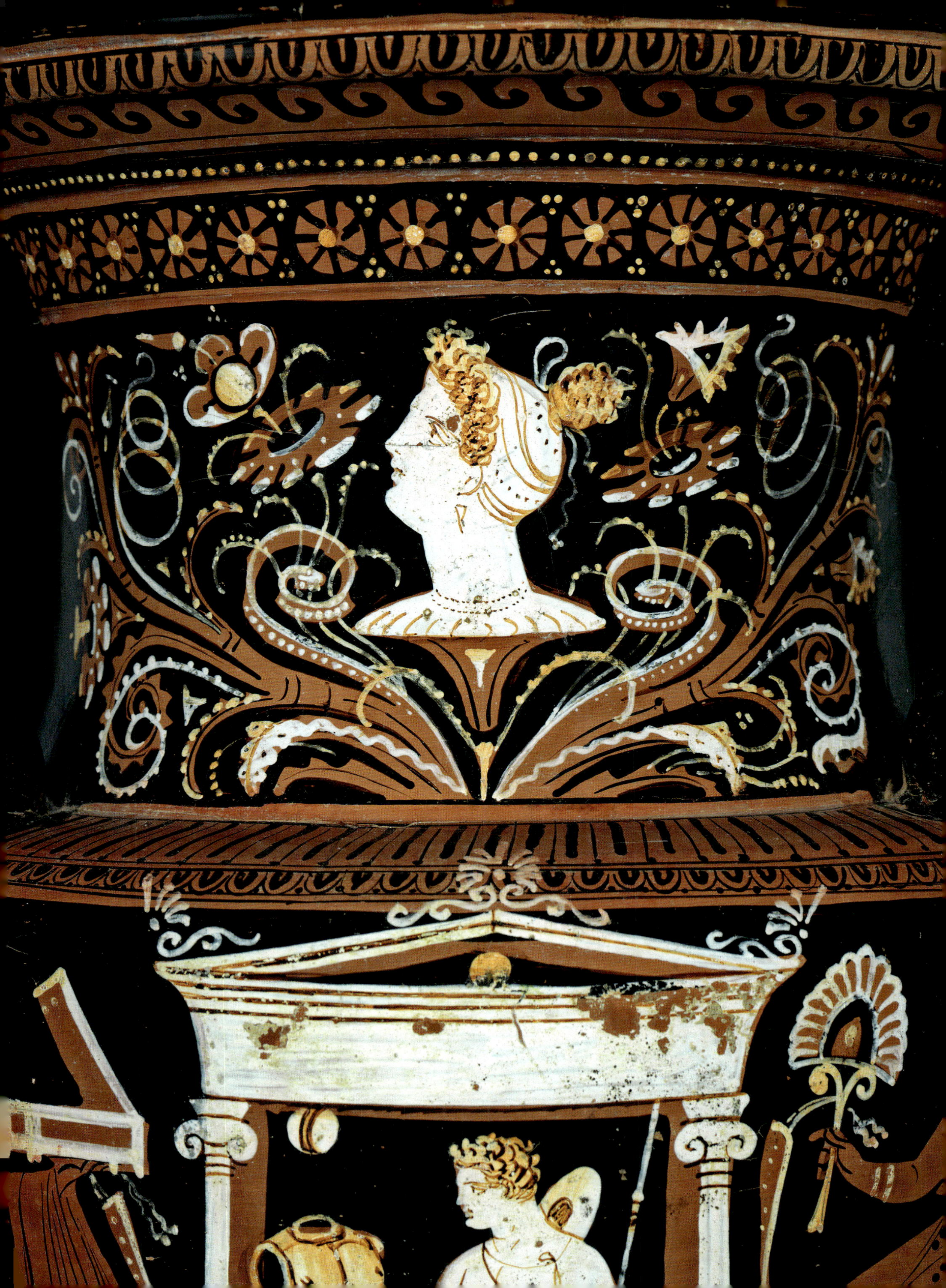

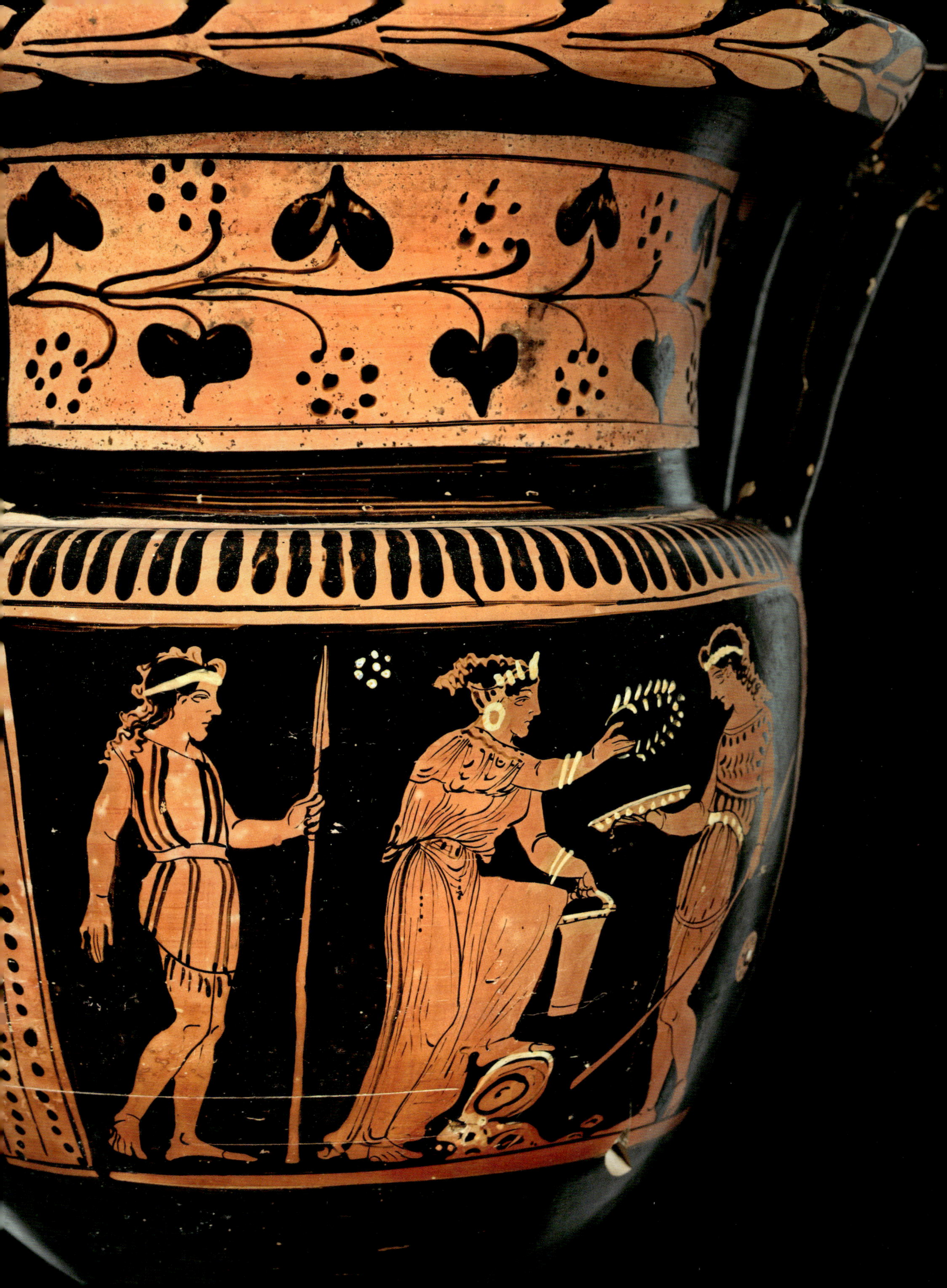

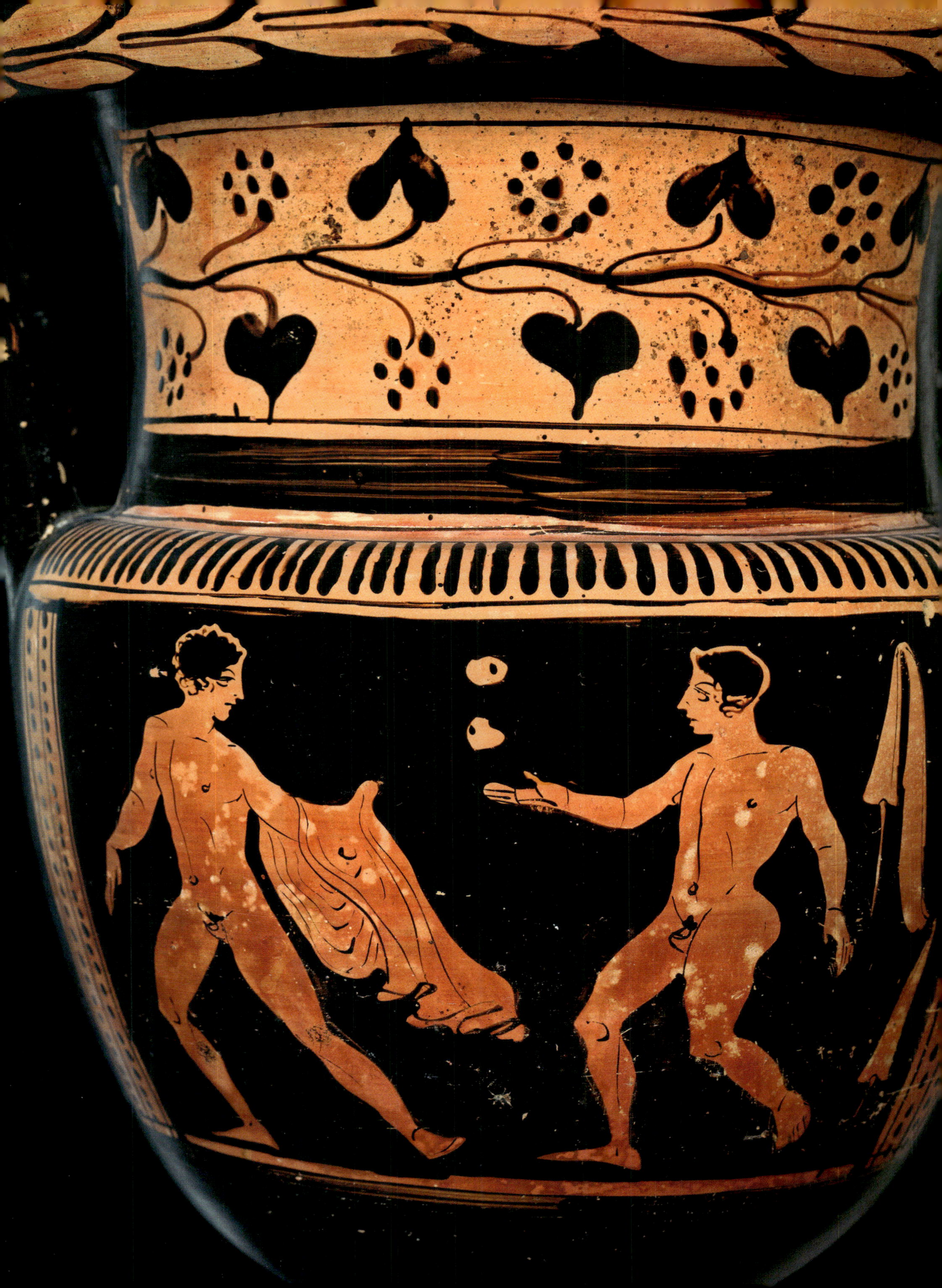

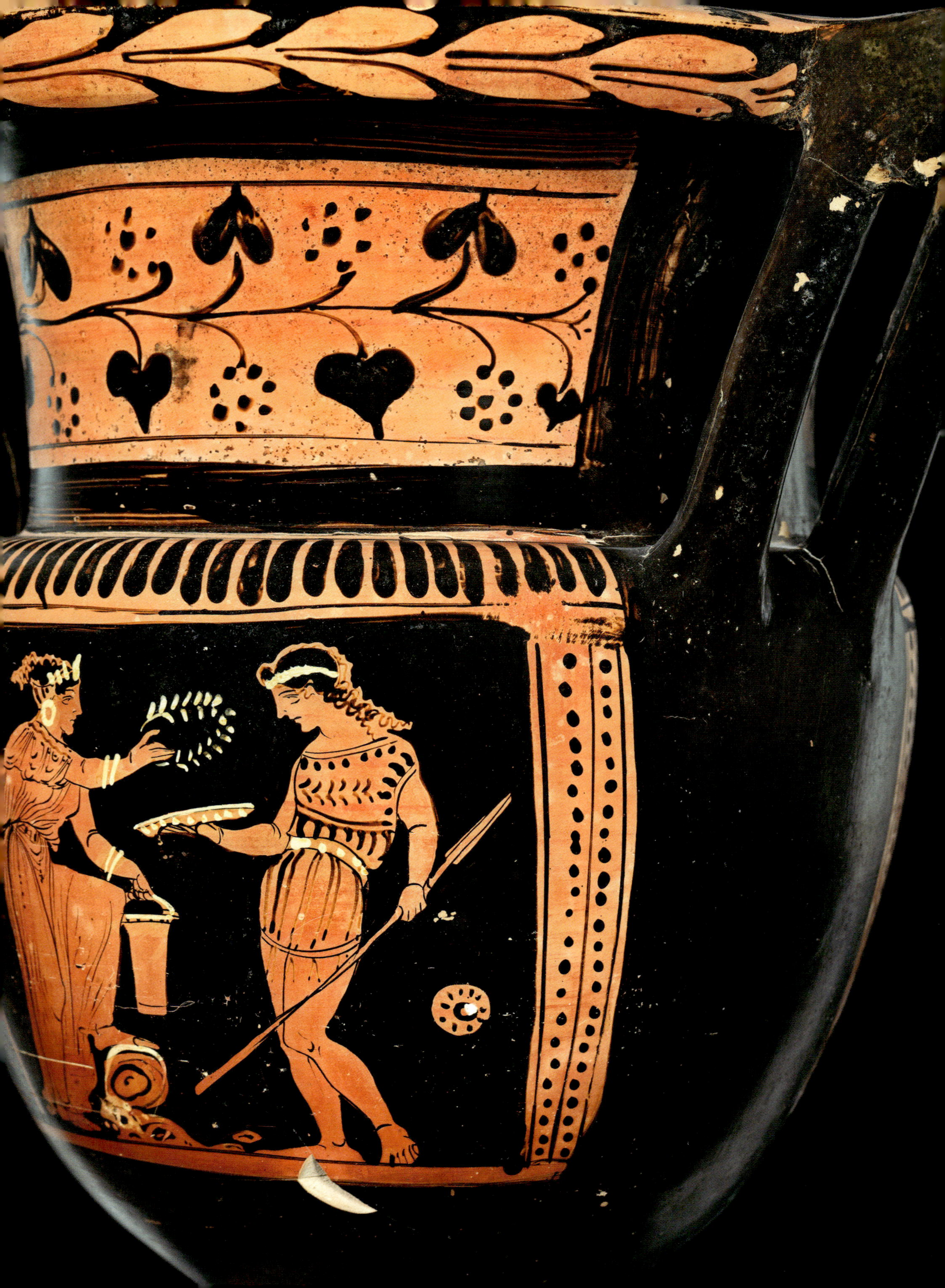

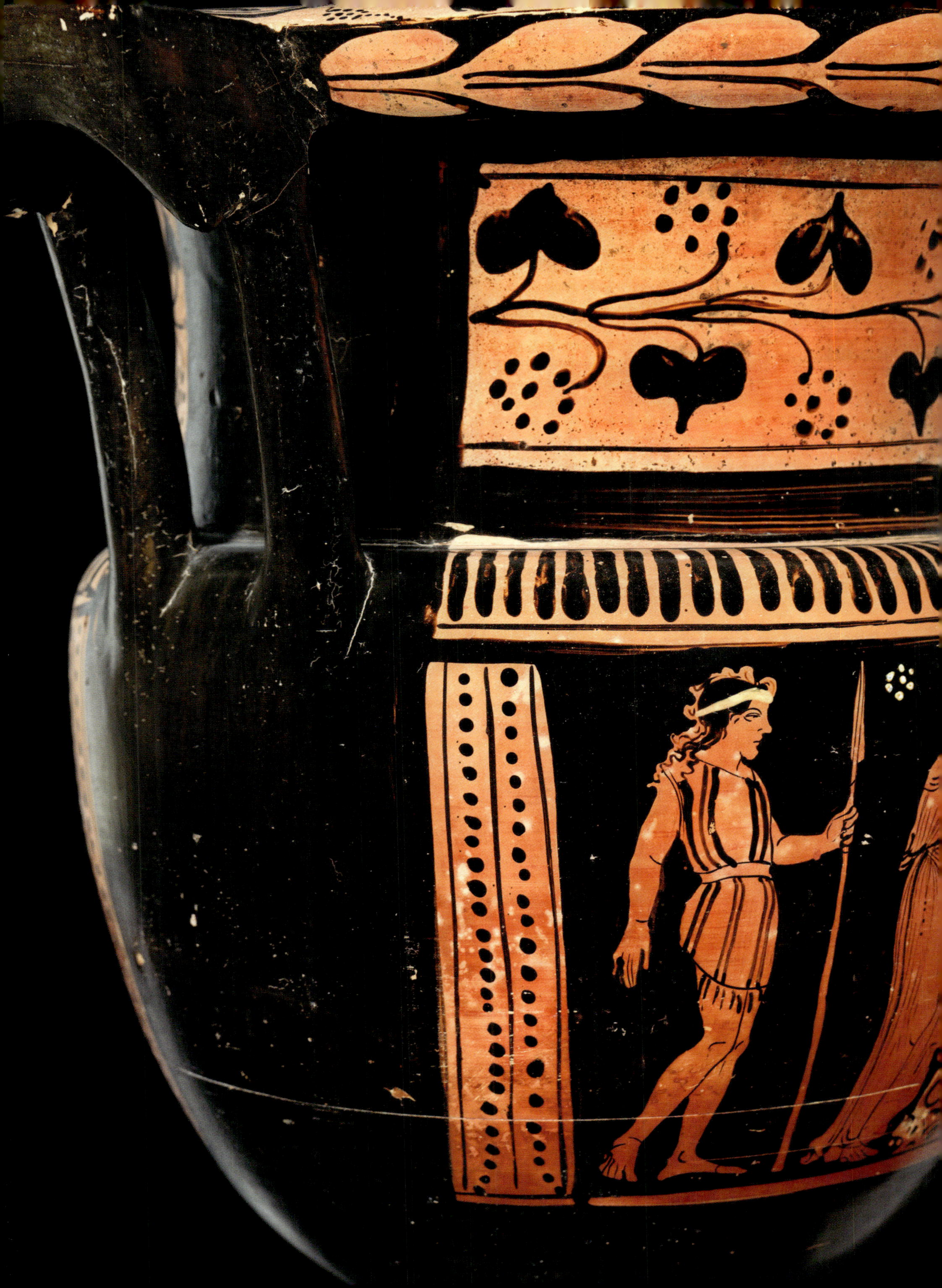

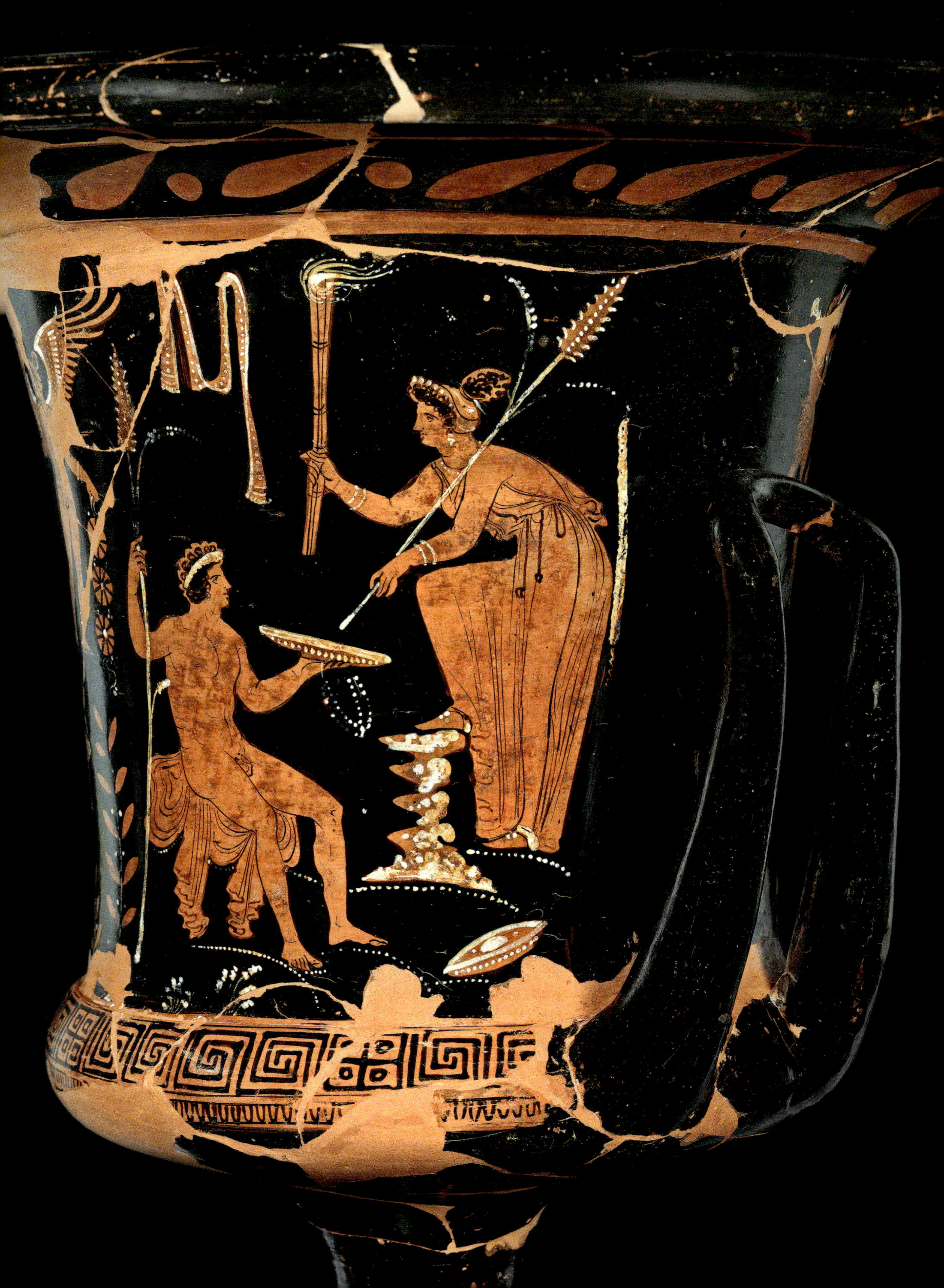

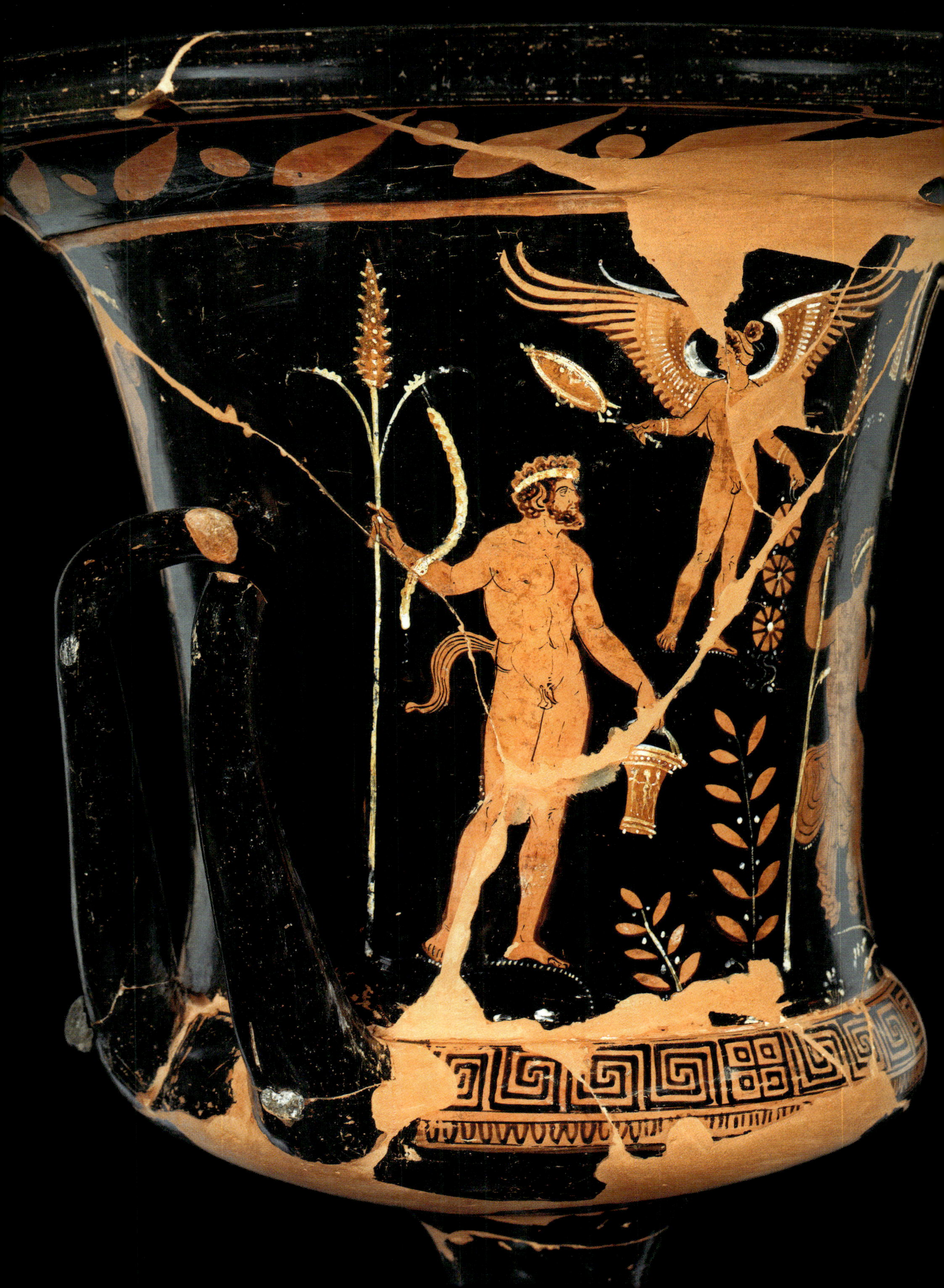

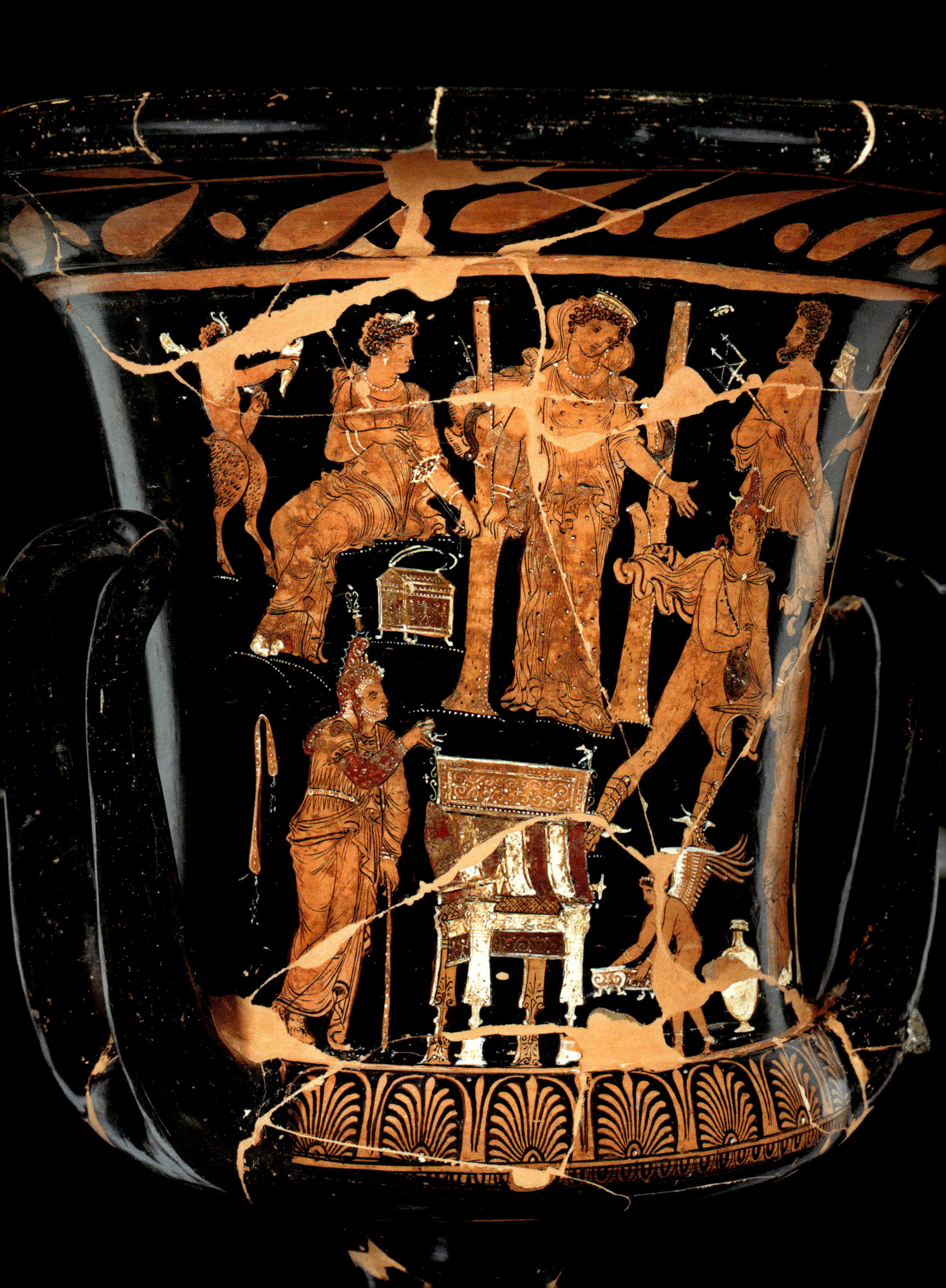

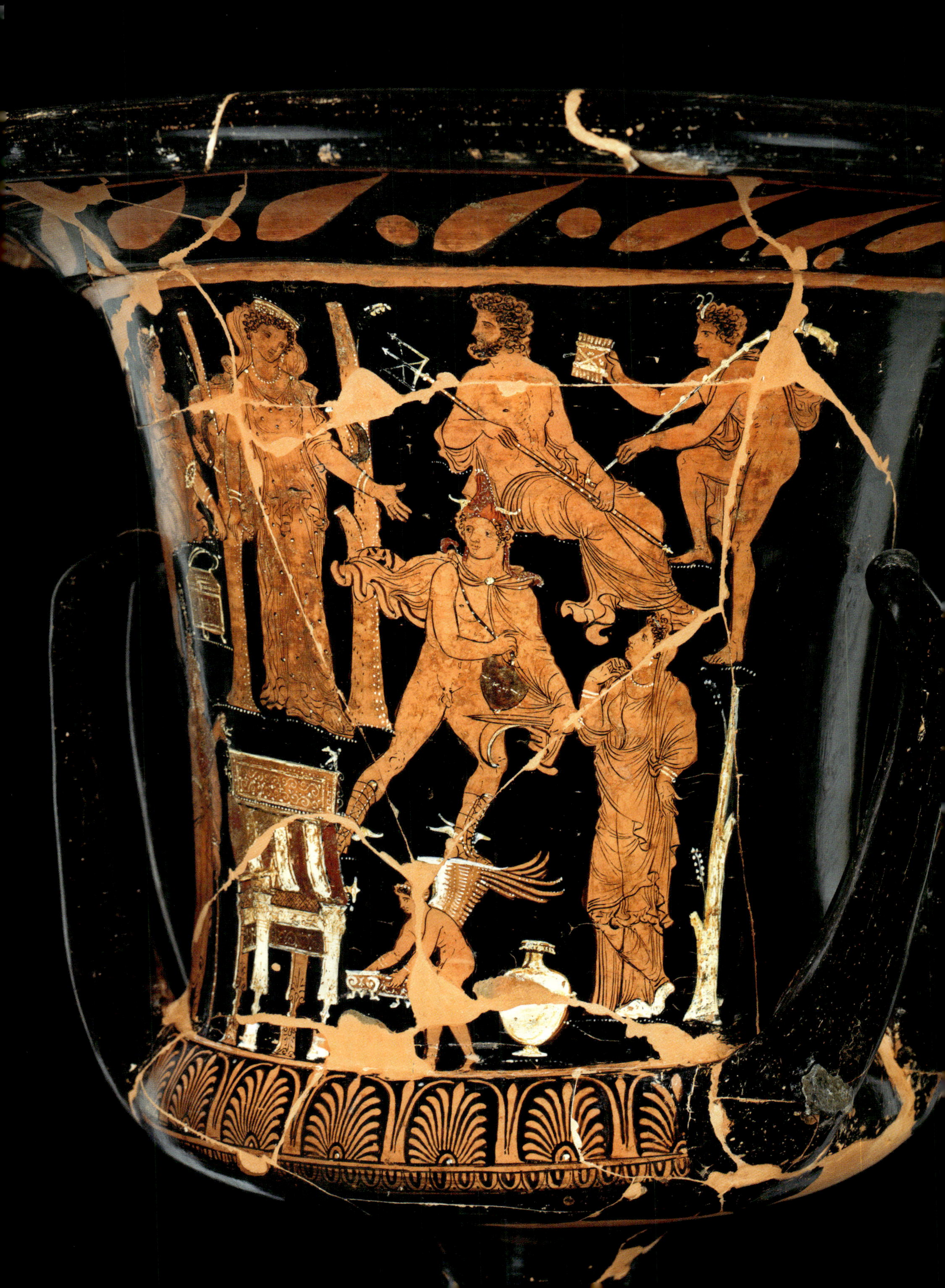

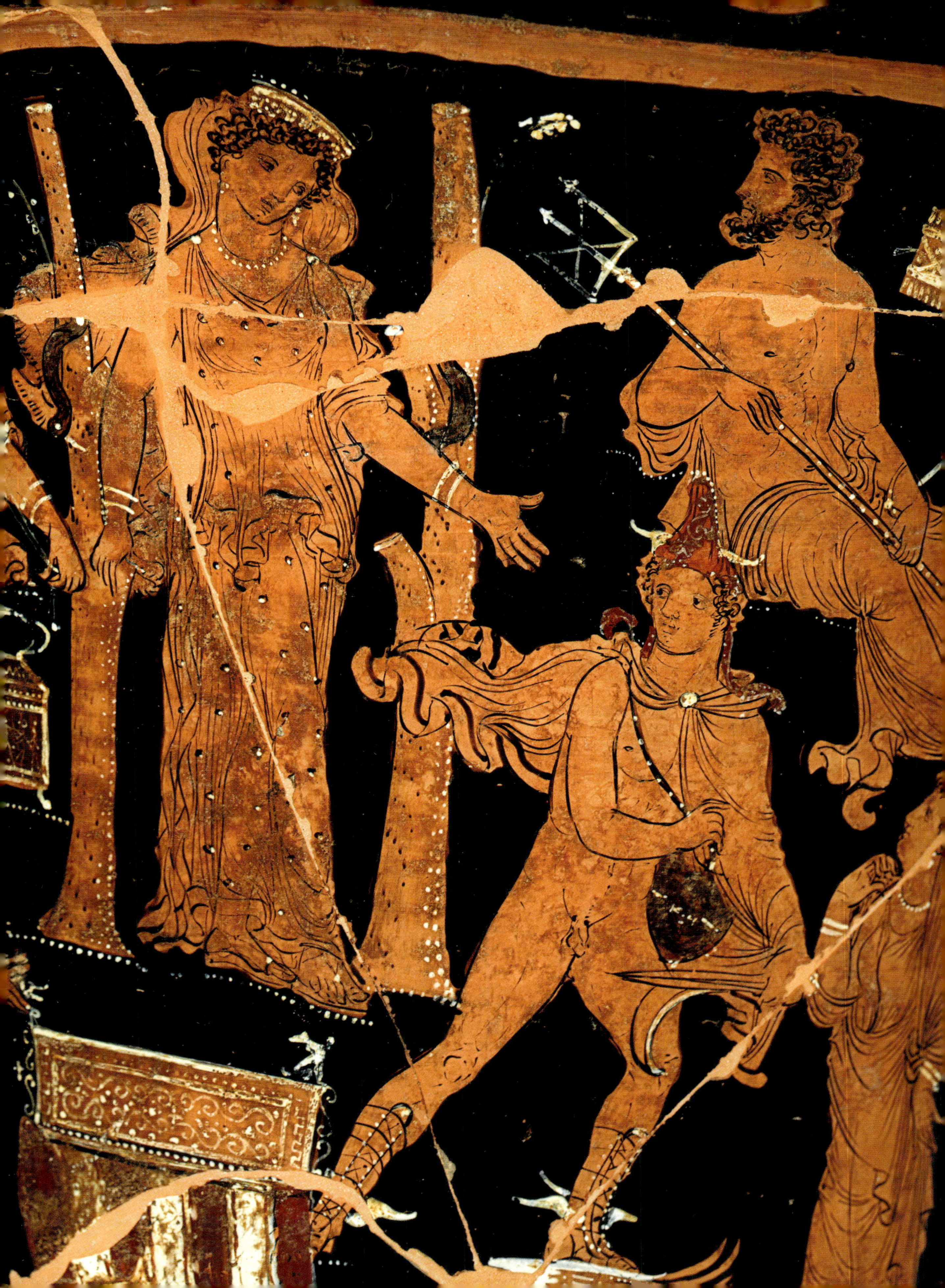

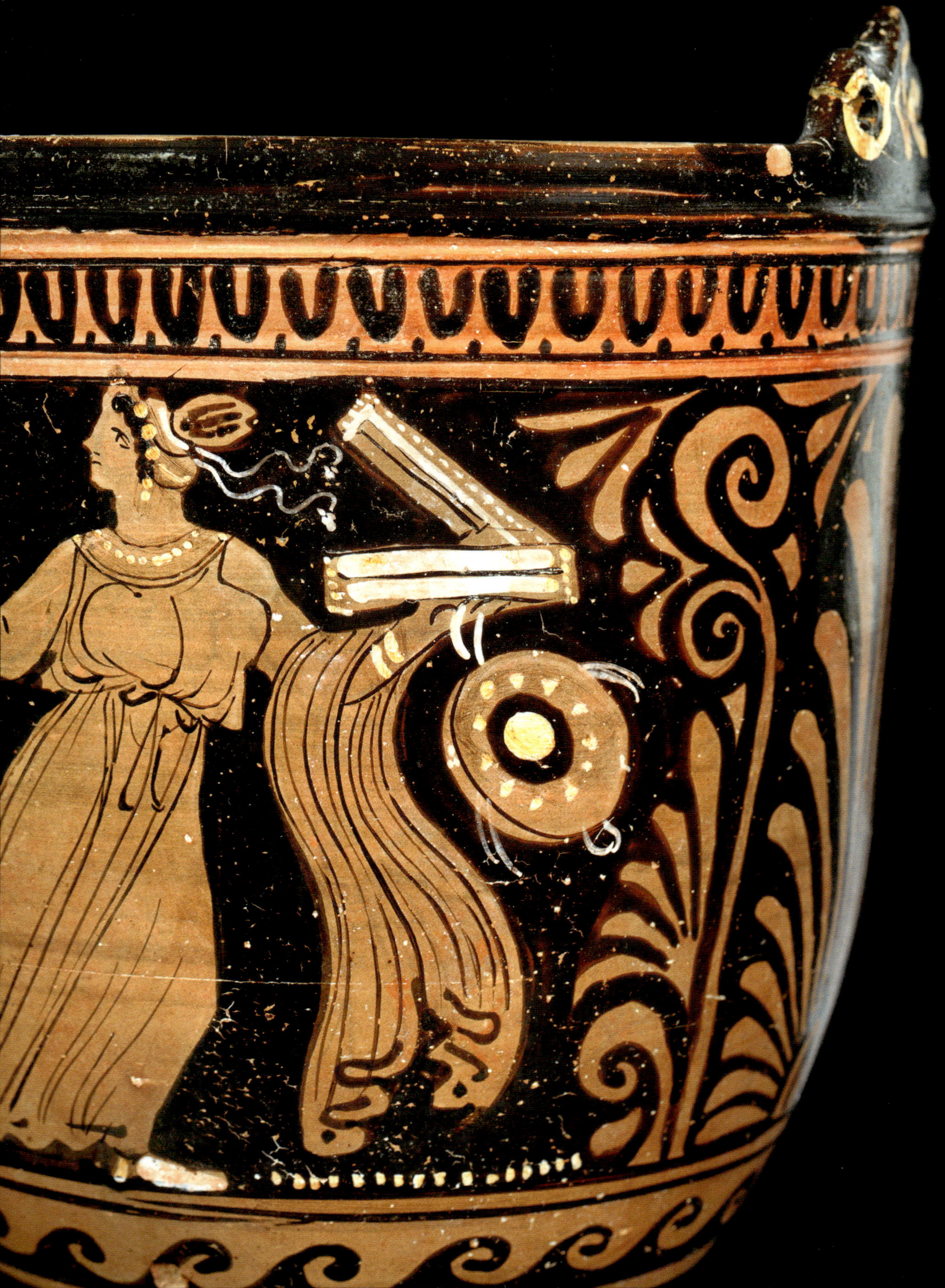

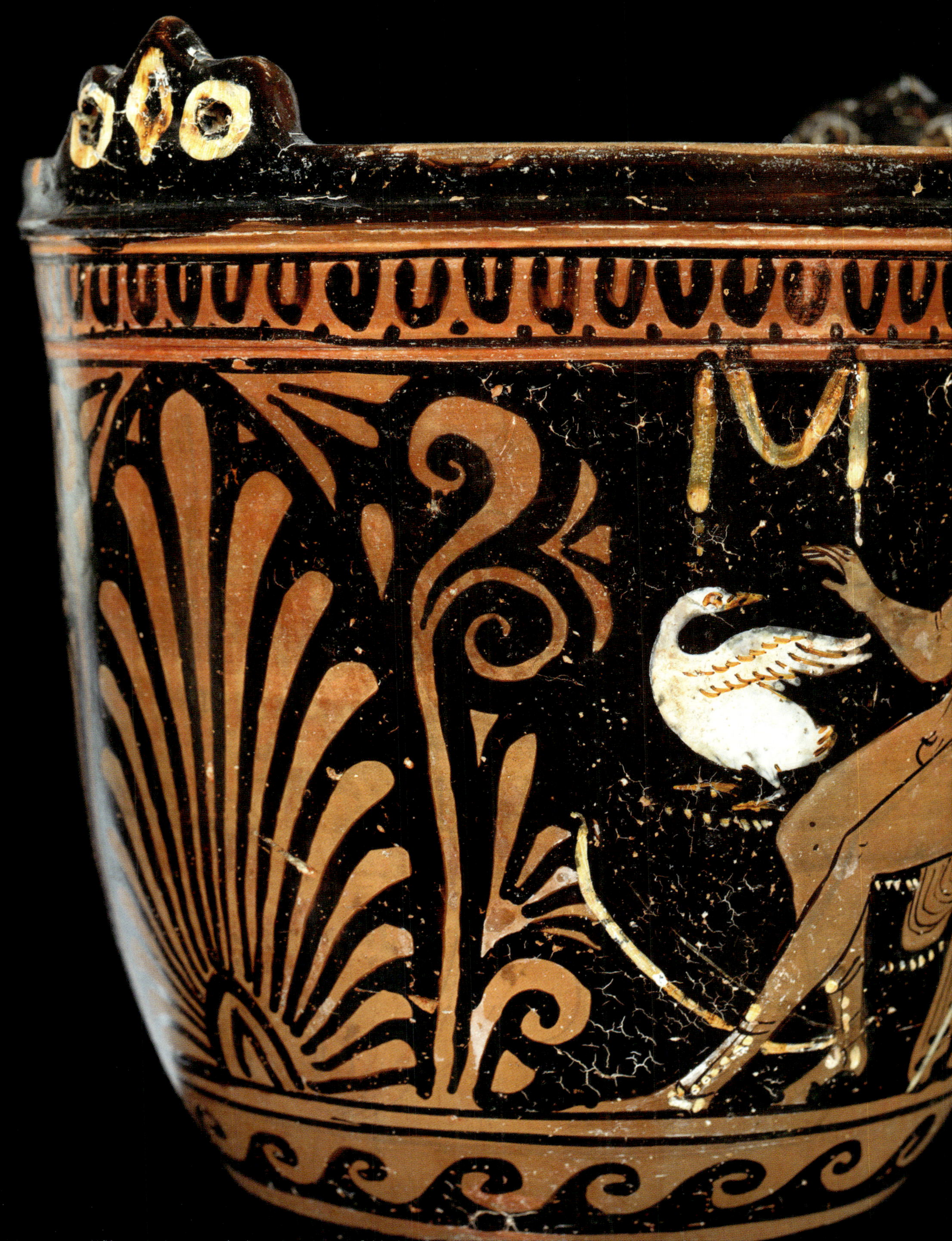

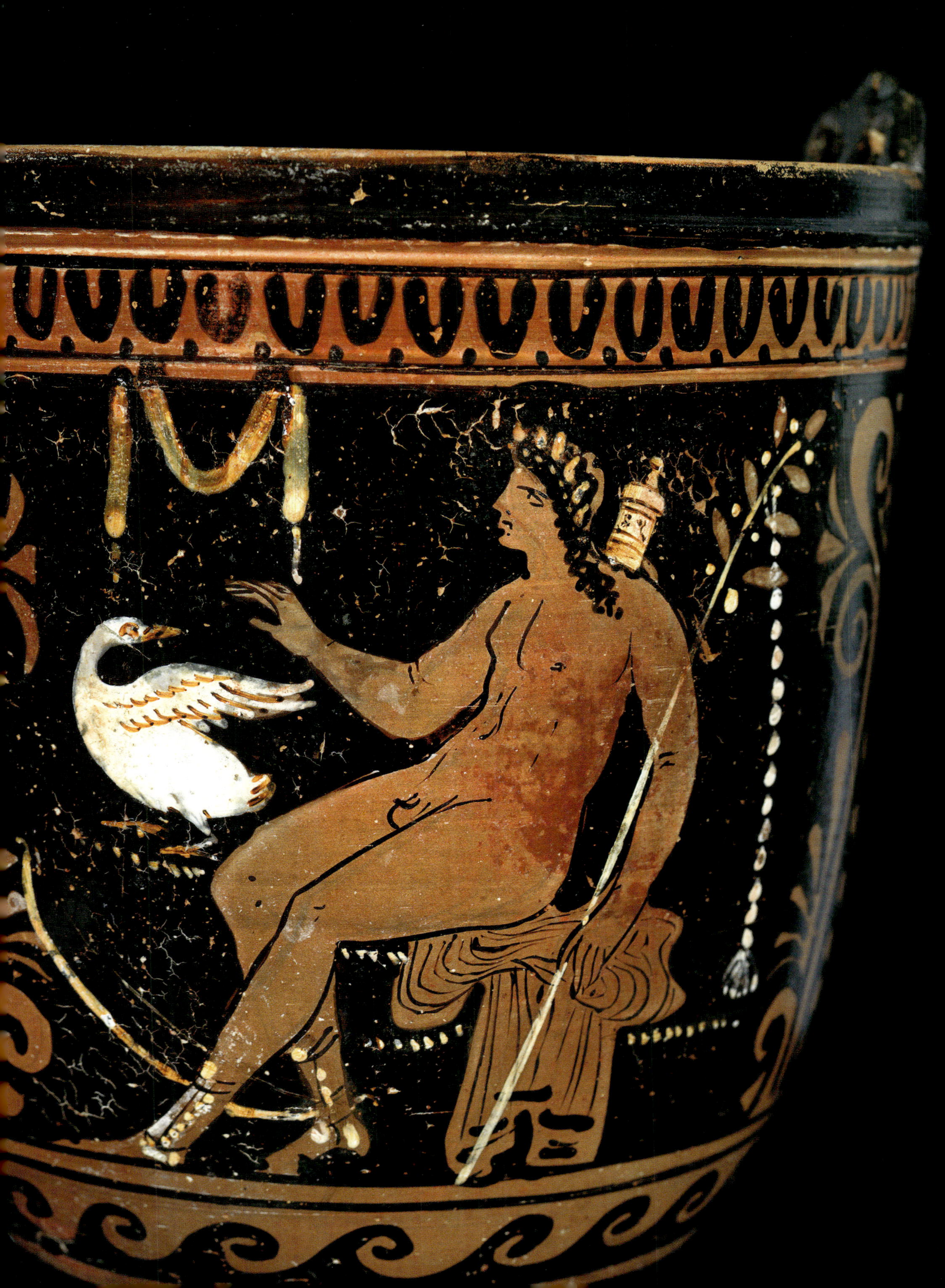

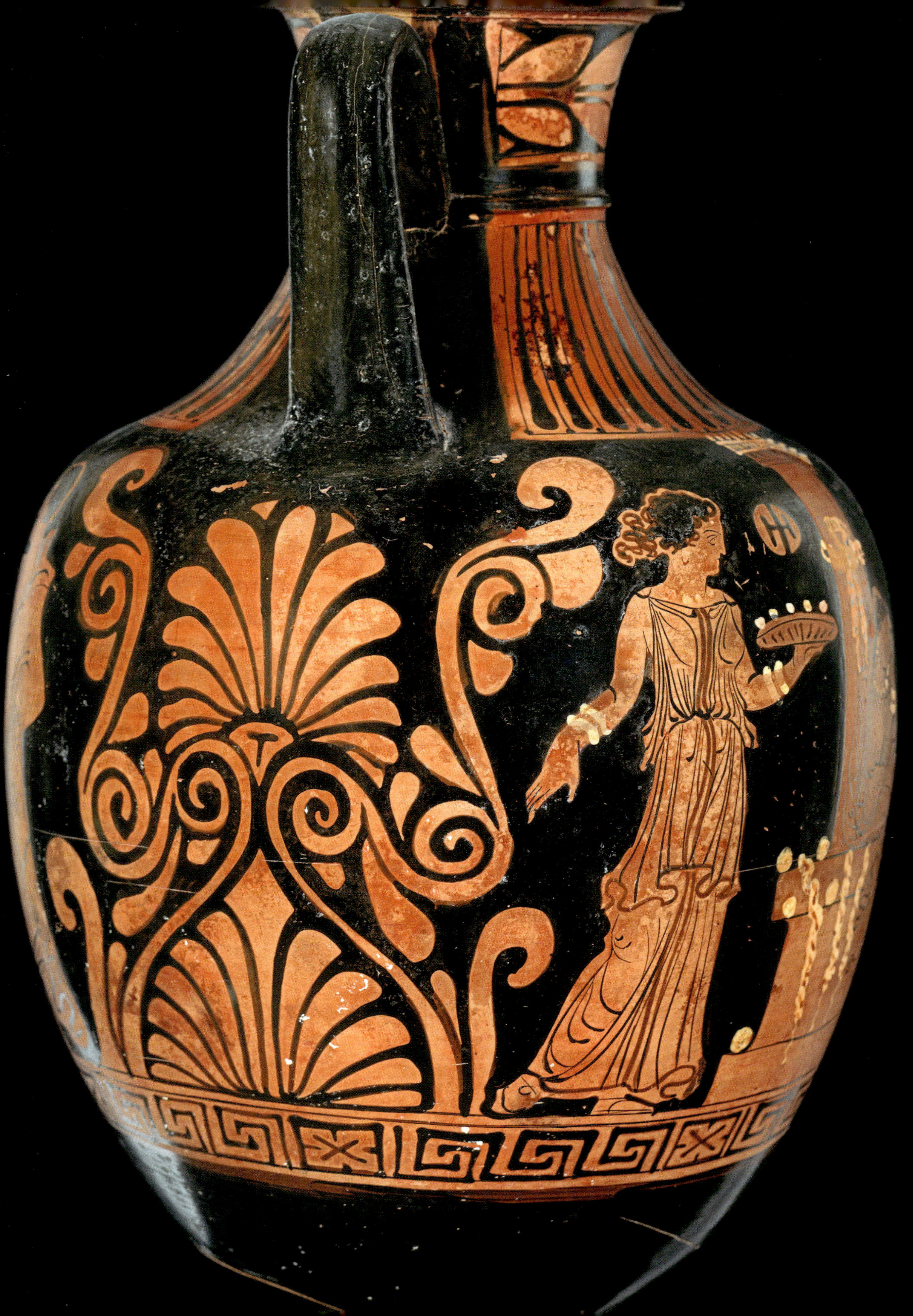

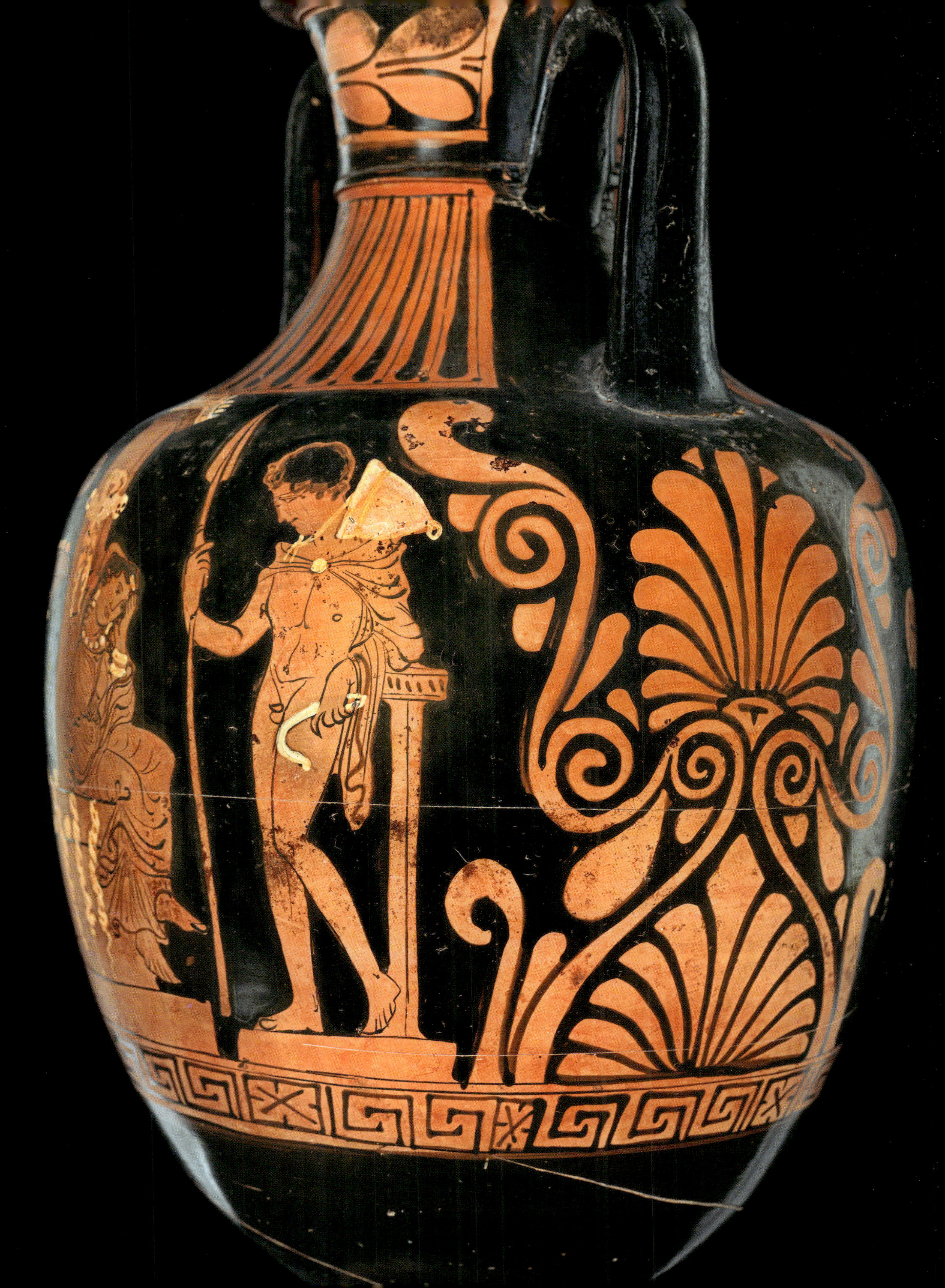

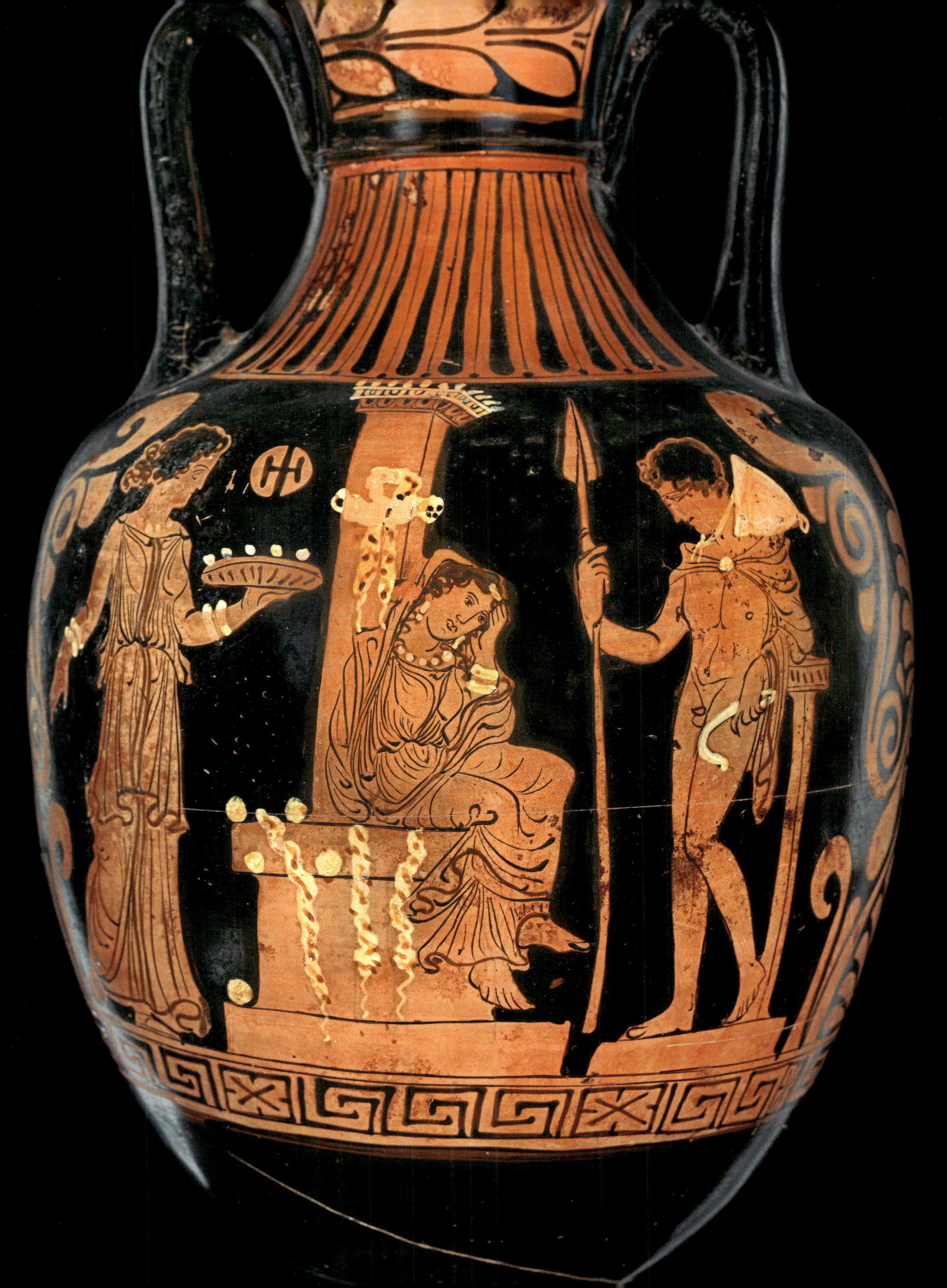

I VASI
THE VASES

CRATERE A CAMPANA | BELL KRATER [pp. 22–25]

Pittore di Amykos | Amykos Painter
425-400 a.C. | 425–400 BC
Collezione Rizzon | Rizzon Collection

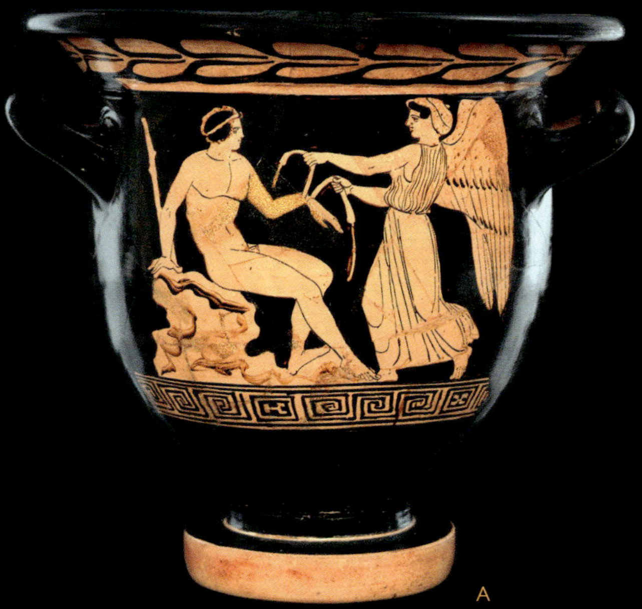

A

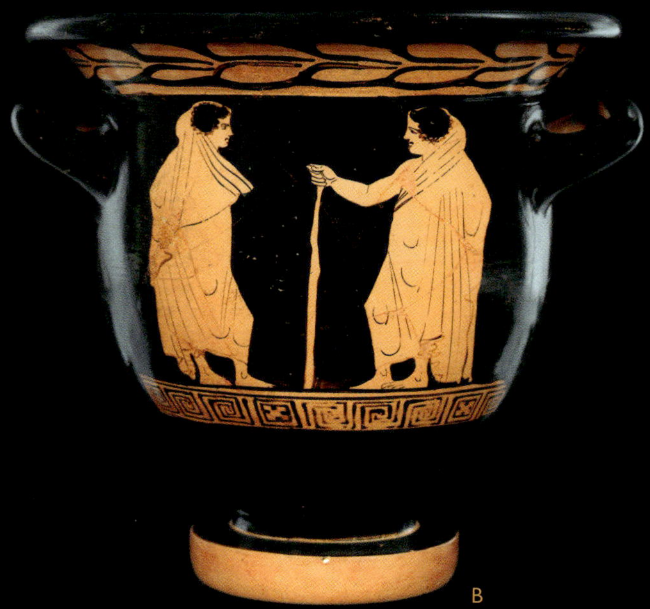

B

Lato A: una Nike allaccia una benda al polso di un giovane seduto su una roccia.

Lato B: sono presenti due giovani avvolti nei loro mantelli, posti l'uno di fronte all'altro.

Side A: The goddess Nike fastens a sash to the wrist of a young man seated on a rock.

Side B: Two young men, wrapped in cloaks, are shown facing each other.

CRATERE A COLONNETTE | COLUMN KRATER [pp. 27–31]

Pittore di Wolfenbüttel | Wolfenbüttel Painter
380-360 a.C. | 380–360 BC
Collezione Rizzon | Rizzon Collection

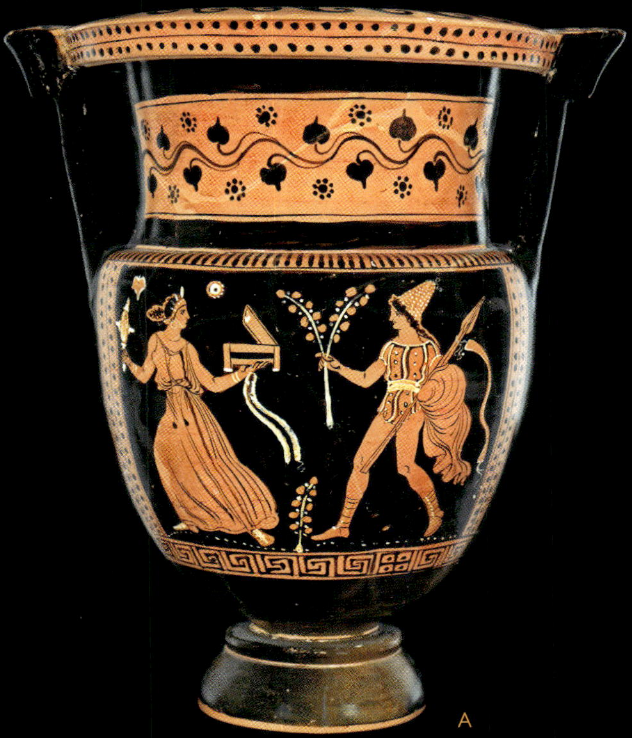

A

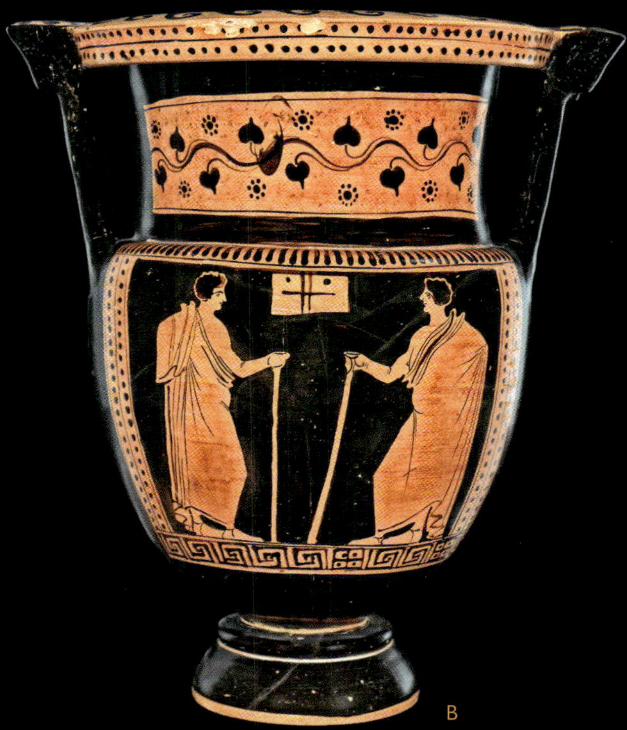

B

Lato A: la scena rappresenta una donna, riccamente vestita e adornata, e un guerriero in movimento verso di lei. L'uomo con la mano destra solleva un ramo e con la sinistra regge due lance. La donna tiene nella mano destra uno specchio e, sul palmo della mano sinistra, una piccola cassetta aperta.

Lato B: sono presenti due giovani vestiti con un mantello; entrambi reggono un bastone.

Side A: The scene depicts an elegantly dressed and richly adorned woman on the left and a warrior moving towards her on the right. The man holds out a frond in his right hand while clutching two spears in his left. The retreating woman holds a mirror in her right hand and a small open box in her left.

Side B: Two young men wearing cloaks stand face-to-face, each holding a staff.

PELIKE | PELIKE [pp. 32–37]

Pittore di Varrese | Varrese Painter
355-345 a.C. | 355–345 BC
Collezione Rizzon | Rizzon Collection

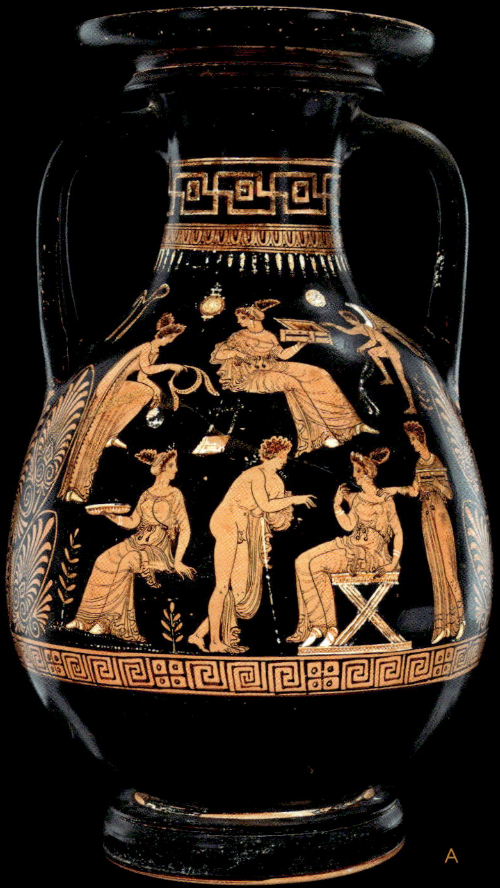

A

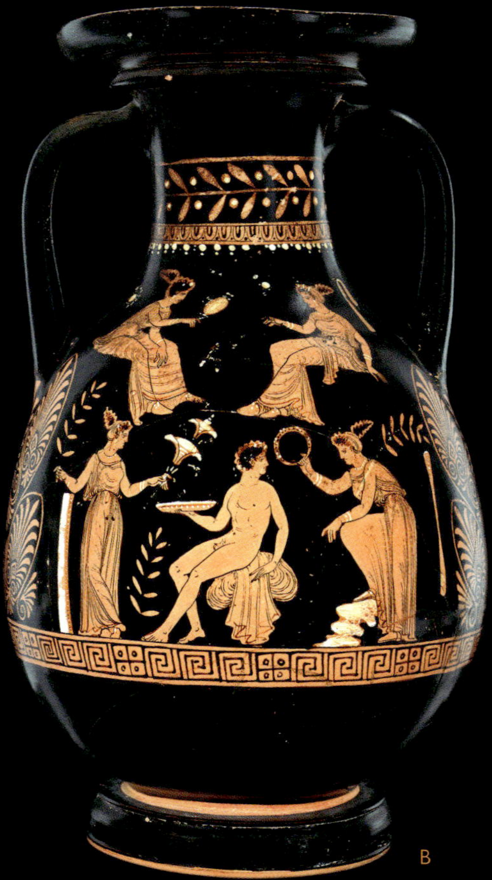

B

Lato A: nella scena in alto, una donna, riccamente vestita e adornata, siede tra una fanciulla ed Eros, mentre in basso sono rappresentati una coppia, insieme a una donna seduta e a un'ancella.

Lato B: nella scena in alto sono sedute due donne, mentre in basso è raffigurato un giovane seduto tra due donne.

Side A: The upper scene shows an elegantly dressed and richly adorned woman sitting between a maiden and Eros, while below are represented a couple with a seated woman attended by a handmaiden.

Side B: Two seated women are depicted in the upper scene, while beneath a young man is shown seated between two women.

PELIKE | PELIKE [pp. 38–43]

Pittore di Geddes | Geddes Painter
365-355 a.C. | 365–355 BC
Collezione Rizzon | Rizzon Collection

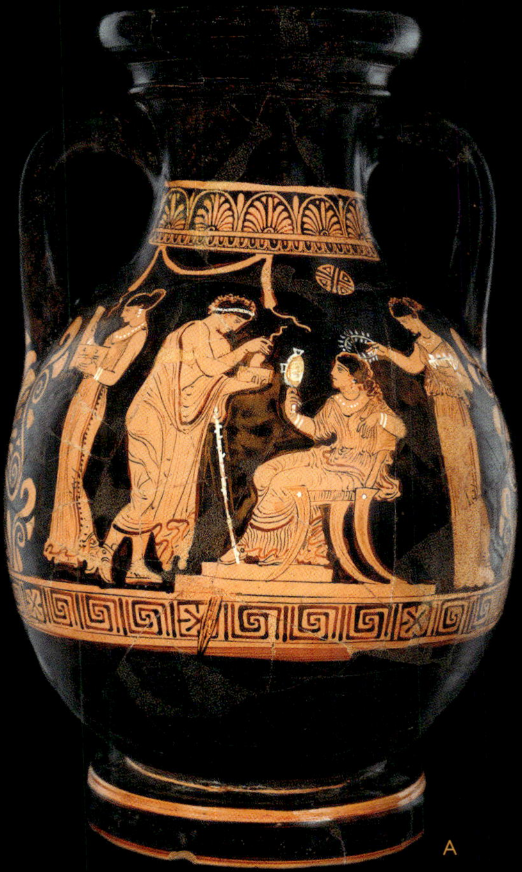

A

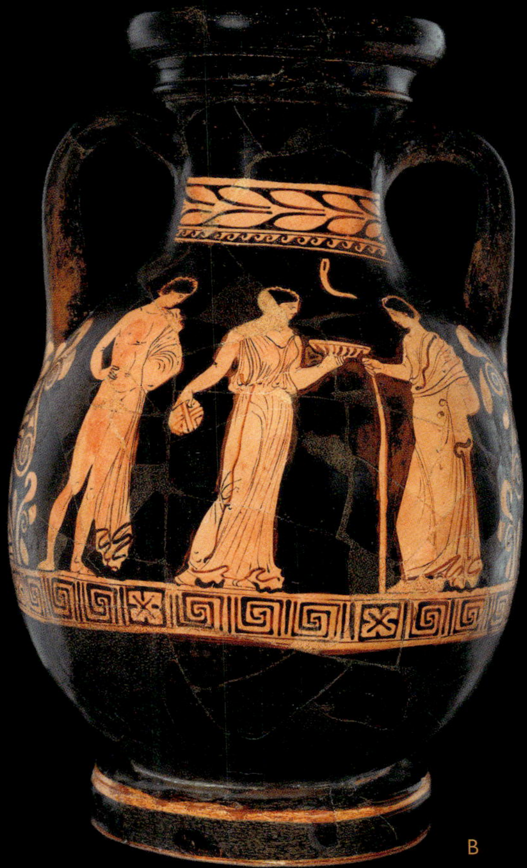

B

Lato A: sono presenti un giovane e una donna, seduta, con ai lati due ancelle. La donna regge uno specchio, indossa una tunica ed è adornata con orecchini e bracciali, sovradipinti in bianco. Il giovane è avvolto in un mantello e le porge una scatolina da cui estrae una benda. L'ancella alle spalle della donna tiene con la sinistra una *phiale* (ampia coppa per libagioni), e con la destra porge una corona sul capo della donna.

Lato B: sono dipinti una donna e due efebi. La donna, che indossa una tunica, con la mano sinistra regge una *phiale* e con l'altra una palla. Il giovane alla sua destra è nudo, con un mantello sul braccio sinistro, mentre l'altro giovane, con un mantello che gli lascia scoperta la spalla, regge un bastone con il braccio destro.

Side A: There are a young man and a seated woman, with a handmaiden on either side. The woman holds a mirror, wears a robe, and is adorned with earrings and bracelets overpainted in white. The young man is also enrobed and hands her a small box from which he extracts a strip of cloth. The handmaiden behind the woman holds a *phiale* (large libation bowl) in her left hand while placing a crown on the woman's head.

Side B: The figures represent a woman and two ephebes. The woman wears a robe; she holds a phiale in her left hand and a ball in the other. The young man on her right is naked except for a cloak draped over his left arm, while the other youth, wearing a robe that leaves his shoulder uncovered, grasps a staff in his right hand.

CRATERE A CAMPANA | BELL KRATER [pp. 44–45]

Pittore di Atene 1714 | Athens Painter 1714
360-350 a.C. | 360–350 BC
Collezione Rizzon | Rizzon Collection

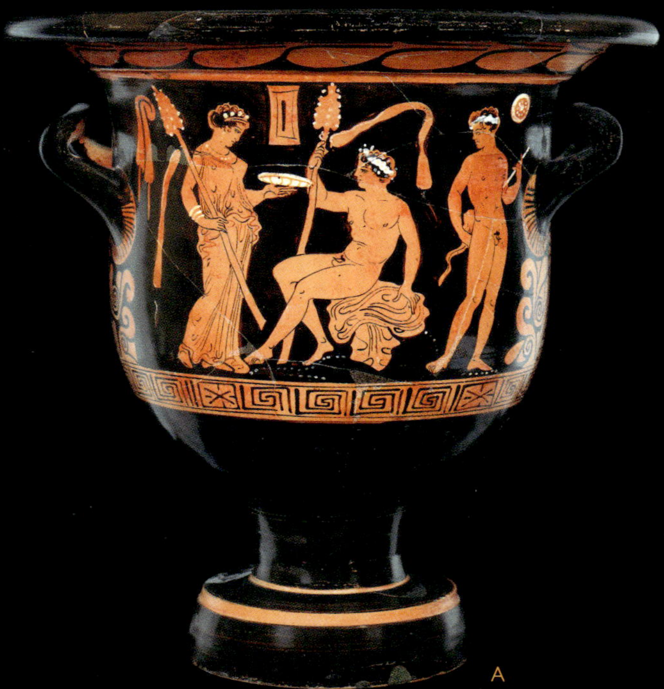

A

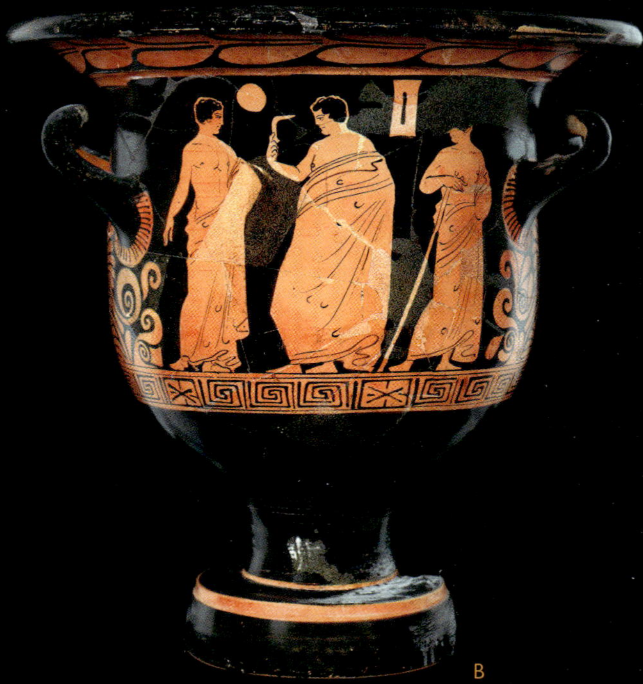

B

Lato A: al centro della scena è presente Dioniso, nudo, seduto su un mantello, che regge nella mano destra un tirso (bastone rituale). Di fronte a lui c'è una menade, che indossa un lungo abito (chitone) e calzari chiusi e sorregge con la mano sinistra una *phiale* (ampia coppa per libagioni) e con la destra un tirso. A destra è raffigurato un satiro, che tiene nella mano sinistra un *aulòs* (flauto).

Lato B: sono presenti tre giovani uomini, vestiti con mantelli.

Side A: Dionysus, nude, is portrayed in the centre of the scene seated on a cloak and holding a *thyrsos* (ritual staff) in his right hand. In front of him stands a maenad, wearing a long robe (chiton) and closed shoes, holding a *phiale* (large libation bowl) in her left hand and a *thyrsos* in her right. On the right stands a satyr holding an *aulòs* (flute) in his left hand.

Side B: The scene depicts three young men dressed in cloaks.

OINOCHOE | OINOCHOE [pp. 46–47]

Pittore della Patera | Patera Painter
340-330 a.C. | 340–330 BC
Collezione Rizzon | Rizzon Collection

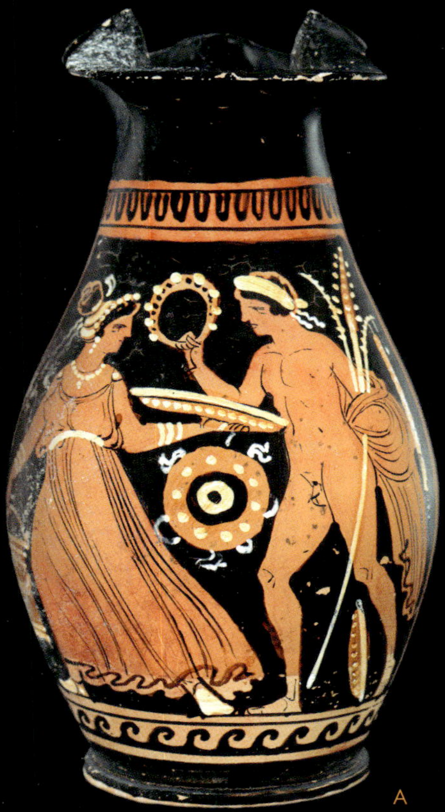

A

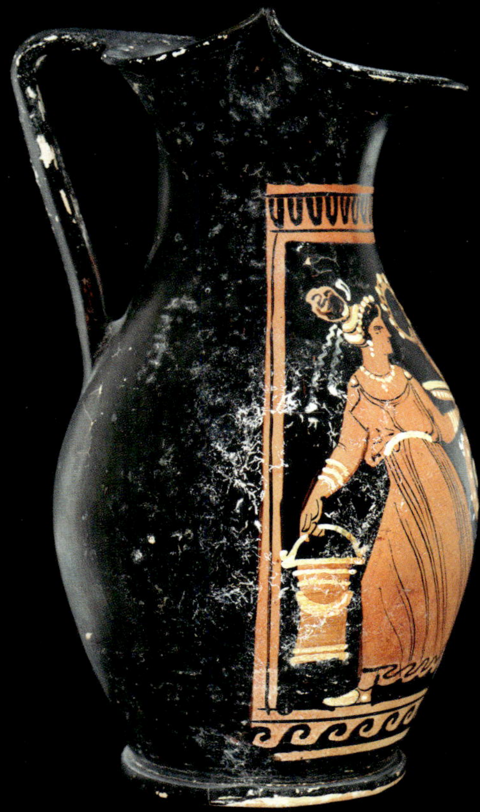

Lato A: sono raffigurati una donna e un giovane. La donna, riccamente adornata e vestita, regge nella mano destra il manico di una *situla* (secchio) e nella sinistra una *phiale* (ampia coppa per libagioni) baccellata. Il giovane, che sembra muoversi verso la donna, solleva con la mano destra una corona con globetti e con la sinistra un tirso (bastone rituale).

Side A: The scene depicts a woman and a young man. Elegantly dressed and richly adorned, the woman holds a *phiale* (large libation bowl) decorated with pod-shaped indentations in her left hand and proffers it to the man. The young man seems to be moving towards the woman, lifting a crown with little rings on it in his right hand and gripping a *thyrsos* (ritual staff) in his left.

LEBES GAMIKOS | LEBES GAMIKOS [pp. 48–51]

Pittore di Ruvo 1364 | Painter of Ruvo 1364
370-360 a.C. | 370–360 BC
Collezione Rizzon | Rizzon Collection

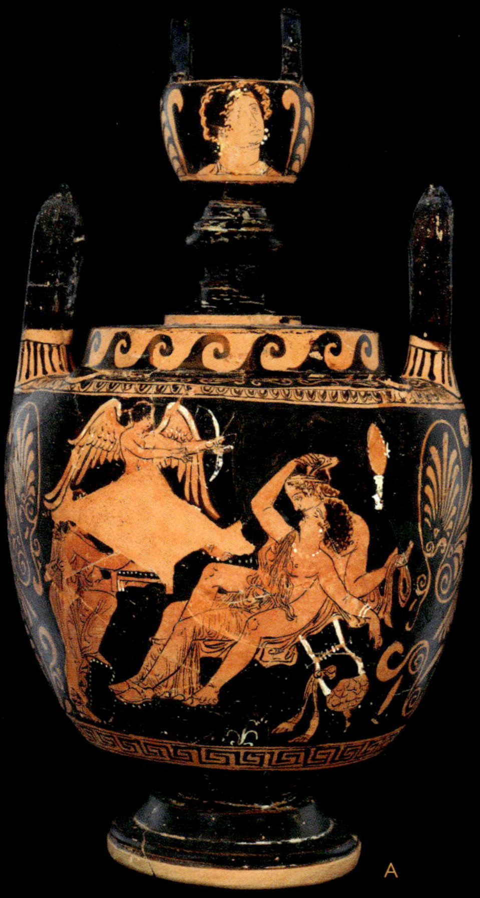

A

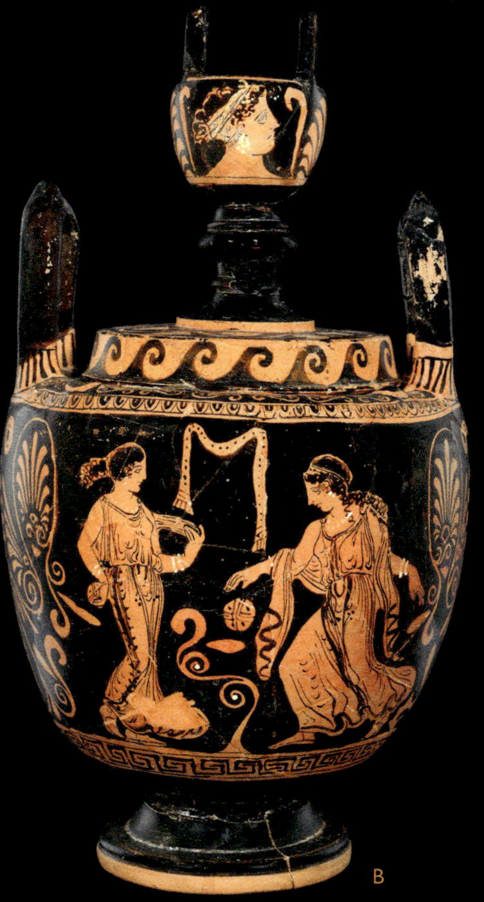

B

Lato A: al centro della scena sono raffigurati un uomo e una donna, colti in un atto amoroso, sotto la protezione del dio Eros, collocato in alto a sinistra.

Lato B: due fanciulle, riccamente adornate e vestite, sono intente a giocare a palla.

Side A: The centre of the scene depicts a man and a woman in an amorous embrace, while the god Eros, shown above them on the left, watches over the event.

Side B: Two young girls, richly adorned and elegantly dressed, are intent on playing a ball game.

HYDRIA | HYDRIA [pp. 52-55]

Maniera del Pittore di Dario | Manner of the Darius Painter
340-330 a.C. | 340–330 BC
Collezione Rizzon | Rizzon Collection

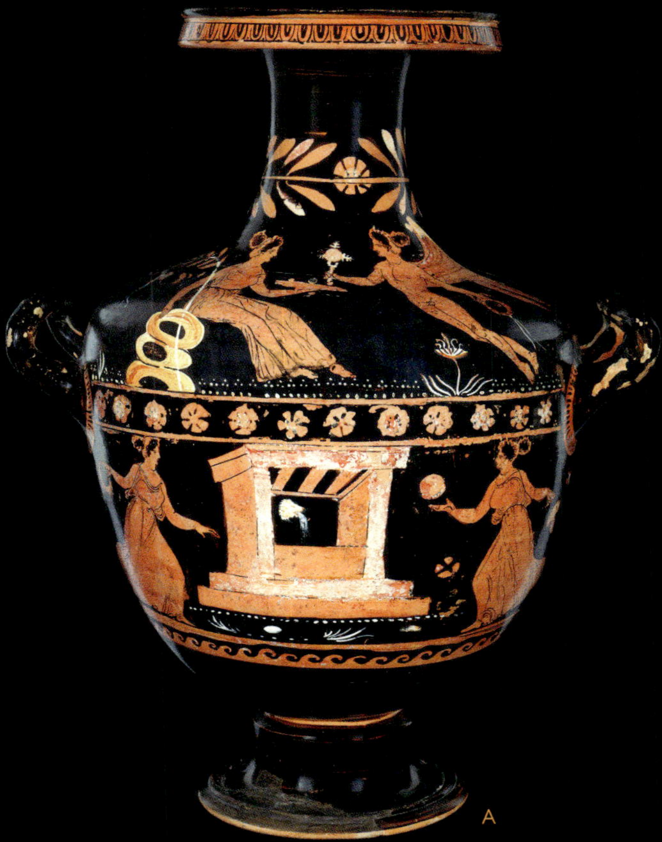

A

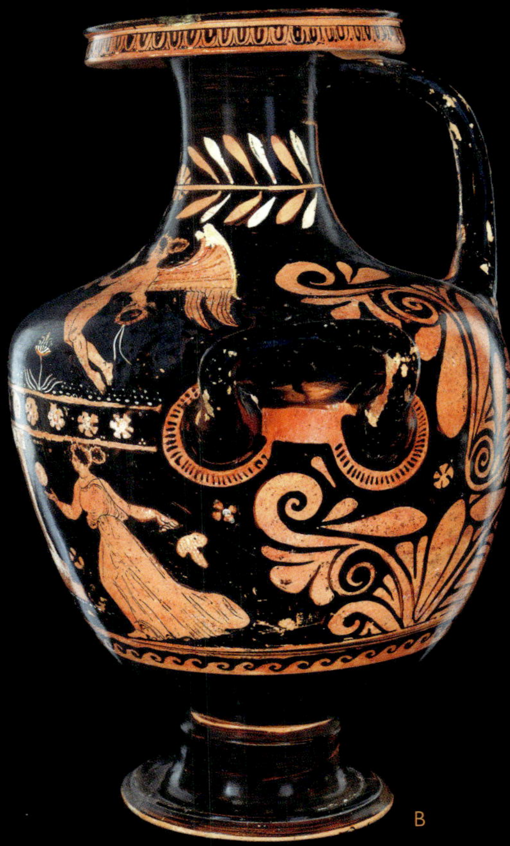

B

Lato A: in alto è presente una donna seduta, alla quale un erote porge uno specchio. Nel registro inferiore è raffigurata al centro una fontana, al cui interno c'è una protome leonina da cui sgorga dell'acqua. Ai lati sono presenti due figure femminili: quella a sinistra tiene nella mano destra una corona, mentre l'altra fa rimbalzare una palla sulla mano destra.

Lato B: la superficie è ricoperta da una decorazione di tipo vegetale.

Side A: The top of the vessel shows a seated woman, to whom an erote (winged god of love) holds up a mirror.
The lower register depicts a fountain whose lion-headed protome gushes water. A female figure stands on either side: the one on the left holds a crown in her right hand, while the other tosses a ball in her right hand.

Side B: Plant motifs decorate the surrounding area.

CRATERE A CAMPANA | BELL KRATER [pp. 56–57]

Pittore di Amykos | Amykos Painter
420-410 a.C. | 420–410 BC
Collezione Rizzon | Rizzon Collection

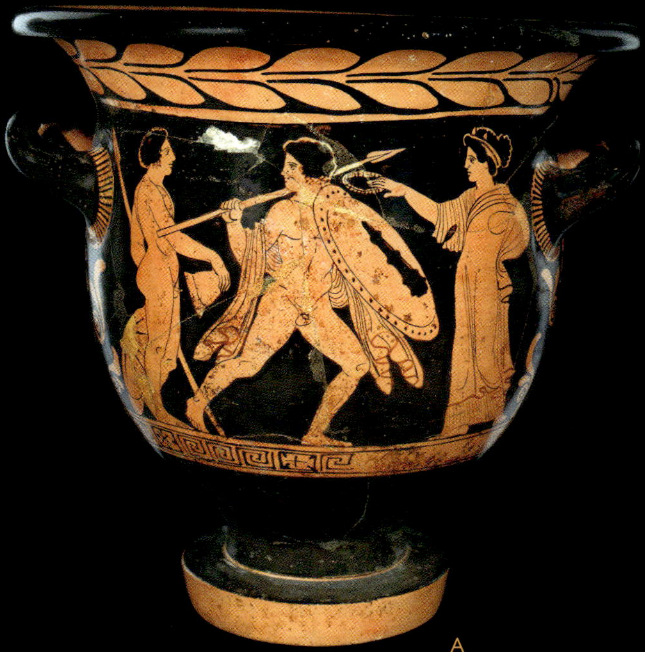

A

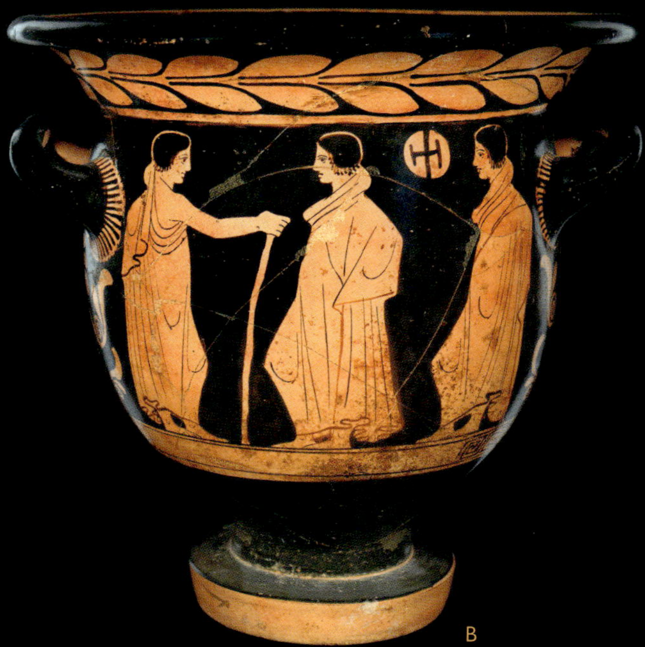

B

Lato A: nella scena sono presenti due guerrieri e una donna. Il guerriero sulla sinistra tiene con la mano destra un elmo e con la sinistra una lancia. Il guerriero al centro è rappresentato nell'atto di muoversi: regge con la mano sinistra un grande scudo, decorato con l'immagine di una clava.

Lato B: sono raffigurati tre giovani uomini, completamente avvolti nei loro mantelli.

Side A: The scene depicts two warriors and a woman. The warrior on the left holds a helmet in his right hand and a spear in his left. The warrior in the centre is portrayed striding forward, brandishing in his left hand a large shield decorated with a club motif.

Side B: Three young men are shown fully wrapped in their cloaks.

CRATERE A COLONNETTE | COLUMN KRATER [pp. 58–61]

Pittore di York | York Painter
380-370 a.C. | 380–370 BC
Collezione Rizzon | Rizzon Collection

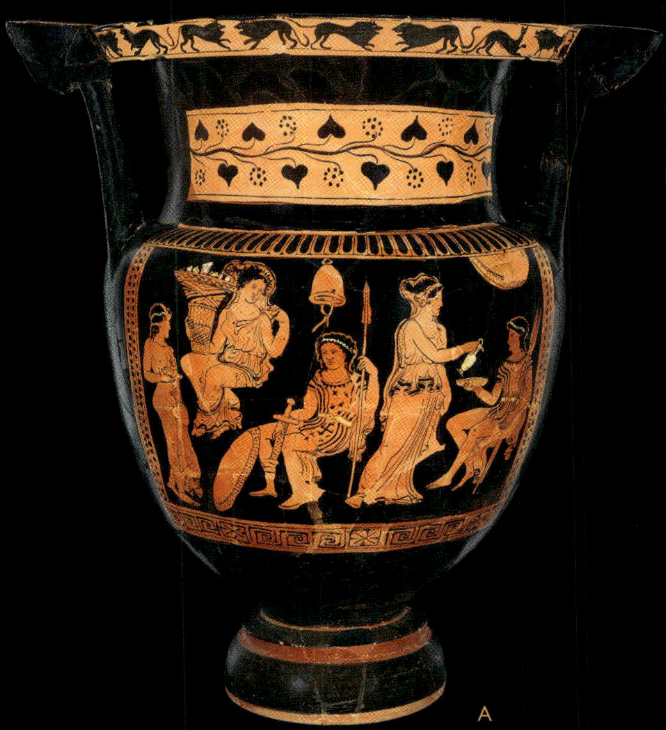

A

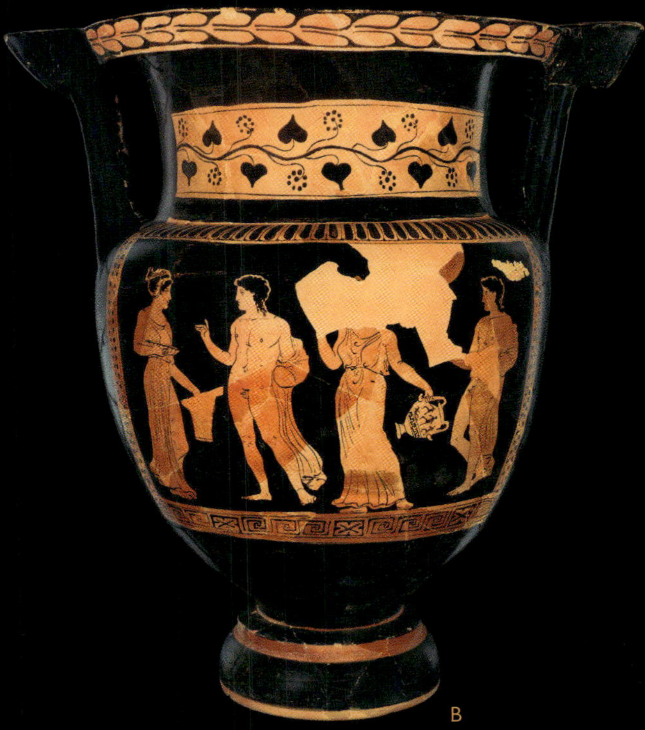

B

Lato A: la scena raffigura un atto di libagione. Sono presenti due guerrieri seduti, riconoscibili per le armi e altri strumenti affini, e un efebo nudo, ritratto in posizione stante. Tra queste figure vi sono due donne: quella a destra tiene una brocca nella mano destra e versa qualcosa in una *phiale* (ampia coppa per libagioni) retta dal guerriero; quella a sinistra, seduta, regge un *kalathos* (canestro di vimini).

Lato B: sono presenti due donne, vestite con una tunica, e due giovani uomini con mantello avvolto sul braccio sinistro. Una delle donne regge una *nestoris* (vaso-trozzella) decorata con figure stilizzate, usata per le libagioni.

Side A: The scene depicts a libation ritual. Two seated warriors, recognisable by their weapons and other related implements, are attended by two women: the one on the right holds a small jug in her right hand and pours something into a *phiale* (large libation bowl) held by the warrior; the one on the left is seated and holds a *kalathos* (wicker basket). On the far left stands a nude ephebe.

Side B: Two women dressed in tunics are depicted in relation to two young men with cloaks draped over their left arms. The woman on the right is holding a *nestoris* (a *trozzella*-type vase) decorated with stylised figures, which was used for libations.

CRATERE A CAMPANA | BELL KRATER [pp. 62–65]

Pittore di Atene 1714 | Athens Painter 1714
365-350 a.C. | 365–350 BC
Collezione Rizzon | Rizzon Collection

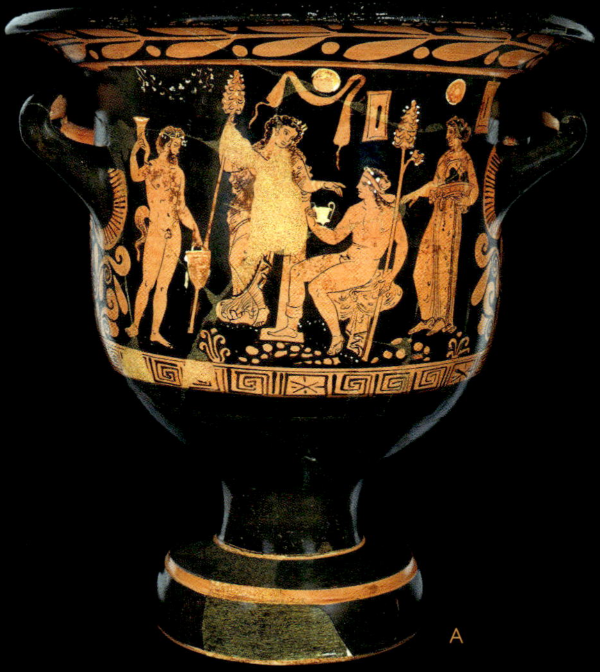

A

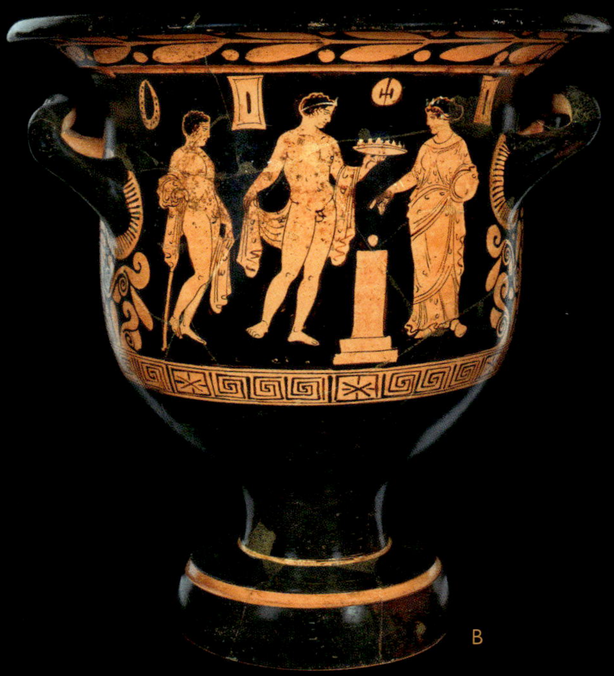

B

Lato A: al centro della scena è presente Dioniso, nudo, seduto su un mantello, che regge nella mano destra un *kantharos* (calice) e nella sinistra un tirso (bastone rituale). Accanto al dio è una menade riccamente adornata, di fronte invece c'è un satiro, che solleva un corno potorio con la mano destra e tiene una *situla* (secchio) con la sinistra. Alle spalle di Dioniso è raffigurata una menade, che con la mano destra gli sfiora la spalla.

Lato B: nei pressi di una stele, sono presenti due giovani uomini e una donna.

Side A: In the centre of the scene sits the nude Dionysus, his cloak draped over the stool, holding a *kantharos* (cup) in his right hand and a *thyrsos* (ritual staff) in his left. Next to the god stands a richly apparelled maenad and, behind her, a satyr raising a drinking horn in his right hand and holding a *situla* (pail) in his left. Behind the god stands another maenad, her right hand touching his shoulder.

Side B: Two young men and a woman gather around a stele.

CRATERE A CAMPANA | BELL KRATER [pp. 66–69]

Pittore di Tarporley | Tarporley Painter
390-380 a.C. | 390–380 BC
Collezione Rizzon | Rizzon Collection

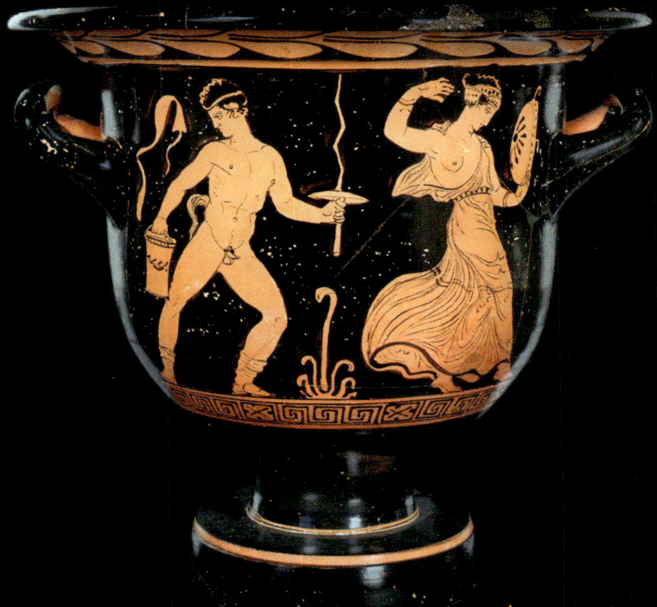

A

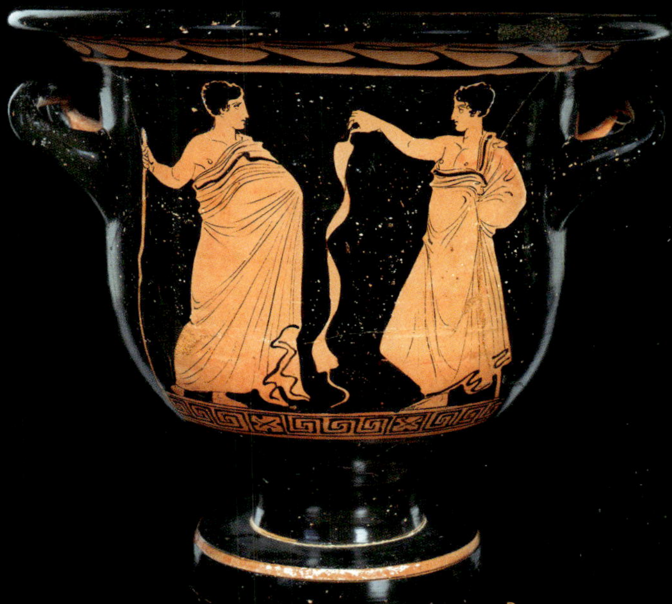

B

Lato A: nella scena sono raffigurati un satiro e una menade in movimento verso destra. Il satiro, che ai piedi calza degli stivaletti, regge nella mano sinistra un *kottabos*, un gioco solitamente svolto alla fine dei banchetti, e nella destra una *situla* (secchio). La menade, della quale si intravede un seno a causa della veste che le scopre la spalla destra, regge nella mano sinistra un timpano e tiene il braccio destro sollevato.

Lato B: sono presenti due giovani vestiti con un mantello: quello a sinistra regge nella mano destra un bastone, l'altro invece tende il braccio destro per dispiegare una benda.

Side A: The scene depicts a satyr and a maenad moving towards the right. The satyr, wearing boots, holds in his left hand a *kottabos*, a game usually played at the end of banquets, and in his right hand a *situla* (pail). The maenad's robe has come loose at the right shoulder as she raises her arm, revealing her breast, while the figure holds a *tympanum* (sort of tambourine) in her left hand.

Side B: Two young men wearing cloaks face each other: the one on the left holds a staff in his right hand, while the other holds out his right arm and unrolls a sash.

STAMNOS | STAMNOS [pp. 70–71]

Maniera del Pittore di Dario | Manner of the Darius Painter
340-330 a.C. | 340–330 BC
Collezione Rizzon | Rizzon Collection

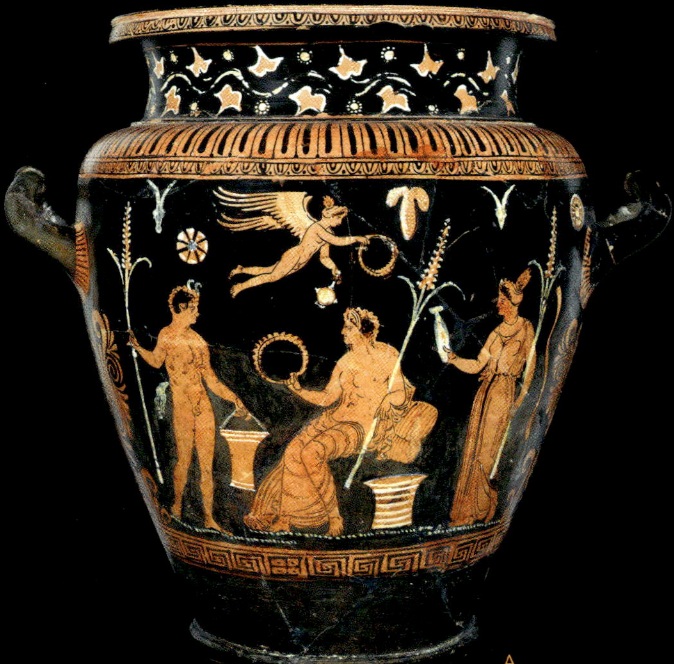

A

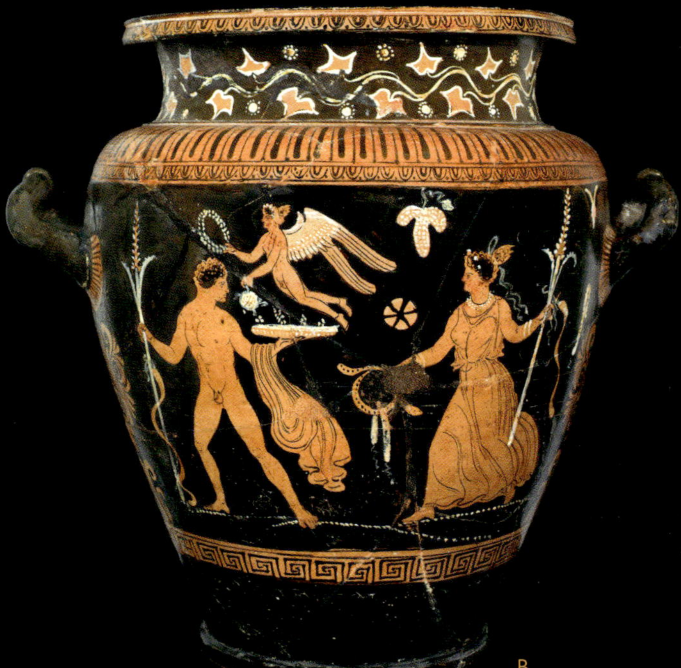

B

Lato A: al centro della scena è Dioniso, seduto su un rialzo del terreno, che regge con la mano destra una corona e con la sinistra un tirso (bastone rituale). Di fronte a lui c'è un satiro che ha nella mano destra un tirso e in quella sinistra una *situla* (secchio). Alle spalle del dio c'è una menade, che gli offre un *alabastron*, mentre con la mano sinistra stringe un tirso. Nella parte alta della scena è presente un erote in volo.

Lato B: nella scena è presente un giovane, nudo, che ha un tirso nella mano destra, mentre con la sinistra porge una *phiale* (ampia coppa per libagioni) a una donna. Questa tiene nella mano destra una corona e nella sinistra un tirso. In alto è un erote in volo.

Side A: Dionysus is shown in the centre of the scene, seated on a rise in the ground and holding a crown in his right hand and a *thyrsos* (ritual staff) in his left. In front of him is a satyr holding a *thyrsos* in his right hand and a *situla* (pail) in his left. Behind the god stands a maenad offering him an *alabastron*, while in her left hand she too clutches a *thyrsos*. An erote hovers above the scene.

Side B: The scene shows a nude youth holding a *thyrsos* in his right hand, while with his left hand he proffers a *phiale* (large libation cup) to a woman. The latter holds a crown in her right hand and a *thyrsos* in her left. Above is an erote in flight.

HYDRIA | HYDRIA [pp. 72-77]

Pittore dell'Ilioupersis | Ilioupersis Painter
370-360 a.C. | 370–360 BC
Collezione Rizzon | Rizzon Collection

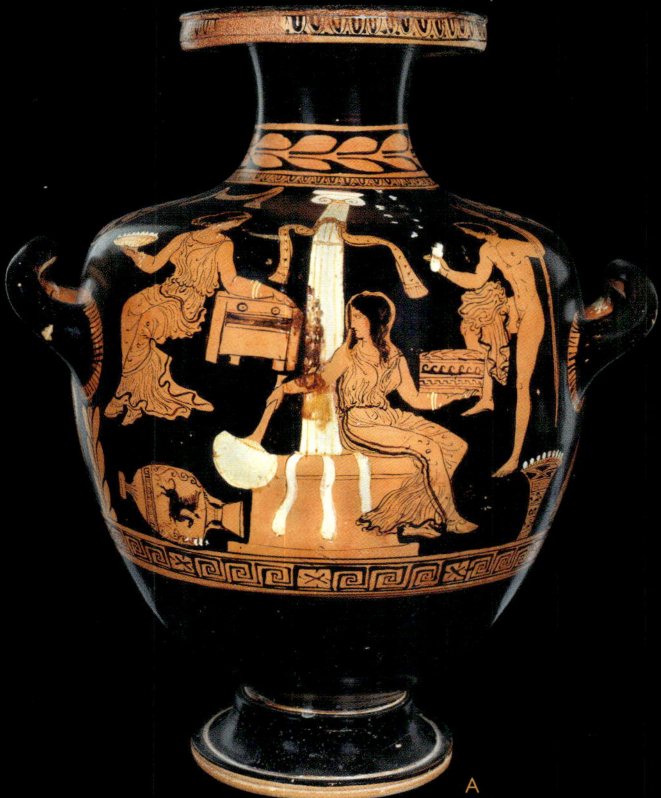

A

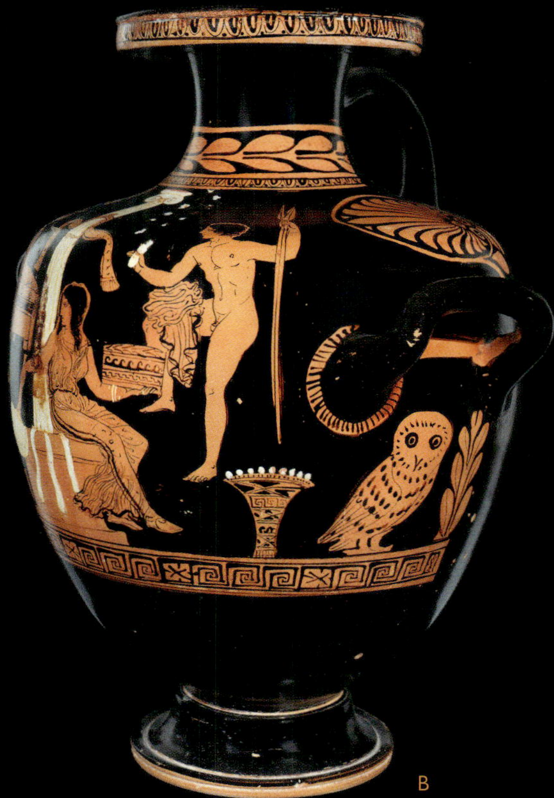

B

Lato A: al centro della scena è una donna in lutto, come suggeriscono i capelli sciolti; inoltre, vicino al basamento dove è seduta è presente un'anfora rovesciata, a simboleggiare l'offerta (libagione) versata per il defunto. Ai lati della donna due figure, una maschile a destra e una femminile a sinistra, porgono altri doni.

Lato B: sono riconoscibili una civetta e alcuni elementi vegetali.

Side A: A woman in mourning, as suggested by her loose hair, is depicted at the centre of the scene. Next to the plinth where she is sitting is an overturned amphora, symbolising the offering (libation) poured for the deceased. The woman is flanked by two figures, a male on the right and a female on the left, offering other gifts.

Side B: An owl is perched on the ground amid various plants.

CRATERE A MASCHERONI | KRATER WITH MASCARON HANDLES [pp. 78–85]

Pittore Strötgen | Strötgen Painter
350 a.C. | 350 BC
Collezione Rizzon | Rizzon Collection

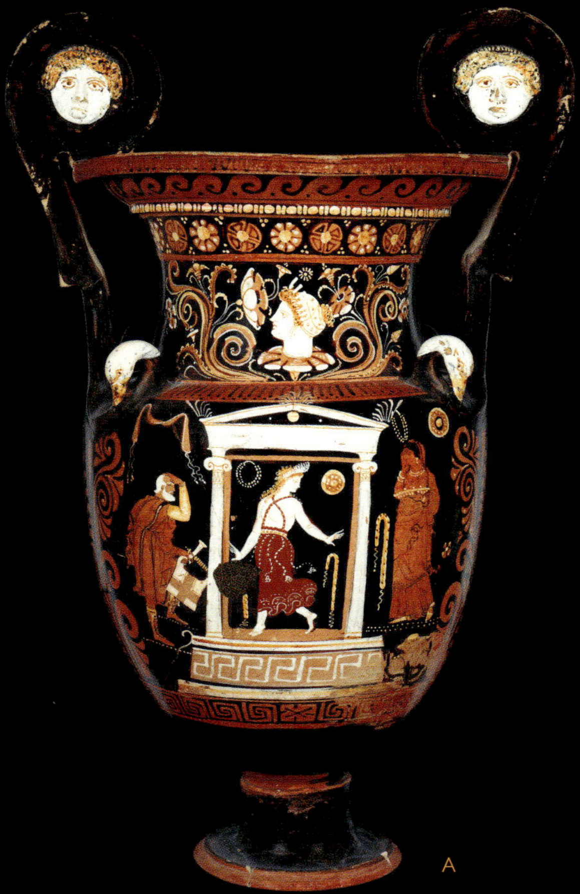

A

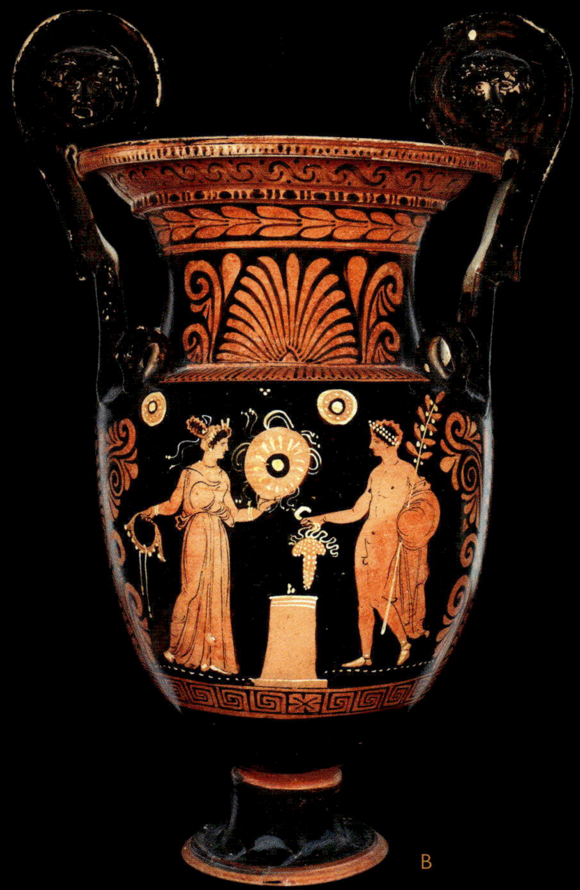

B

Lato A: all'interno di un *naiskos* (edificio funerario) è raffigurato il defunto, colto nell'atto di danzare, vestito con una lunga gonna color rosso cremisi, una cintura con catenelle pendenti e bretelle intrecciate sul petto. Ai lati dell'edificio sono presenti un pedagogo a sinistra e una donna a destra.

Lato B: presso un altare sono raffigurati una donna, con una corona nella mano destra e un timpano nella sinistra, e un giovane che con la mano destra depone un grappolo d'uva sull'altare e con la sinistra regge un ramo di alloro.

Side A: The deceased is depicted dancing inside a *naiskos* (funerary building); she wears a long crimson skirt fastened by a belt with little chains hanging from it and braces across her chest. A tutor stands outside the frame on the left and a woman on the right.

Side B: A woman with a crown in her right hand and a *tympanum* (tambourine) in her left stands on the left of an altar, while in front of her a youth lays a bunch of grapes on the altar with his right hand and holds a laurel branch in his left.

HYDRIA | HYDRIA [pp. 86–91] |

Pittore di Baltimora | Baltimore Painter
325-320 a.C. | 325–320 BC
Collezione Rizzon | Rizzon Collection

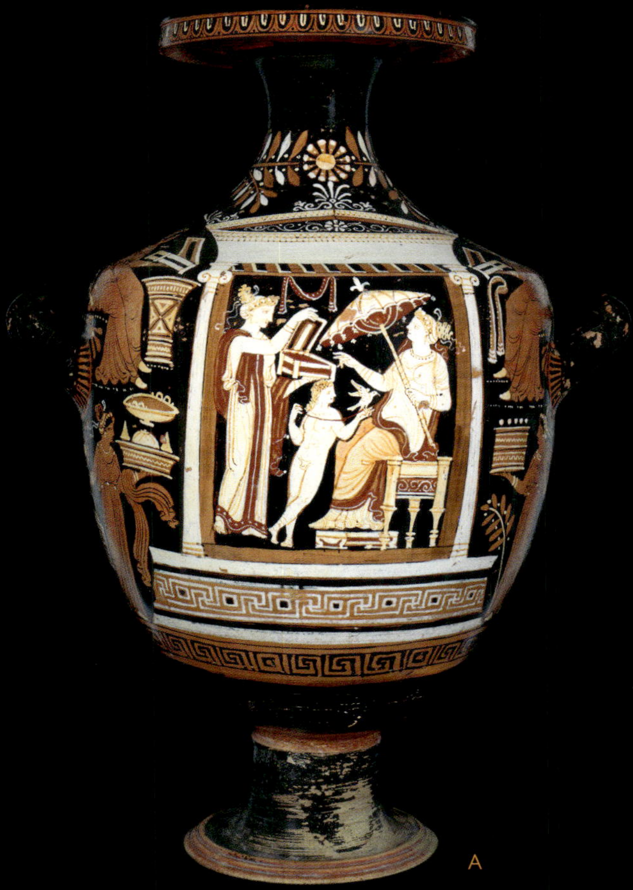

A

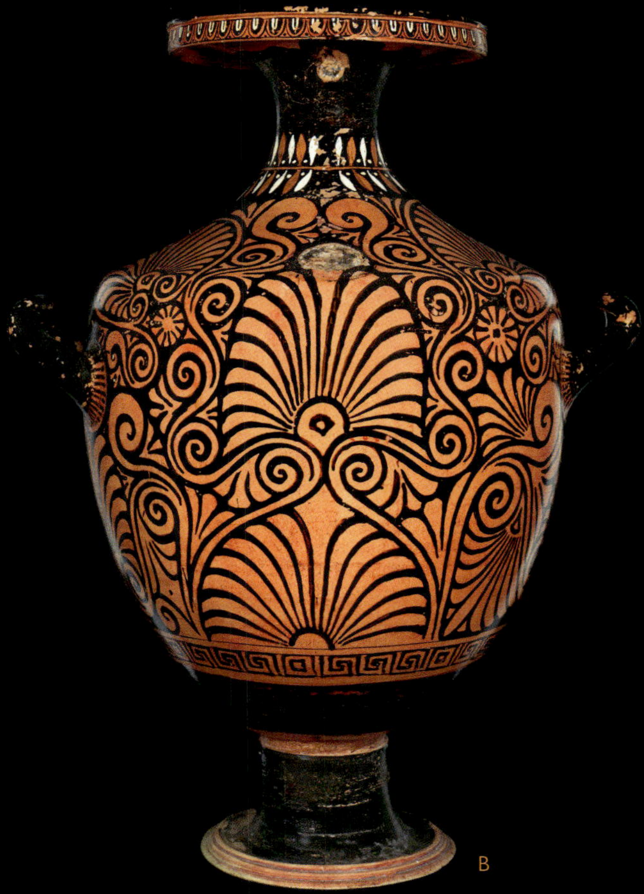

B

Lato A: all'interno di un *naiskos* (edificio funerario) sono presenti una donna defunta, un giovinetto e una fanciulla. La defunta, seduta, regge nella mano sinistra un parasole e indossa una tunica trasparente, che lascia intravedere i seni e l'ombelico. Il giovinetto poggia il braccio sinistro sulla gamba destra della donna e regge su due dita una colomba. La fanciulla, vestita con una tunica bianca e rossa, porge alla defunta una piccola cassetta. Ai lati del *naiskos* sono rappresentate quattro figure femminili con doni per la defunta.

Lato B: l'intera superficie è ricoperta da una decorazione di tipo vegetale.

Side A: A scene within a *naiskos* (funerary shrine) depicts a deceased woman, a youth, and a maiden. The woman is seated and holds a parasol in her left hand, while the transparent tunic she is wearing allows her breasts and navel to show through. The young man rests his left arm on the woman's right leg, and a dove is perched on two of his fingers. The maiden, dressed in a red and white robe, hands the deceased a small box. Outside the *naiskos*, on either side, stand two female figures bearing gifts for the deceased.

Side B: The entire surface is decorated with plant motifs.

CRATERE A MASCHERONI | KRATER WITH MASCARON HANDLES [pp. 92–99]

Pittore di Copenaghen 4223 | Copenhagen Painter 4223
350-340 a.C. | (350–340 BC
Collezione Rizzon | Rizzon Collection

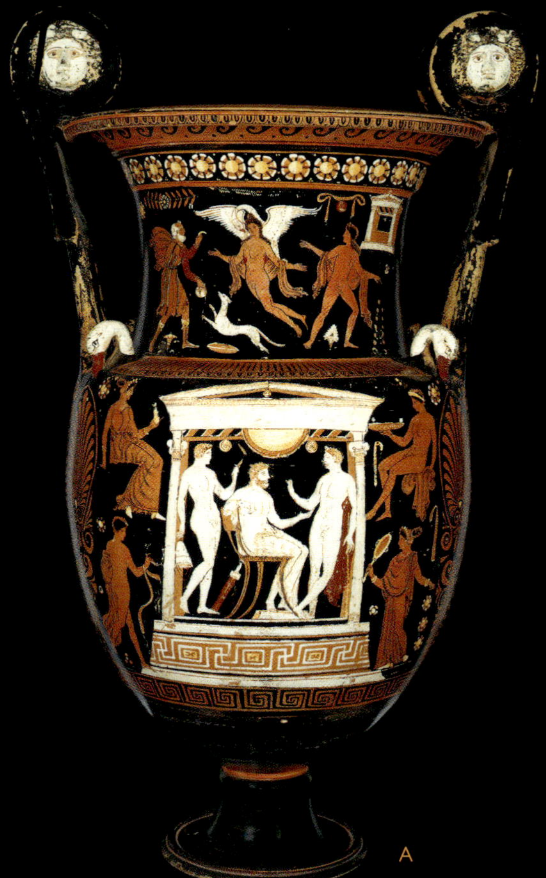

A

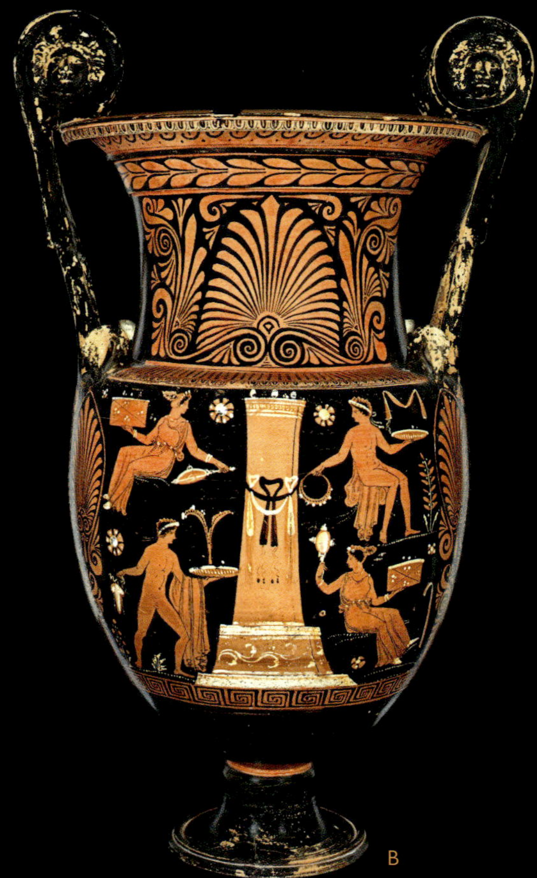

B

Lato A: all'interno di un *naiskos* (edificio funerario) è raffigurato il defunto seduto, con due figure maschili. Sul collo è descritto il mito del ratto di Ganimede da parte di Zeus, che si trasformò in un volatile.

Lato B: ai lati di una stele funeraria sono raffigurati due donne e due uomini, in posizione alterna, che tengono in entrambe le mani degli oggetti, molto probabilmente dei doni per il defunto.

Side A: The deceased is depicted seated inside a *naiskos* (funerary building) with two male figures. The neck shows the myth of the rape of Ganymede perpetrated by Zeus, who turned himself into a bird.

Side B: Two women and two men holding objects in both hands, likely gifts for the deceased, are depicted on either side of a funerary stele in alternating positions.

PELIKE | PELIKE [pp. 100–103]

Pittore di Licurgo | Lycurgus Painter
360-345 a.C. | 360–345 BC
Timmari (Matera), Camposanto, tomba 7/1968 | Timmari (Matera), Camposanto, tomb 7/1968

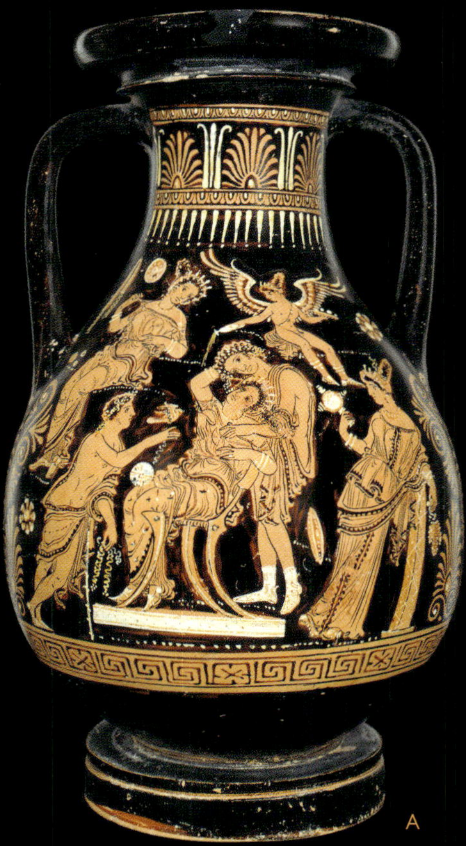

A

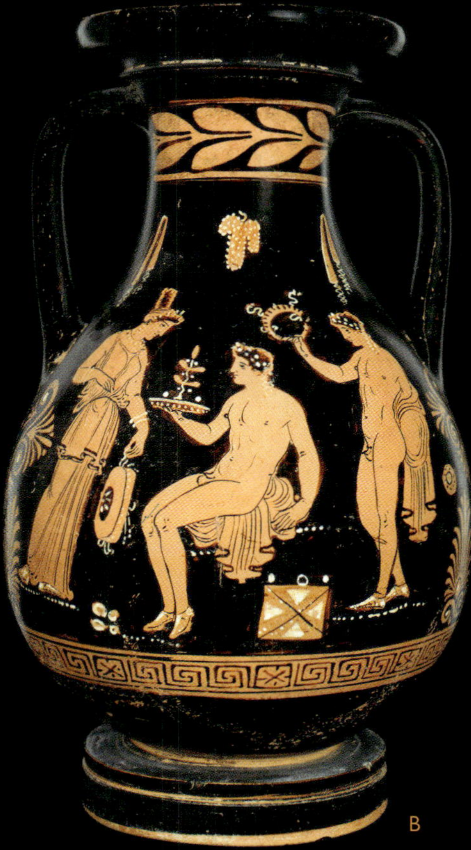

B

Lato A: al centro della scena sono un uomo e una donna colti in un atto d'amore. La donna è seduta su un basamento con la testa rivolta verso l'alto. Con il braccio destro avvicina il suo viso a quello della figura maschile alle sue spalle, che a sua volta la stringe tra le braccia. Tutt'intorno altre figure osservano la scena.

Lato B: al centro un uomo seduto nudo, ma con i calzari, regge una *phiale* (ampia coppa per libagioni) baccellata. Sulla sinistra una donna regge un timpano, mentre a destra un giovane nudo, stante, solleva una corona sopra la testa dell'uomo.

Side A: The centre of the scene depicts a man and a woman in an amorous embrace. The woman is seated on a stool, with her head turned upwards. She draws the young man's face closer to hers with her right arm, and he in turn holds her in his arms. Around them other figures observe the scene.

Side B: The central figure is a man who is naked but wears shoes. In his right hand he holds a *phiale* (large libation bowl) decorated with pod-shaped indentations. On the left stands a woman holding a *tympanum* (tambourine), while on the right another naked youth holds a crown over the seated figure's head.

LOUTROPHOROS | LOUTROPHOROS [pp. 104–109]

Cerchia del Pittore di Dario | Circle of the Darius Painter
Seconda metà del IV secolo a.C. | Second half of 4th century BC
Timmari (Matera), tomba 33 | Timmari (Matera), tomb 33

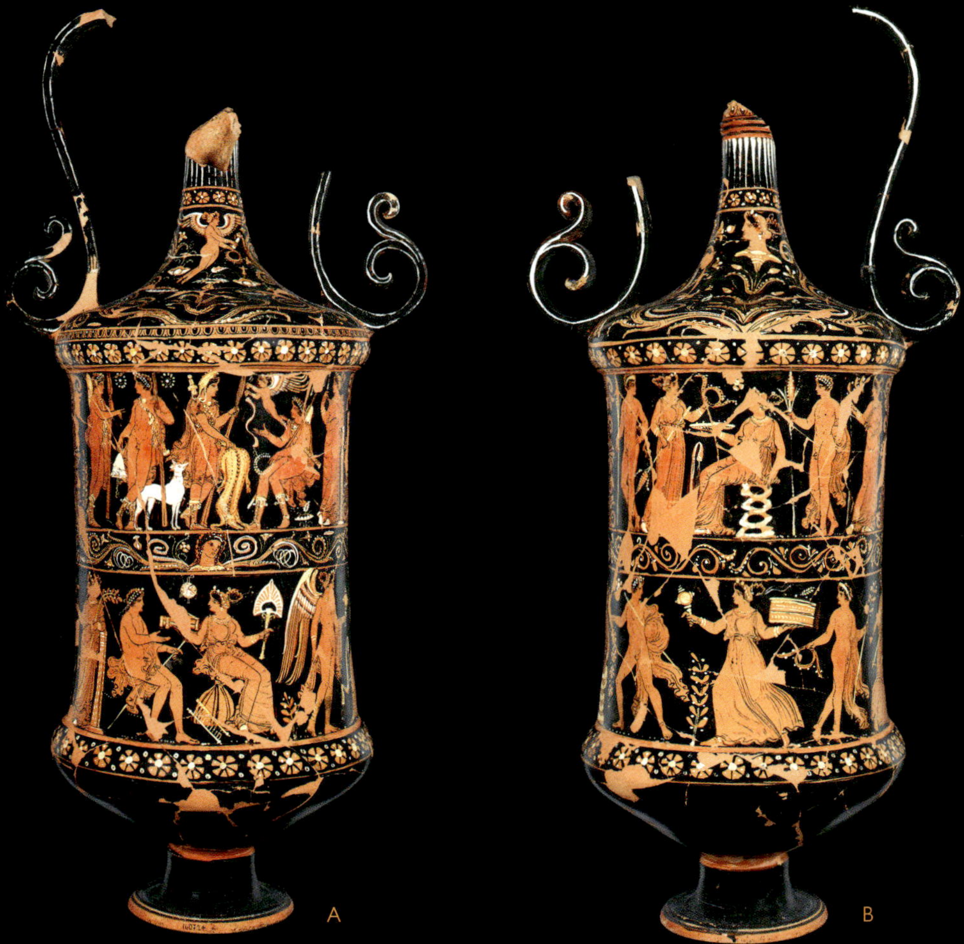

A B

Lato A: al centro della scena principale Atalanta regge la spoglia del cinghiale Calidonio e una lancia che un erote in volo tenta di annodare. Alle spalle dell'eroina ci sono i Dioscuri, mentre di fronte a lei c'è Meleagro, nudo, dietro il quale si trova Afrodite appoggiata a un pilastrino.

Lato B: al centro della scena principale, sul registro superiore, è presente una figura femminile seduta su una roccia. Sulla sinistra si trovano una figura femminile con diadema, corona e tirso (bastone rituale), affiancata da un satiro; sulla destra, invece, sono raffigurati un giovane nudo e una donna con specchio e *cista* (cofanetto). Sul registro inferiore si svolge una scena di preparativi nuziali.

Side A: In the centre of the upper register we see Atalanta holding the skin of the Calydonian boar and a spear that an erote in flight attempts to tie together. Behind the heroine stand the Dioscuri, while in front of her sits the naked Meleager, behind whom stands Aphrodite leaning on a pillar.

Side B: The upper register shows a female figure seated on a rock. On the left stands another female figure wearing a diadem and holding a crown and *thyrsos* (ritual staff), flanked by a satyr; on the right stand a naked youth and a woman with a mirror and *cista* (casket). The lower register illustrates various wedding preparations.

ANFORA PANATENAICA | PANATHENAIC AMPHORA [pp. 110–115]

Officina del Pittore di Copenaghen 4223 | Workshop of the Copenhagen Painter 4223
340-320 a.C. | 340–320 BC
Montescaglioso (Matera), Abbazia di San Michele Arcangelo, tomba 186 | Montescaglioso (Matera), Abbey of San Michele Arcangelo, tomb 186

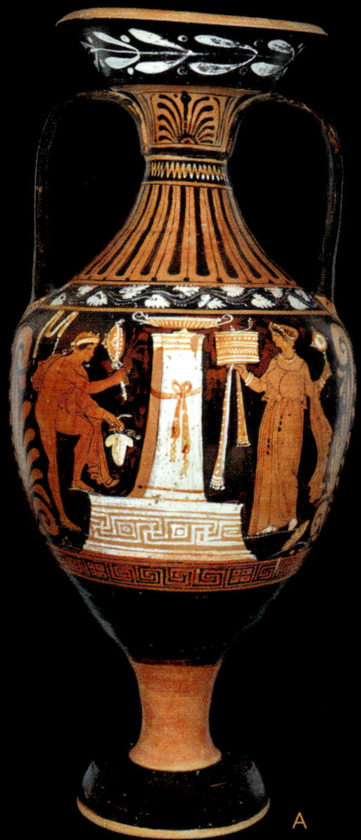

A

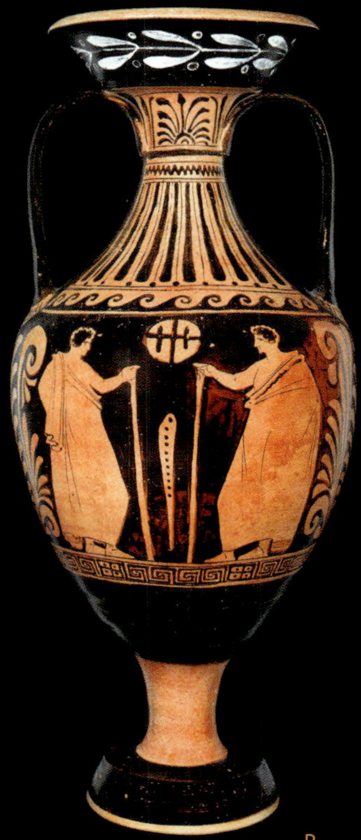

B

Lato A: al centro della scena è posta una stele bianca con una benda rossa annodata, mentre sulla sommità si nota una grande *kylix* (coppa per bere il vino). A sinistra è dipinto un uomo nudo, con un mantello appoggiato lungo il lato sinistro e una fascia gialla sulla fronte; nella mano sinistra tiene un grappolo di uva bianca, mentre con la destra solleva una patera. A destra della stele è una figura femminile con un lungo *himation* (mantello) e calzari: è adornata da bracciali, collana, orecchini e un diadema. Con la mano destra sorregge un grosso cofanetto, mentre nella sinistra stringe uno specchio.

Lato B: sono raffigurati due giovani ammantati, uno di fronte all'altro, entrambi con un bastone in mano.

Side A: In the centre of the scene is a white stele with a knotted red ribbon, while a large *kylix* (wine cup) can be seen at the top. On the left stands a naked man, with a cloak draped over his left side and a yellow band on his forehead; he holds a bunch of white grapes in his left hand, while he raises a *patera* in his right. To the right of the stele is a female figure wearing a long himation (mantle) and footwear: she is adorned with bracelets, a necklace, earrings, and a diadem. She holds up a large casket in her right hand, while in her left she clutches a mirror.

Side B: The scene shows two cloaked youths facing the other, both holding a staff.

PELIKE | PELIKE [pp. 116–117]

Primo quarto del IV secolo a.C. | First quarter of 4th century BC
Montescaglioso (Matera) | Montescaglioso (Matera)
Abbazia di San Michele Arcangelo, tomba 192 | Abbey of San Michele Arcangelo, tomb 192

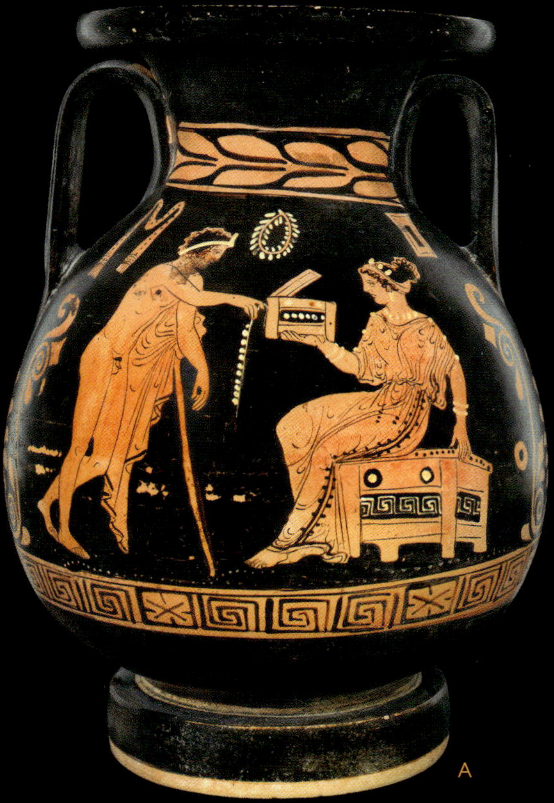

A

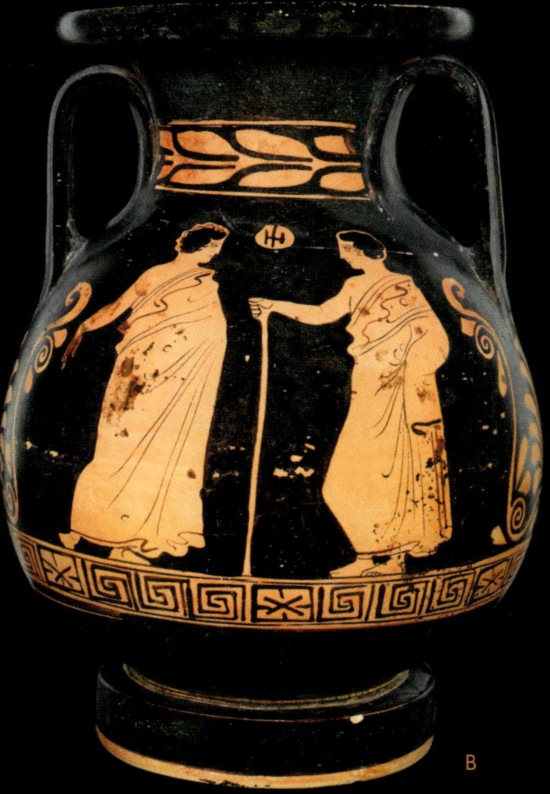

B

Lato A: a destra è raffigurata donna, seduta su un basamento, che tiene sul palmo della mano destra una cassetta con il coperchio aperto. Di fronte a lei è un uomo stante, parzialmente coperto da un mantello, che si appoggia a un bastone e che porge alla donna una benda.

Lato B: sono presenti due giovani, l'uno di fronte all'altro, vestiti con dei mantelli. Quello a destra si appoggia a un bastone.

Side A: The scene depicts a woman seated on a stool and holding a box with an open lid in the palm of her right hand. In front of her stands a man, partially covered by a cloak, who hands the woman a sash as he leans on a stick.

Side B: Two young men, dressed in cloaks, stand facing each other. The one on the right leans on a stick.

CRATERE A MASCHERONI | KRATER WITH MASCARON HANDLES [pp. 118–127]

Officina del Pittore di Copenaghen 4223 | Workshop of the Copenhagen Painter 4223
340-320 a.C. | 340–320 BC
Montescaglioso (Matera) | Montescaglioso (Matera)
Abbazia di San Michele Arcangelo, tomba 186 | Abbey of San Michele Arcangelo, tomb 186

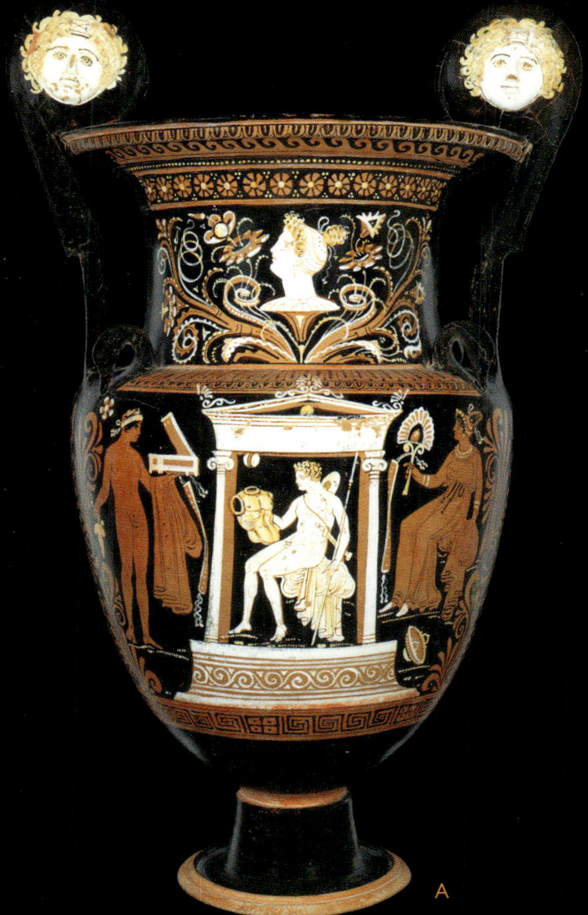

A

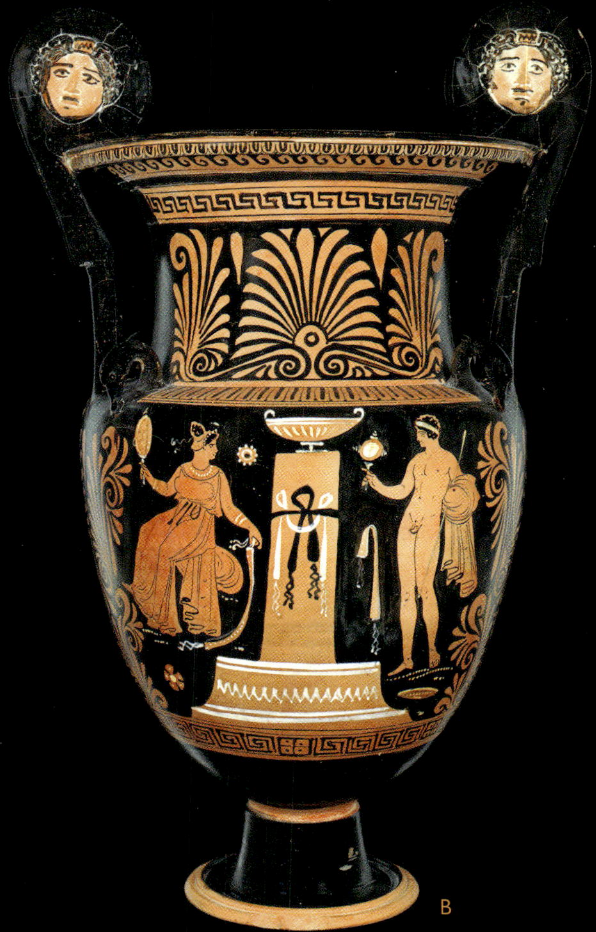

B

Lato A: al centro di un *naiskos* (edificio funerario) è seduto un giovane guerriero nudo, che con la mano destra sorregge una corazza e con la sinistra una lancia. Ai lati del *naiskos* due figure: a sinistra un uomo nudo tiene con la mano destra un grappolo d'uva e con la sinistra regge un cofanetto semiaperto; a destra è seduta una donna che nella mano destra impugna un ventaglio.

Lato B: al centro è una stele, in cima alla quale c'è una *kylix* (una grande coppa). A sinistra, una donna con la mano destra sorregge una patera e con la sinistra stringe una benda ornata di bianco. A destra, un giovane nudo con uno specchio nella mano destra.

Side A: The deceased, a young warrior, is depicted naked inside a *naiskos* (funerary building), holding his breastplate in his right hand and a long spear in his left. Two other figures are pictured on either side of the *naiskos*: on the left stands a naked man holding a bunch of grapes in his right hand and a half-open casket in his left; on the right sits a woman, her raised right hand holding a fan.

Side B: The central feature is a stele, on top of which rests a *kylix* (large cup). On the left, a young woman holds a *patera* in her right hand and a sash with white decorations in her left. On the right of the stele is a naked youth with a mirror in his right hand.

CRATERE A COLONNETTE | COLUMN KRATER [pp. 128–131]

Primo quarto del IV secolo a.C. | First quarter of 4th century BC
Montescaglioso (Matera), Abbazia di San Michele Arcangelo, tomba 192 | Montescaglioso (Matera), Abbey of San Michele Arcangelo, tomb 192

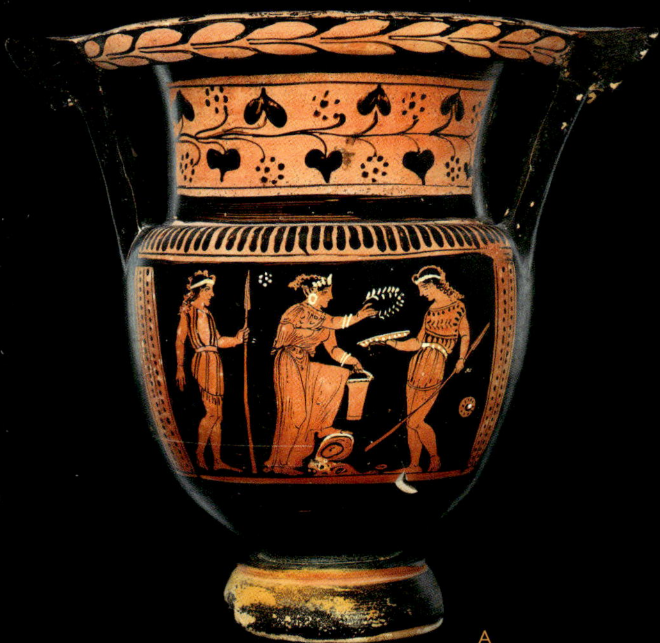

A

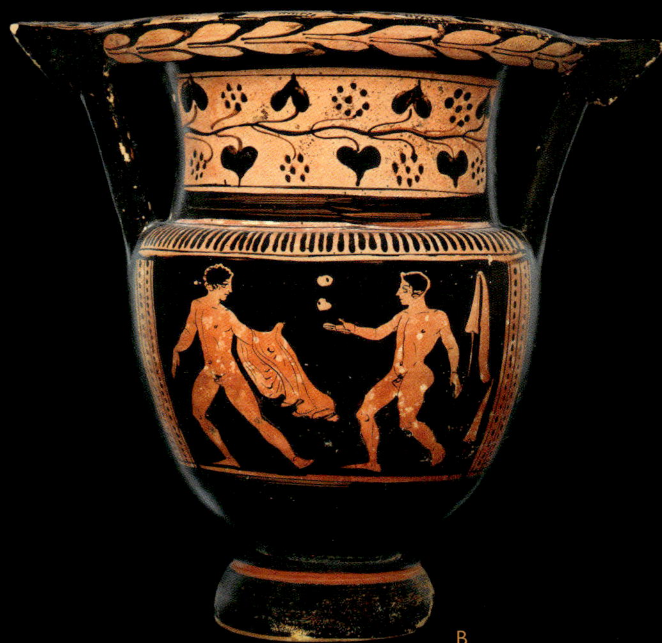

B

Lato A: al centro della scena una donna, riccamente adornata e vestita, regge con la mano sinistra una *situla* (secchio) e con la destra porge una corona a un giovane posto di fronte a lei. Il giovane porge alla donna con la mano destra una *phiale* (ampia coppa per libagioni) e tiene con la sinistra una lancia. Alle spalle della donna, in posizione stante, c'è un altro giovane che stringe nella mano sinistra una lancia.

Lato B: due giovani nudi sono colti durante un momento di gioco. La figura a destra fa rimbalzare due palline sulla mano destra, mentre l'altra sembra correre verso sinistra.

Side A: An elegantly dressed and richly adorned woman extends her right arm to present a crown to a young man standing in front of her. She holds a *situla* (pail) in her left hand. The young man, holding a lowered spear in his left hand, reciprocates by presenting a *phiale* (large libation cup) in his right. Another young man, who also holds a spear in his left hand, stands behind the woman.

Side B: Two naked youths are pictured at play. The figure on the right is juggling two balls in his right hand, while the other appears to be running to the left.

CRATERE A CALICE | CALYX KRATER [pp. 132–137]

Seconda metà del IV secolo a.C. | Second half of 4th century BC
Irsina (Matera) | Irsina (Matera)

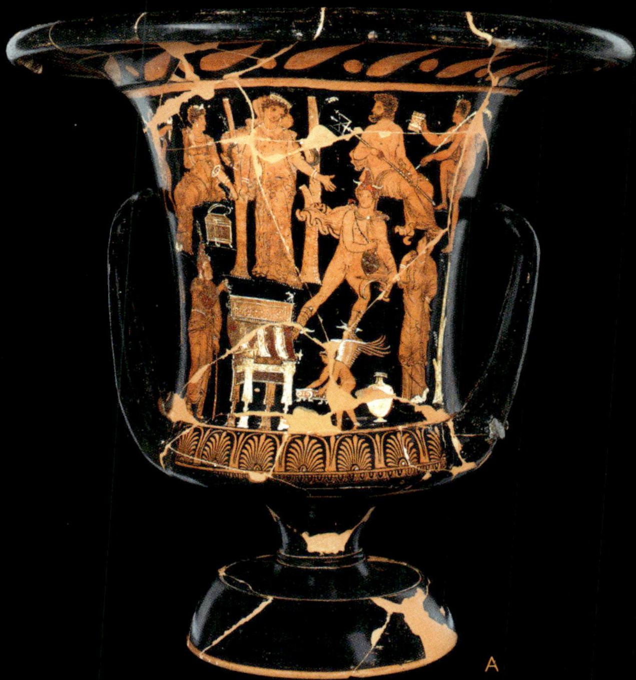

A

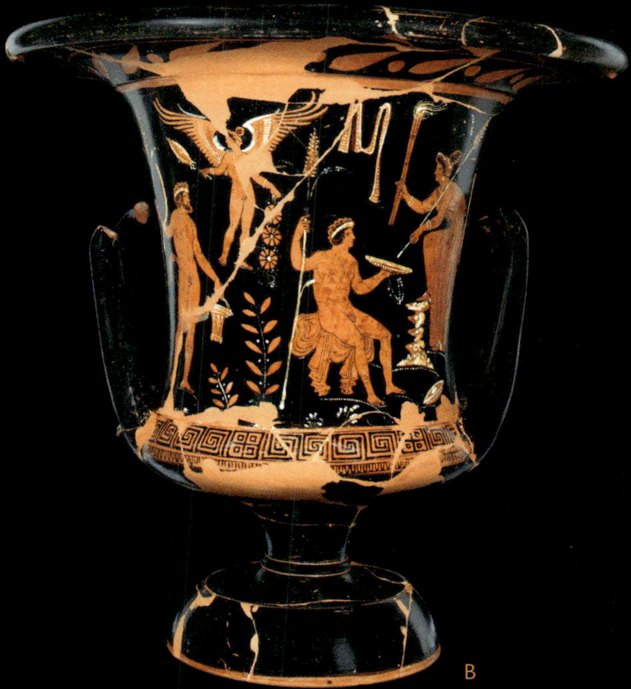

B

Lato A: la scena rappresenta la liberazione di Andromeda, organizzata su due registri. In alto si vede Andromeda legata a due pali. Ai suoi lati vi sono Afrodite a sinistra e Poseidone e Pan a destra. Nella parte inferiore della scena vi sono Cefeo e Cassiopea, genitori di Andromeda, e al centro un erote. Tra i due registri è inserita la figura di Perseo.

Lato B: la scena raffigura un corteo dionisiaco. A sinistra sono un satiro, che regge una *situla* (secchio), e un erote, con una *phiale* (ampia coppa per libagioni) e un festone. Al centro è Dioniso nudo, seduto: nella destra stringe un tirso (bastone rituale) e nella sinistra una *phiale*. Sulla destra una menade stringe nella destra una fiaccola accesa e nella sinistra un tirso.

Side A: Both registers depict the liberation of Andromeda. At the top, Andromeda is shown bound to two poles. At her sides are depicted Aphrodite on the left and Poseidon and Pan on the right. Below can be seen the figures of Cepheus and Cassiopeia, Andromeda's parents, with an erote in the centre. The figure of Perseus is between the two registers.

Side B: The scene depicts a Dionysian procession. On the left stands a satyr holding a *situla* (pail) and an erote with a *phiale* (large libation cup) and a festoon. In the centre is Dionysus, naked and seated, holding a *thyrsos* (ritual staff) in his right hand and a *phiale* in his left. On the right a maenad brandishes a burning torch in her right hand and a *thyrsos* in her left hand.

SITULA | SITULA [pp. 138-141]

340-320 a.C. | 340–320 BC
Montescaglioso (Matera), Abbazia di San Michele Arcangelo, tomba 186 | Montescaglioso (Matera), Abbey of San Michele Arcangelo, tomb 186

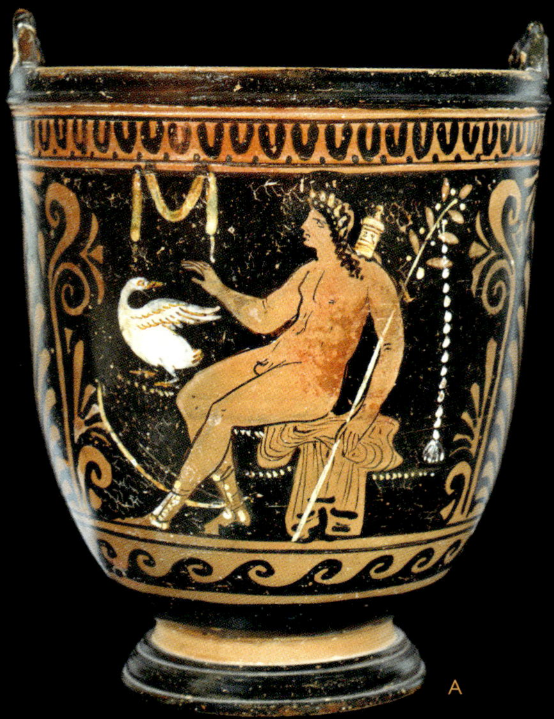

A

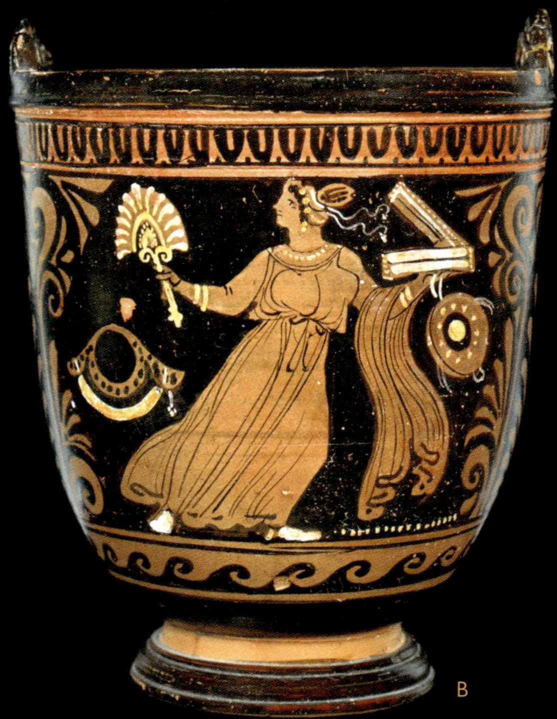

B

Lato A: al centro della scena è raffigurato il dio Apollo, nudo, seduto su un mantello, con la faretra sulla spalla e l'arco poggiato alla gamba destra. Con la mano sinistra regge un ramo di alloro con bacche, da cui pende una nappina, mentre la mano destra è alzata in procinto di accarezzare un cigno, con le ali spiegate.

Lato B: al centro è presente una donna, nell'atto di offrire doni al dio. Con la mano sinistra sorregge un cofanetto semiaperto e un timpano, mentre nella mano destra stringe un ventaglio.

Side A: The centre of the scene shows the god Apollo, depicted nude and seated on a cloak, with his quiver at his shoulder and his bow on the ground by his right leg. A berry-laden laurel branch, from which hangs a tasselled ribbon, rests on his left arm, while his right hand is raised to stroke a swan, its wings outspread.

Side B: A woman is depicted in the act of offering gifts to the god. She holds a half-open casket and a *tympanum* (tambourine) in her left hand while clasping a fan in her right.

ANFORA | AMPHORA [pp. 142–145]

Pittore di Graz | Graz Painter
Primo quarto del IV secolo a.C. | First quarter of 4th century BC
Montescaglioso (Matera), Abbazia di San Michele Arcangelo, tomba 192 | Montescaglioso (Matera), Abbey of San Michele Arcangelo, tomb 192

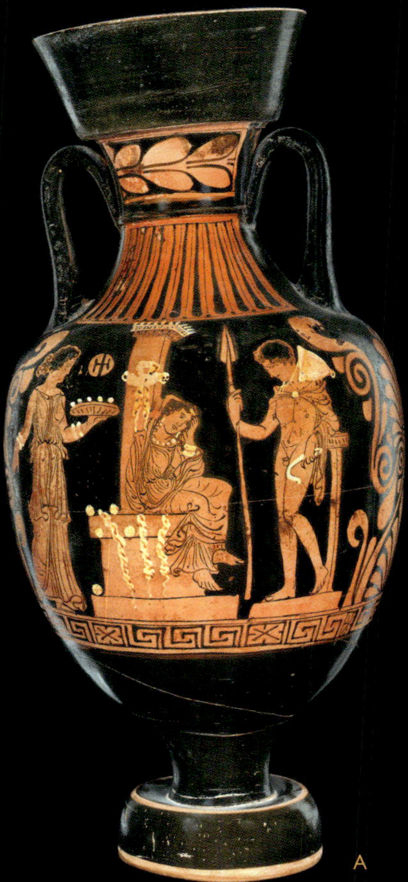

A

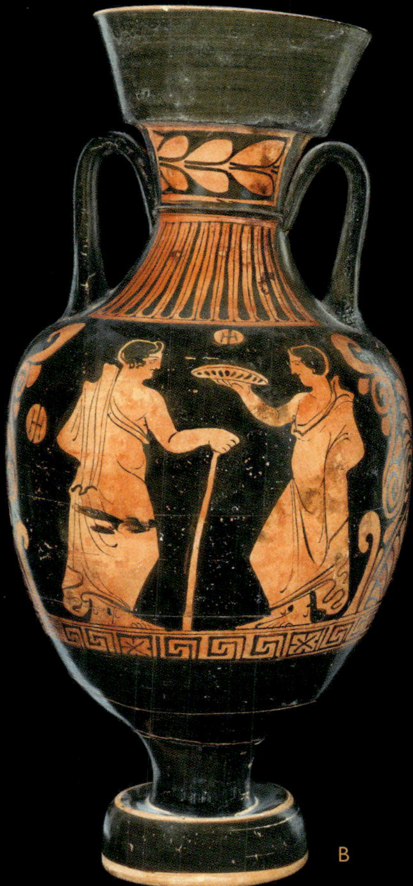

B

Lato A: al centro della scena c'è Elettra piangente sulla tomba di Agamennone; a destra Oreste, nudo e armato, regge nella mano destra una lancia. A sinistra una donna sorregge una *phiale* (ampia coppa per libagioni).

Lato B: sono presenti due giovani vestiti con mantelli; quello a sinistra si appoggia a un bastone, quello a destra gli porge una *phiale*.

Side A: The centre of the scene shows Electra weeping over Agamemnon's tomb; on the right, Orestes, naked and armed, holds a spear in his right hand. A woman stands by on the left, holding a *phiale* (large libation cup).

Side B: Two young men stand facing each other dressed in cloaks; the one on the left leans on a stick as his companion hands him a *phiale*.

BIBLIOGRAFIA | BIBLIOGRAPHY

Arthur Dale Trendall, *The Red-figured Vases of Lucania, Campania and Sicily,* Clarendon Press, Oxford 1967.

Arthur Dale Trendall, Alexander Cambitoglou, *The Red-figured Vases of Apulia, Volume I. Early and Middle Apulian,* Clarendon Press, Oxford 1978.

Arthur Dale Trendall, Alexander Cambitoglou, *The Red-figured Vases of Apulia, Volume II. Late Apulian,* Clarendon Press, Oxford 1982.

Luigi Todisco, Margherita Catucci (a cura di), *Corpus Vasorum Antiquorum, Italia, 73. Fasc. I: Matera - Museo Archeologico Nazionale «Domenico Ridola». Collezione Rizzon,* L'«Erma» di Bretschneider, Roma 2007.

Luigi Todisco (a cura di), *La ceramica a figure rosse della Magna Grecia e della Sicilia,* L'«Erma» di Bretschneider, Roma 2012.

Angelo Bottini, Lucia Lecce (a cura di), *Corpus Vasorum Antiquorum, Italia, 82. Fasc. II: Matera - Museo Archeologico Nazionale «Domenico Ridola». Vasi italioti a figure rosse,* L'«Erma» di Bretschneider, Roma 2016.

Rosanna Bianco, Maria Giuseppina Canosa, *Montescaglioso (Matera) - Quattro tombe della necropoli presso l'Abbazia di S. Michele Arcangelo,* in «Notizie degli scavi di antichità», serie IX, vol. XXX-XXXI, Bardi Edizioni, Roma 2019-2020.

Annamaria Mauro, Marcella Leone, Claude Pouzadoux, Dimitris Roubis (a cura di), *Tiresia, il mito tra le tue mani. La Collezione Rizzon,* Rubbettino Editore, Soveria Mannelli 2022.

5 CONTINENTS EDITIONS

Caporedattore |
Editor-in-Chief
Aldo Carioli

Progetto grafico e impaginazione |
Art Direction and Layout
Stefano Montagnana

Redazione |
Editing
Charles Gute, Lucia Moretti

Traduzione dall'italiano all'inglese |
Translation from Italian to English
Julian Comoy

Fotolito |
Pre-press
Maurizio Brivio, Milano

MINISTERO DELLA CULTURA

DIREZIONE GENERALE MUSEI

MUSEI NAZIONALI DI MATERA

5 Continents Editions
Piazza Caiazzo 1
20124 Milano

www.fivecontinentseditions.com

ISBN: 979-12-5460-029-0

Distribuito in Italia e Canton Ticino da Messaggerie Libri S.p.A. | Distributed in Italy and Switzerland by Messaggerie Libri S.p.A.
Distributed by ACC Art Books (UK, USA) throughout the world, excluding Italy.

Finito di stampare nel mese di giugno 2024 su carta Sappi Magno Satin presso Tecnostampa – Pigini Group Printing Division Loreto – Trevi, Italia, per conto di 5 Continents Editions, Milano |
Printed on Sappi Magno Satin paper and bound in Italy in June 2024 by Tecnostampa – Pigini Group Printing Division Loreto – Trevi for 5 Continents Editions

sappi | Magno Satin

Copertina: Hydria, Pittore di Baltimora (325-320 a.C.), Collezione Rizzon
Cover: Hydria, Baltimore Painter (325–320 BC), Rizzon Collection
Pagina 2: Cratere a campana (particolare), Pittore di Ruvo 512 (360-340 a.C.), Collezione Rizzon
Page 2: Bell Krater (detail), Painter of Ruvo 512 (360–340 BC), Rizzon Collection
Pagine 3, 4: Cratere a campana (particolari), Pittore di Amykos (425-400 a.C.), Collezione Rizzon
Pages 3, 4: Bell Krater (details), Amykos Painter (425–400 BC), Rizzon Collection